CHRONIQUE

DES

ALMOHADES & DES HAFÇIDES

ATTRIBUÉE A ZERKECHI

Traduction française d'après l'édition de Tunis
et trois manuscrits

PAR

E. FAGNAN

CONSTANTINE
IMPRIMERIE ADOLPHE BRAHAM, 2, RUE DU PALAIS

1895

INTRODUCTION

L'œuvre d'Ibn Khaldoun est et restera probablement la chronique indigène la plus sûre et la mieux renseignée pour ce qui concerne l'histoire de l'Afrique septentrionale jusqu'à l'époque où elle fut rédigée (fin du viiie siècle de l'hégire). On peut cependant tâcher quelquefois ou de vérifier ou de compléter le récit qu'il nous a transmis de divers évènements. D'autre part, l'époque qui lui est postérieure n'a pas, que l'on sache, trouvé de narrateur indigène qui ait continué le travail d'ensemble de l'illustre écrivain, et même les chroniques régionales ne paraissent pas avoir été ou du moins être parvenues jusqu'à nous en grand nombre.

Celle dont nous donnons ici la traduction s'occupe plus particulièrement de la région Est de l'Algérie et de la Tunisie actuelles, ainsi qu'il est naturel de s'y attendre de la part d'un écrivain né ou fixé dans le territoire administré par les Hafcides ; il était naturel aussi qu'il parlât de la dynastie Almohade, à laquelle celle qui la remplaça dans le Nord-Est de l'Afrique se rattache par tant de liens. Jusqu'à un certain point, bien que sous une forme plus brève, il double Ibn Khaldoun pour l'époque jusqu'à laquelle celui-ci s'est arrêté ; mais on s'aperçoit facilement, et il nous le dit lui-même, qu'il a consulté aussi d'autres auteurs. Ajoutez à cela que la précision avec laquelle il fixe les dates permet de supposer qu'il avait à sa disposition des documents officiels où on peut regretter qu'il n'ait pas puisé plus abondamment. Notons enfin qu'il nous fournit par ses indications nécrologiques, relatives aux savants de l'époque, des noms et des dates qu'on ne retrouve que difficilement ailleurs.

Cette chronique n'est pas restée inconnue jusqu'à ce jour, car dès 1848, Dozy eut l'occasion de la signaler, mais en passant et sans en marquer le caractère (1). En 1849, Alph. Rousseau en

---

(1) *Bayan al-Moghrib*, Introd., t. I, p. 78.

publia un extrait comprenant le texte et la traduction annotée de la portion relative aux années 678-683 ; ce savant annonçait également qu'il en avait préparé une traduction intégrale (1). A une époque plus récente, Amari en a donné de courts extraits avec une traduction italienne (2) ; mais ce savant arabisant a incomplètement dépouillé notre auteur, chez qui il aurait pu trouver encore d'autres renseignements intéressant l'histoire de la Sicile, et il a accepté un peu légèrement un titre faussement attribué à cette chronique (3), dans laquelle, d'ailleurs, il a très justement reconnu que « si trovano accurate e rare notizie ».

Il est un texte dont une mention spéciale s'impose ici, à raison des grandes analogies qu'il présente avec le nôtre en plusieurs endroits et de l'aide mutuelle que l'un et l'autre peuvent se prêter : je veux dire la Fârisiyya الفارسية في مبادي الدولة الحفصية d'Ah'med ben H'asan ben 'Ali ben el-Khat'îb ben el-K'onfoûd, qui mourut en 810. Sa chronique, qui s'étend jusqu'à 805, c'est-à-dire jusqu'à une époque un peu plus rapprochée de nous que celle d'Ibn Khaldoun, est plus spécialement rédigée au point de vue constantinois (4).

Je dois encore mentionner, pour ne parler que d'ouvrages facilement accessibles, celui d'Ibn Aboû Dînar K'ayrawâni المونس في اخبار افريقية و تونس imprimé à Tunis en 1286 de l'hégire ; c'est à cette édition que j'ai eu recours et à elle seule

---

(1) *Journal asiatique*, 1849, I, pp. 269-315. Cet extrait est, autant que je sache, tout ce qui en a été publié, et il est loin de justifier l'appréciation de Cherbonneau, qui parle de « l'excellent article de M. Alph. Rousseau » (*Journ. as.*, 1851, I, 78).

(2) *Biblioteca arabo-sicula*, Leipzig, 1857, pp. 522-524 ; traduction, 1880-81, t. II, pp. 267-269.

(3) اولية بعض الدولة الموحدية ونبوع الدولة الحفصية Ce titre où, d'ailleurs, on lit ونبوع ne figure qu'au recto du premier feuillet du ms. 853 Supp. arabe de Paris, mais il y a été ajouté après coup et par un lecteur ou un propriétaire du volume.

(4) Dans le *Journal asiatique* (1848, II, p. 237 ; 1849, I, p. 185 ; 1851, I, p. 51 ; 1852, II, p. 208), quatre extraits en ont été édités et traduits par A. Cherbonneau ; ils ont trait aux années 681 à 756. Le texte et la traduction doivent être consultés avec précaution : pour ne citer qu'un exemple, on peut constater dans le second extrait, vers la ligne 4 ou 5 de la p. 192, qu'une lacune — probablement d'un feuillet du ms. — a complètement échappé à l'éditeur ; puis, comme la date « 709 » du texte (à la ligne 7) le gênait, il a, sans même en avertir le lecteur, imprimé « 694 » dans le passage correspondant de sa traduction (p. 201, l. 19) !

que je ferai quelques renvois (1). Mais cet auteur, bien qu'ayant eu à sa disposition des ouvrages qui nous manquent et qui nous manqueront peut-être toujours, est d'une époque très rapprochée de la nôtre (fin du XI° siècle de l'hégire) et se montre presque toujours d'une brièveté où l'on ne trouve guère à glaner.

Il a été question plus haut d'un titre attribué à tort à notre chronique. Il ne paraît pas, en effet, que l'auteur lui en ait donné un, au moins n'y en a-t-il pas de trace dans sa brève introduction, et ce n'est que sous réserve et pour plus de commodité qu'on peut adopter le titre sous lequel elle a été imprimée à Tunis, de تاريخ الدولتين الموحدية والحفصية *Chronique des deux dynasties Almohade et Hafcide* (2).

C'est à dessein que jusqu'ici aucun nom d'auteur n'a été prononcé, car dans la chronique elle-même on n'en trouve pas plus que de titre. Ibn ech-Chemmâ' en serait le rédacteur, s'il fallait en croire les indications qui figurent au recto du premier feuillet du ms. 1619 du Catalogue d'Alger et au f. 145 du ms. de Paris, 1957 du Supp. arabe (3553 du Catalogue imprimé) ; on peut dire aussi d'après le ms. II. 4-24, coll. Fraser, de la bibliothèque Radcliffe, à Oxford (*Bayan al-Moghrib*, Introd., I, 78), où cependant le mot *Ibn* ne figure pas. Je ne crois pas que ces annotations soient exactes : en effet, la chronique de l'auteur de ce nom, bien qu'elle s'arrête à peu près à la même date que la nôtre, ne traite que des Hafcides et est différente, ainsi que j'ai pu m'en convaincre par l'examen de la très mauvaise copie, datée de 1264 hégire, qui figure à Paris sous le n° 2158 du Supp. arabe, f. 42 v° -91 (cf. *Journal asiatique*, 1851, I, 78

---

(1) On sait qu'il existe une traduction française publiée avec l'estampille officielle dans l'*Exploration scientifique de l'Algérie*, sous le titre : *Histoire de l'Afrique de Moh'ammed ben Abi el Raini el K'airoudni*, traduite de l'arabe par MM. E. Pellissier et Rémusat. Paris, Imp. royale, 1845, 517 pp., 8°. Ces Messieurs ont soin de déclarer (p. 321, n.) qu'ils ont traduit « avec toute l'exactitude possible ». A. Cherbonneau, après avoir d'abord parlé de cette « excellente traduction » (*Journ. as.*, 1849, I, 185), y signale plus tard « deux erreurs graves » (*ibid.*, 1851, I, 78). Amari la qualifie très sobrement « una versione francese, non sempre esatta » (*Bibl. ar. sic.*, trad., p. LXII de l'Introd.). Dans la réalité, c'est un travail qui ne mérite que peu de confiance, et il n'est pas nécessaire de beaucoup le consulter pour s'expliquer les raisons qui ont porté un arabisant distingué, feu P. Pilard, à en refaire une version nouvelle, restée malheureusement inédite. On peut voir quelque chose d'analogue dans la *Revue africaine* (1891, p. 177; cf. *Bulletin* ci-dessous, 1892, p. 295).

(2) Ce titre a été défiguré, sous la forme doublement incorrecte تاريخ الدولتين الموحدين و الحفصية dans un article du *Bulletin de la Soc. de géogr. d'Oran* (1892, p. 51).

et s. ; 1852, II, 240 et s. ; 1855, I, p. 399). Je suis donc très porté à admettre l'attribution qui en est faite par le ms. 852, Sup. ar. de Paris (1874 du Catalogue) à Aboû 'Abd Allâh ez-Zerkechi, et par Rousseau, par Amari et par l'édition imprimée à Tunis, à Aboû 'Abd Allâh Moh'ammed ben Ibrâhim el-Lou'lou'wi (ou ben Lou'lou') ez-Zerkechi. Un personnage de ce nom vivait, en effet, sous le prince hafcide 'Othmân, sous le règne duquel, il est facile de s'en apercevoir, cet ouvrage a été écrit, et il a dédié à ce même souverain un traité où la conclusion est consacrée à ses louanges et dont l'exemplaire de présentation est conservé à la Bibliothèque-Musée d'Alger (n° 239 du Catalogue imprimé); il y est même parlé (f. 99 r°) du grand traité (الكتاب الكبير) où les mérites de 'Othmân avaient été exposés plus au long (1). D'autre part, K'ayrawâni (p. 148 du texte, pp. 139 et 128 du texte de Zerkechi) rapporte deux faits qu'il nous dit avoir résumés d'après Zerkechi, et qu'on retrouve, en effet, chez notre auteur. Mais le nom de Zerkechi se représente chez lui une troisième fois (p. 152), et c'est pour nous prévenir que ce guide lui fait défaut à partir de l'année 932, c'est-à-dire un demi-siècle après l'époque où notre texte s'arrête brusquement (2). A l'argument tiré de là on peut tâcher de répondre ou bien que cette chronique, qui, on le verra, paraît inachevée, reçut de Zerkechi lui-même un complément qui n'est probablement pas parvenu jusqu'à nous, — ou bien que des additions postérieures et provenant d'une main étrangère ont été regardées par K'ayrawâni comme partie intégrante du texte primitif.

On pourrait être tenté de reconnaître encore Zerkechi dans celui que Cherbonneau appelle l'*Anonyme de Constantine*; tout au moins y ai-je retrouvé chacun des renvois ou citations qu'il fait de ce dernier (*Journ. as.*, 1849, I, 205 et 206, = p. 38 du texte de Zerkechi; 207 = p. 42, Z.; 208, n. 8 et 11 = p. 38, Z.; an. 1851, I, p. 78, n. 2, et p. 79, n. 4 = p. 50, Z.; enfin, même année, I, 78, n. 1 = p. 24, Z.).

Il n'y a, si je ne me trompe, à objecter à cette assimilation que cette seule phrase (*Journ. as.*, 1849, I, p. 187) : « Ce volume

---

(1) On peut aussi entendre par là le commentaire plus développé auquel il est fait allusion au f. 2 r°, l. d. J'ajouterai que j'ai en vain cherché dans les recueils biographiques de Karâfi, d'Ahmed Baba et d'Ibn Asker le nom de Zerkechi, bien que le soin du chroniqueur à relever tout ce qui concerne les fakih et les savants puisse faire présumer que lui-même était un homme de loi.

(2) C'est ce qu'on lit également dans le ms. 1631 du Catalogue d'Alger, dans une addition qui vient immédiatement après le texte de Zerkechi tel qu'il est imprimé et qui n'est autre chose qu'un extrait de K'ayrawâni.

contient quatre lettres d'une Biographie très étendue du monde musulman, disposée par ordre alphabétique. » Mais l'expression un peu ambiguë de *ce volume* ne prouve nullement que ce fragment de biographie fasse corps avec la chronique de l'*Anonyme*; il paraît seulement être contenu dans *le même volume*, et les indications des fol. 175 et 176 (comportant au moins 34 lignes, voir p. ex. *l. l.*, p. 207) et se rapportant à des événements de la fin du VIIe siècle de l'hégire sont, semble-t-il, une preuve sans réplique que l'*Anonyme* doit constituer le second article du volume et être entièrement indépendant du premier.

Le texte imprimé à Tunis en 1289 de l'hégire, sous le titre rapporté plus haut, a servi de base à la traduction; il a été contrôlé et parfois rectifié, notamment pour les noms propres, à l'aide des mss. désignés respectivement par les lettres A, B et C, D étant réservé à l'imprimé:

A, Paris, 1957 du Supp. ar. (3553 du Catalogue imprimé), fol. 145 et s.; copie maghrébine de 1213, d'une main et d'une correction très médiocres;

B, Paris, 852 du Supp. ar. (1874 du Catalogue imprimé), d'une bonne main maghrébine de 1133; il est assez correct; on y trouve des corrections et aussi quelques surcharges probablement de la main de son dernier propriétaire, Mah'ammed ben el-Kerîm ben Lefgoun, qui déclare (f° 106) en avoir terminé la lecture en djomâda II 1228 (1);

C, Alger, 1818 (1621 du Catalogue imprimé); copie maghrébine toute moderne, exécutée hâtivement au Djâmi-Zitouna par un copiste ignorant et négligent, d'après un original qui se rapproche très sensiblement de l'imprimé.

Je me suis borné à relever les seules variantes qui paraissaient

---

(1) On peut juger, en se reportant au dit Catalogue (pp. 337 et 614), combien les notices de nos deux volumes sont incorrectes et contradictoires. Il n'y a ni à en faire porter la responsabilité au rédacteur des notices, M. de Slane, ni non plus à s'en étonner. M. de Slane étant mort avant même d'avoir terminé le premier examen des mss. arabes de la Bibliothèque nationale et, partant, n'ayant pu rapprocher ses divers bulletins et ainsi les contrôler les uns par les autres, ce soin fut confié à un fonctionnaire qui, non content de modifier la rédaction de ces notices, a ajouté certaines notes signées de ses initiales. C'est ainsi que l'on peut lire à la page 72, n° 264, la notice de M. de Slane: « 1° Vie de St-Jean Calybite, auteur du livre intitulé « l'Évangile d'Or », dont les deux derniers mots sont ainsi annotés par son éditeur: « صاحب الانجيل الذهب » possesseur de l'Évangile d'Or. » H. Z. » On peut faire de nombreuses observations de ce genre, de sorte que ce Catalogue ne constitue qu'un médiocre et peu sûr instrument de travail (cf. *Revue critique*, 1889, t. II, p. 437).

en valoir la peine, en laissant de côté celles qui étaient ou insignifiantes ou des fautes certaines.

Je ne terminerai pas sans redire toute l'aide que j'ai trouvée dans la traduction de l'*Histoire des Berbères*, à laquelle je renvoie si souvent. C'est pour moi un pieux et doux devoir de rendre hommage à M. de Slane, l'arabisant dont j'ai eu le bonheur de recevoir les leçons, l'honnête homme dont je m'honore d'avoir mérité pendant dix ans la bienveillance et peut-être un peu l'amitié.

CHRONIQUE
DES
ALMOHADES ET DES HAFCIDES
PAR
ZERKECHI

Louanges soient à Dieu, auteur des vicissitudes des temps, qui confie à certains hommes l'autorité sur d'autres, qui dépose dans le cœur des humains des convoitises « dont ils ne demandent pas le changement » (Koran, XVIII, 108).

L'Imâm et Mahdi se nomme Moh'ammed ben 'Abd Allâh ben 'Abd er-Rah'mân ben Hoûd ben Khâlid ben Temmâm ben 'Adnân ben Cha'bân ben Çafwân ben Djâbir ben 'At'â ben Rebâh' ben Moh'ammed ben Soleymân ben 'Abd Allâh ben el-H'oseyn ben 'Ali ben Aboû T'âleb (1). C'est ainsi du moins qu'est établie sa généalogie dans la chronique du secrétaire Aboû 'Abd Allâh Moh'ammed ben Nakhîl (2). Au dire d'Ibn

---

(1) Sur cette généalogie, que nous reproduisons telle quelle, voir Ibn Khaldoûn (*Histoire des Berbères*, trad. de Slane, II, 161) et 'Abd el-Wâhid Merrâkechi (trad. française, p. 155).

(2) Le texte imprimé à Tunis porte *Nadjîl* dans presque tous les passages où ce nom figure. On voit par le nom tel qu'il est donné ici que le chroniqueur et le secrétaire d'Aboû Moh'ammed le Hafcide ne font qu'un, ainsi que l'a conjecturé M. de Slane (*Berbères*, II, 293; cf. l'Index, s. v. Ibn Nakhîl).

Sa'îd dans son *El-Bayân el-Moghrib* (1), le père du Mahdi s'appelle 'Abd Allâh, Toûmert et Amghâr (2), et l'Imâm lui-même naquit en 491 (8 déc. 1097). Sa naissance est fixée par Ibn Khallikân à 484, par Ibn el-Khat'îb Andalosi à 486, par El-Gharnât'i à 471.

Il reçut d'abord à Cordoue les leçons du k'âd'i Ibn H'amdoûn, puis il gagna Mehdiyya et y suivit les cours de l'imâm El-Mâzeri (3); il arriva ensuite à Alexandrie à l'âge de dix-huit ans et y eut pour maître l'imâm Aboû Bekr T'ort'oûchi (4); il gagna enfin Baghdâd, où il reçut l'enseignement de l'imâm Ghazzâli (5). Quand le livre de celui-ci intitulé la *Vivification* (*Ih'yâ 'oloûm ed-dîn*) arriva au Maghreb, quelqu'un donna au prince des Lamtoûna le conseil de faire mettre ce livre en pièces. Cela arriva aux oreilles de Ghazzâli, qui s'écria : « O mon Dieu ! déchire de même leur pouvoir. — Par mes mains, seigneur ? » dit le Mahdi. — « Oui, » dit Ghazzâli, « par

---

(1) Peut-être s'agit-il de la chronique dont le seul fragment connu, qui s'arrête avant la période almohade, a été publié par Dozy sous ce titre. Dans son *Introduction* (*Histoire de l'Afrique et de l'Espagne, intitulée : Al-Bayano 'l-Mogrib*, t. I. p. 78), Dozy combat l'attribution, que fait notre auteur, de cet ouvrage à Ibn Sa'îd.

(2) Le nom d'Amghâr est attribué à Ibn Toûmert lui-même (*Berbères*, II, 161 de la traduction); mais le texte arabe (I, 298, l. 4) ne comporte pas nécessairement ce sens.

(3) Aboû 'Abd Allâh Moh'ammed ben 'Ali ben 'Omar Temimi Mâzeri, connu pour sa science juridique et médicale, était établi à Mehdiyya et mourut en 536, à l'âge de 80 ans. Il était élève du célèbre juriste Lakhmi, et sans avoir été le professeur du k'âd'i 'Iyâd', il lui conféra la licence (voir Sidi Khalil, p. 6, l. 17, et les commentaires ad h. l.; ms. 2877, Sup. ar. de la Bibl. nationale, f° 118, v°; ms. 1377, Anc. fonds, f° 232; Ibn Khallikân, III, 4; Amari, *Biblioteca*, trad., II, 586). La localité de Sicile d'où il est originaire est orthographiée Mâzar par le *Meràçid*, Mâzara ou Mâzira par Derdîr et Kharachi.

(4) Aboû Bekr Moh'ammed ben Welîd, † 520, est l'auteur du *Sirâdj el-Moloûk* (ms. 2877 précité, f° 117, v°; Ibn Khallikân, II, 665).

(5) Certains chroniqueurs mettent ce fait en doute (*Berbères*, II, 163). Le passage depuis « sa naissance... » est cité par Rousseau, *Journal asiatique*, 1852, II, 170.

tes mains ! » Ce vœu du maître confirma ce que pensait déjà le futur réformateur à ce sujet.

Il regagna le Maghreb après cinq ans de séjour en Orient ou, selon d'autres, en Ifrîk'iyya, en 514 (1ᵉʳ avril 1120). Il passa par Mehdiyya et y améliora les mœurs, sous le règne d''Alî ben Yah'ya ben Temîm ben el-Mo'izz [P. 3] Çanhâdji. Il y a à Zawîla une mosquée qui porte son nom. Le cheykh Aboû 'l-H'asan Bat'erni (1) raconte avoir ouï dire à son cheykh Khalîl Mezdoûri : Le vertueux cheykh Aboû 'Abd Allâh Moh'ammed Çak'alli (2), enterré à Abar, dans le canton de Mornâk', l'un des bourgs dépendant de Tunis (3), m'a rapporté ceci : « L'Imâm el Mahdi passa auprès de moi pendant que j'étais à Zawîla et me dit : Cheykh, l'imâm Aboû H'âmid te salue ! » El-Bat'erni ajoute qu'il a ouï dire que Çak'alli vécut 313 ans.

Le Mahdi se rendit ensuite à Tunis du temps que les Benoû Khorâsân (4) gouvernaient cette ville, et de là à Bougie, qu'administrait alors un délégué d'El-'Azîz ben el-Mançoûr ben en-Nâçir ben 'Alennâs ben H'ammâd Çanhâdji. Il se tenait d'ordinaire sur une roche de l'accotement de la route, proche des habitations de Mellâla

---

(1) L'orthographe de ce nom ethnique (Bat'erna est une localité espagnole citée par Edrisi, éd. Dozy et de Gœje, p. 243) est fixée par les voyelles qu'a ajoutées le copiste du ms d'Ah'med Bâbâ (n° 1738 du Catalogue des mss. d'Alger). Aboû 'l-H'asan Moh'ammed ben Ah'med ben Moûsa Ançârî Bat'erni Toûnesi naquit en 703 (f° 07; cf. K'arâfi, ms. 2455, Supp. ar. de la Bibl. nation., f° 86). Ces deux auteurs (f° 114 du premier ; f° 70, v°, du second) parlent aussi d'un Aboû 'Abd Allâh Moh'ammed ben Sâlim ben H'asan Bat'erni, † 818. Voir également p. 49 du texte arabe de notre chronique.

(2) Un savant de ce nom mourut à Grenade en 518 (Aben Pascualis Assila, p. 548).

(3) Il est parlé de Mornâk' dans Bekri (trad. de Slane, p. 92) et dans Tidjâni (Journ. as., 1852, II, 76). Ce nom est orthographié Mernaç dans la Table géographique de l'H. des Berbères, et Mirnâq dans la Bibl. ar.-sicula d'Amari, trad., II, 267.

(4) Nous avons rétabli ce nom, qui est défiguré dans le texte imprimé et les mss., d'après Ibn Khaldoun (Berbères, II, 29).

et que l'on nomme de son nom encore de nos jours. C'est pendant qu'il était là qu'il trouva 'Abd el-Mou'min ben 'Ali en train de faire le pèlerinage en compagnie de son oncle. Le voyageur, séduit par ce qu'il vit des actes du maître, renonça à son projet et reçut avec zèle le nouvel enseignement (1). L'Imâm accompagné de son disciple s'en alla vers le Maghreb et s'installa à Wâncherîs, où se joignirent à lui des Berbères qui devinrent les principaux de ses compagnons ; de là il se rendit à Tlemcen, alors que déjà ce qui le concernait faisait le sujet des conversations. Il gagna Fez, puis Miknâs (Mequinez), où il proscrivit les choses répréhensibles, mais où il fut battu par les méchants, de sorte qu'il s'installa à Merrâkech au milieu de rebî' I 515 (juin 1121). Il y rencontra le prince de cette ville, 'Ali ben Yoûsof Lamtoûni [l'Almoravide], dans la mosquée principale au moment de la prière du vendredi et lui adressa des avertissements conçus dans des termes très vifs. 'Ali conféra à ce propos avec les juristes que remplissaient la peur et la jalousie du nouveau venu, car il professait, en opposition avec eux, les doctrines ach'arites pour l'interprétation des semblables. A la suite d'une controverse qu'il dut soutenir avec eux en présence d' 'Ali ben Yoûsof et où la victoire lui resta, il s'enfuit le jour même de Merrâkech et alla s'installer à Aghmât, où, selon son habitude, il réforma les choses blâmables. Mais les habitants excitèrent 'Ali ben Yoûsof contre lui, et le réformateur

---

(1) D'après une autre version, 'Abd el-Mou'min s'était mis à la recherche d'Ibn Toûmert pour profiter de son enseignement (*Berbères*, I, 253 ; cf. ma traduction d'Abd el-Wâhid Merrâkechi, p. 156).

dut se retirer avec ses disciples d'abord à Mesfîwa (1), puis chez les Hintâta, où il rencontra un de leurs chefs, Aboû H'afç 'Omar ben Yah'ya, qui devint plus tard un de ses cheykhs. Il passa ensuite, toujours dans la même année 515, à Igilz (2), chez les Hergha, ses compatriotes où il éleva un couvent à l'usage des religieux; les étudiants et les tribus [berbères] s'assemblaient autour de lui pour entendre son enseignement de l'Unitarisme. Le k'âd'i de Merrâkech, Mâlik ben Woheyb (3), qui était astrologue, avertit l'émir 'Ali ben Yoùsof : « Précautionne-toi, lui dit-il, contre cet homme en ce qui a trait à ton gouvernement; mets-le hors d'état d'agir [P. 4] pour qu'il ne fasse pas un jour résonner le tambour à tes oreilles, car je crois que c'est lui qui est l'homme au dirhem carré. » 'Ali dépêcha des cavaliers pour l'arrêter, mais il leur échappa. Alors Aboû Bekr ben Moh'ammed Lemtoûni, gouverneur de Soûs, aposta des gens des Hergha pour le faire tuer, mais les autres furent prévenus, emmenèrent le Mahdi dans leur citadelle de refuge et massacrèrent les conjurés. Ils invitèrent ensuite les Maçmoûda à lui prêter serment de fidélité en reconnaissant la doctrine unitaire et en s'engageant à combattre les anthropomorphistes, et cette cérémonie eut lieu le vendredi 14 ramad'ân 515, à l'ombre d'un caroubier. Ce furent les dix *Compagnons* qui commencèrent, savoir : 'Abd el-Mou'min

---

(1) Je corrige مسعيدة des mss. et de l'imprimé en مسفيوة d'après l'*Hist. des Berbères* (ii, 163 ; table géogr., dito ; texte, i, 301).

(2) A ابلكين ; B ابكلين ; C manque ; D ابكلين ; *Berbères*, l. l. ابكلين

(3) Voir Ibn Khallikân, ii, 265; *Histoire des Almohades de Merrâkechi*, trad. fr., p. 160.

ben 'Ali, le cheykh Aboû 'Ali 'Omar Çanhâdji, le cheykh Aboû H'afç 'Omar Hintâti, Ismâ'îl ben Makhloûf, Ibrâhîm ben Ismâ'îl Herghi, Ismâ'îl ben Moûsa, Aboû Yahya ben Mekîth, Moh'ammed ben Soleymân, Aboû Moh'ammed 'Abd Allâh ben Meloûtât, Aboû Moh'ammed 'Abd Allâh ben 'Abd el-Wâh'id, surnommé El-Bechîr. Vinrent ensuite parmi les Hintâta Yoûsof ben Wânoûdîn, Ibn Yaghmoûr, Ibn Yâsin et ceux qui tiraient leur origine d''Omar ben Tâferâdjîn (1), puis toute la tribu de Hergha. Ensuite, il se mêla à ses fidèles qui, l'entourant, lui adressèrent leurs témoignages de considération et lui décernèrent le titre de Mahdi, au lieu de celui d'Imâm qu'il avait porté jusque-là.

Trois ans après son intronisation, il alla s'établir dans la montagne de Tinmelel ; il s'y fit construire une habitation, ainsi qu'une mosquée* dans les environs de la source du Wâdi-Niffîs*(2), et il combattit les Maçmoûda qui avaient refusé de le reconnaître jusqu'à ce qu'ils fissent leur soumission. Voulant ensuite combattre les Lamtoûna, il marcha contre eux avec tous ses partisans maçmoûdites* de Tinmelel*(3), les battit et les poursuivit jusqu'à Aghmât ; mais là il se heurta aux troupes des Lamtoûna que commandaient Beggoû ben 'Ali ben Yoûsof* et Ibrâhîm ben Tâ'abbâset* (4) ; il les battit à leur tour et les

---

(1) A, B et C présentent sous une forme plus ou moins corrompue une leçon qui se rapproche de celle des *Berbères* (II, 170), c'est-à-dire : « ... Ibn Yâsin ; parmi ceux de Tinmelel, 'Omar ben Tâferâdjîn. »

(2) Ces mots ne figurent que dans D ; cf. *Berbères*, II, 171. L'orthographe Niffîs est fixée par Bekri ; cf. Ibn Khallikan, IV, 470.

(3) D'après A, B, C.

(4) D'après D seul ; A, B, C lisent ڔڡ au lieu de Beggoû ; cf. *Berbères*, II, 172.

poursuivit dans la direction de Merràkech jusqu'à El-Boh'eyra. L'armée almohade, qui comptait plus de 40,000 fantassins, mais seulement 40 ou, selon d'autres, 400 cavaliers, mit le siège devant cette place et la serra de très près pendant quarante jours environ, en 524 (14 déc. 1129). Mais alors 'Ali ben Yoûsof sortit à la tête de la population par la porte dite Bàb-Aylàn, et battit les assiégeants, à qui il tua beaucoup de monde et enleva un riche butin. Parmi les compagnons du Mahdi, El-Bechîr disparut et 'Abd el-Mou'min ben 'Ali déploya une valeur qui fut remarquée. Le Mahdi s'éloigna de Merràkech et mourut quatre mois après, la nuit du mercredi 13 ramad'àn 524, à ce que raconte Ibn Nakhîl dans sa chronique; il y avait neuf ans qu'on lui avait prêté le serment de fidélité. D'après Ibn Khaldoun, sa mort arriva [P. 5] en 522. Il était, dit ce chroniqueur, d'une continence absolue et portait un manteau (عباءة) rapiécé; par la mortification des sens et la pratique de la dévotion, il était parvenu à un haut degré de perfection spirituelle. On ne pouvait reprocher à sa doctrine d'autre tendance hétérodoxe que de se trouver d'accord avec les Imâmiens chî'ites en ce qui concerne l'imâm impeccable. On l'enterra dans la mosquée attenant à la demeure qu'il occupait à Tinmelel (1).

Ses compagnons cachèrent sa mort et prêtèrent serment de fidélité au cheykh Aboù 'Ali 'Omar Çanhâdji, surnommé Açnâk, qui leur dit au bout de peu de temps que celui qui avait été désigné par l'Imâm pour lui servir de successeur était 'Abd el-

---

(1) Voir *Berbères*, II, 173 et 496.

Mou'min ben 'Ali. Celui-ci fut en effet reconnu par eux ; il conquit une grande partie du Maghreb, dirigea les Almohades et envoya ses guerriers partout ; sa grande campagne du Maghreb dura de 534 à 541 (1139-1146). Il partit de Tînmelel, et, de son côté, Tâchefîn ben 'Ali ben Yoûsof ben Tâchefîn, qui régnait à Merrâkech, se mit en campagne, mais les populations fuyaient celui-ci pour se joindre à 'Abd el-Mou'min et, à la faveur de la guerre, se refusaient à payer les impôts. Au cours de ces événements, le 3 redjeb 537, 'Ali ben Yoûsof de Merrâkech vint à mourir. C'est lui qui bâtit Merrâkech en 520 (1126) ; il l'entoura de murailles, construisit le réservoir, la mosquée-cathédrale et le palais royal ; grâce à lui, les maisons couvrirent une étendue de sept milles. Cet emplacement était auparavant un fourré habité par les Berbères, à qui son père Yoûsof ben Tâchefîn l'acheta moyennant soixante-dix dirhems ; il y éleva une petite mosquée de briques cuites, et les Berbères ayant, sur son ordre, continué d'y habiter, y installèrent des palissades de branchages (1) ; cet état de choses dura jusqu'à la fondation de la ville.

'Abd el-Mou'min s'avança avec son armée de Tlemcen vers Oran, et battit l'armée almoravide qui l'assaillit. Tâchefîn alors alla se cacher dans un couvent (râbit'a) qui se trouve de ce côté et voulut s'enfuir quand la nuit fut venue ; mais il tomba de cheval et se tua sur l'un des flancs de la montagne, le

―――――

(1) Le mot خوص figure sous la forme accusative خوصا dans A C D ; dans B, une surcharge l'a transformé en أخصاصا ; voir aussi le *Kartâs*, p. 32, l. 11, et le *Supplément* de Dozy. Le sens que j'ai attribué à ce mot repose sur l'explication d'un indigène instruit et consciencieux : الخوص يور من البردي او من جريد النخل.

27 ramad'ân 539 (1). Tandis que sa tête était envoyée à Tinmelel par 'Abd el-Mou'min, les débris de son armée se jetaient dans Oran, où ils étaient assiégés avec les habitants ; mais le manque d'eau les força tous à reconnaître l'autorité d''Abd el-Mou'min, le jour de la rupture du jeûne de cette même année ; le vainqueur fit ruiner et démanteler la ville. Il envoya ensuite un corps d'armée s'emparer de Tlemcen et se rendit à Fez, où il reçut le serment de fidélité envoyé par les habitants de Ceuta ; il nomma Yoûsof ben Makhloûf Hintâti gouverneur de cette dernière ville et alla ensuite conquérir Salé. De là, il se dirigea sur Merrâkech, où commandait alors Ish'âk ben 'Ali ben Yoûsof, que l'on avait, malgré son extrême jeunesse, placé sur le trône à la suite de la mort de son frère. Après avoir subi un siège de neuf mois (2), les habitants poussés par la faim tentèrent une sortie [P. 6] où ils furent battus et poursuivis par les Almohades ; la ville fut prise vers la fin de chawwâl 541, et Ish'âk', qui avait d'abord pu s'échapper, fut ensuite massacré le 18 de ce mois. 'Abd el-Mou'min resta ainsi maître de tout le Maghreb, d'où la dynastie des Lamtoûna [Almoravides] disparut.

Il reçut à Merrâkech une députation sévillane conduite par le k'âd'i Aboû Bekr ben el-'Arabi, dont le fils 'Abd Allâh avait péri lors de la prise de Séville ; il accueillit leur soumission et congédia ces députés en 542 (1 juin 1147) après leur avoir accordé des gratifications et des fiefs (3). Le k'âd'i Aboû Bekr mou-

---

(1) Voir Merrâkechi, p. 177 de la trad. fr.
(2) A B C D lisent *neuf*; Ibn Khaldoûn, dont les expressions sont identiques à celles de Zerkechi, dit *sept* (ii, 181 ; texte, 1, 208, l. 5).
(3) Voir sur ces événements les *Berbères*, ii, 184 et 185.

rut à l'âge de 75 ans, en djomâda II 542, en arrivant à Fez pour retourner en Espagne ; il fut enterré dans cette ville dans la Rawd'at ed-djeyyâch. Selon d'autres, il mourut le 7 rebi' I, ou en rebi' II 543 d'après Ibn H'abech [ou Djeych ?] ; une autre version dit qu'il fut empoisonné ou à Fez ou à Ceuta. Au dire d'Ibn ed-Debbâgh, il rendit des *fetvas* (consultations juridiques) pendant quarante ans.

En 542 également mourut le k'âd'i et imâm Aboû Moh'ammed 'Abd el-H'ak'k' ben Ghâlib, connu sous le nom d'Ibn 'At'iya, exégète du Koran (1). El-Ghobrîni dit dans l'*Onwân* (2) qu'il mourut en 541. J'ai entendu notre cheykh le k'âd'i et mufti Ah'med ben Moh'ammed K'aldjâni raconter ceci. Un littérateur s'étant rendu au camp d''Abd el-Mou'min, y trouva des habitants d'Almérià qui se plaignaient de leur k'âd'i 'Abd el-H'ak'k' ben Ghâlib et l'accusaient de dualisme *(zendak'a)* ; il leur cita alors ses deux vers :

[Basît']. On a dit qu''Abd el-H'ak'k' est dualiste. « Non, ai-je répondu, il n'est pas dualiste ! Puissent-ils être voués au malheur, ces gens d'Almérià qui accusent d'impiété des k'âd'is vertueux ! »

La nuit du vendredi 7 djomâda II 544 mourut à Merrâkech le k'âd'i Aboû'l-Fad'l 'Iyâd' (3) ; selon d'autres, ce fut en ramad'ân. Ibn Sa'îd place sa mort en 542, Ibn 'Ati et Tidjâni adoptent la première opinion. Il était né à Ceuta le 15 cha'bân 476, d'après Ibn Bachkowâl et son petit-fils *(h'afîd)*, en 475 d'après

---

(1) Il est parlé de ce savant dans *Aben Pascualis Assila*, p. 380, et dans Dhabbi, éd. Codera, p. 376.

(2) Voir sur cet ouvrage le Catalogue des mss. d'Alger, n° 1734.

(3) Il est très fréquemment parlé de ce savant, sur qui l'on peut voir entre autres les notices d'Ibn Khallikân, II, 417 ; d'Ibn Bachkowâl, p. 446 ; de Dhabbi, p. 425, ainsi que le long et prolixe panégyrique renfermé dans le n° 1377, Anc. fonds de la Bibl. nat. (2106 du Catalogue imprimé).

Ibn Sa'îd. Nommé k'âd'i à Ceuta en 525, il le fut ensuite à Grenade en çafar 531 et le resta jusqu'en ramad'ân 533 ; Ceuta le revit de nouveau comme k'âd'i en 539. [P. 7] Il fut peu de temps, dit Ibn el-Mo'allem, k'âd'i à Cordoue, le redevint ensuite, puis fut de nouveau nommé dans sa ville natale. 'Abd el-Mou'min, quand il alla le trouver, était peu favorablement disposé à son égard, mais finit, grâce à ce que lui écrivit le k'âd'i en prose et en vers, par revenir à de meilleurs sentiments et à lui pardonner. Ibn 'Iyâd' resta quelque temps à la cour, puis fut renvoyé dans la capitale Merrâkech, où la mort le frappa huit jours plus tard. Voici des vers de lui sur un été froid :

[Basît']. On dirait que janvier a gratifié juillet de plusieurs des vêtements qu'il emploie. Le soleil troublé recule-t-il devant la longueur de sa course et ne sait-il plus distinguer l'étoile polaire et le Bélier ?

Décrivant des tiges de blé qu'écrasaient des troupes à leur passage (1), il dit entre autres choses :

[Sarî']. Vois les tiges de blé courbant leur taille élancée sous le souffle des vents : on dirait d'un noir escadron mis en déroute et où les blessures sont figurées par les anémones.

Pendant qu"Abd el-Mou'min se préparait à la guerre sainte et avait installé son camp à Salé, il reçut dans cette ville, en 553 (1er fév. 1158), une députation d'Espagne dont faisait partie H'afça, femme de lettres connue sous le nom de Bint el-H'âddj er-Rekoûni. Il avait entendu parler de son éclatante beauté et de son brillant talent. Il la fit venir et lui dit : « C'est toi qui es la poétesse H'afça ? — En effet ; ta ser-

---

(1) D seul fournit cette leçon (il y faudrait خامات زرع), que ne donne pas non plus Ibn Khallikân (II, 418), où l'on retrouve ces deux vers.

vante est venue chercher la bénédiction auprès de ton éclat fortuné », et s'inclinant, elle lui baisa la main ; puis lui récita des vers pour lui demander un diplôme l'investissant du lieu [de sa naissance]. Elle exprima son désir en ces termes :

[Modjtalth]. O Seigneur des humains, ô toi dont les mortels attendent les bienfaits (1) ! gratifie-moi d'un billet qui me servira à toujours de viatique et où la main tracera les mots : Louanges à Dieu seul !

Elle plut à 'Abd el-Mou'min qui, par un rescrit, lui accorda le bourg de Rekoûna, d'où elle était originaire et où elle put mener une existence princière.

Le 12 redjeb 554, ce prince alla assiéger Mehdiyya ; se rendant compte de la solidité de ses bastions du côté de la terre, il en fit le tour par mer avec El-H'asan ben 'Ali Çanhâdji, qui avait régné en cette ville, et à qui il demanda comment il avait pu abandonner une citadelle aussi redoutable : « Ç'a été, répondit H'asan, à cause du peu de guerriers à qui je pouvais me fier, de mon impuissance et aussi de la décision du destin (2). » Comme les chrétiens avaient évacué Zawîla, [P. 8] il y fit installer les marchés du camp et des soldats en nombre suffisant pour y reconstituer sur-le-champ une ville florissante ; lui-même habitait sa tente dans la journée, mais il allait coucher dans une maison à l'intérieur de Zawîla. Quand, après un siège par terre et par mer qui dura six mois, il entra à Mehdiyya en moh'arrem 555 (11 janv. 1160) et la rendit à l'Islâm, il en fit réparer les fortifications et en nomma gouverneur Moh'ammed ben Faradj Koûmi, au-

---

(1) On trouve dans A B la leçon correcte يوصل ; le mètre exige la seconde forme.

(2) Comparez Ibn el-Athîr (texte, xi, p. 160) ; Amari, *Biblioteca*, trad., i, 488 ; *Berbères*, ii, 591.

près de qui il laissa l'ancien chef de cette ville, El-H'asan ben 'Ali Çanhâdji. 'Abd el-Mou'min reçut aussi la visite du cheykh de Sfax, 'Omar ben Aboû 'l-H'asan Feryâni, qui s'était débarrassé par trahison des chrétiens de cette ville, laquelle vint ainsi s'ajouter à ses possessions. La même démarche fut accomplie par Ibn Mat'roûh, cheykh de Tripoli, qui s'était révolté contre les Francs installés dans cette ville. 'Abd el-Mou'min les accueillit bien et les récompensa généreusement. Il reçut également Yah'ya ben Temîm ben el-Mo'tazz ben er-Rend, seigneur de Gafça, qui était, de même que son fils, un guerrier renommé et qui tirait son origine des Maghrâwa habitant Nefzâwa. 'Abd el-Mou'min, après l'avoir bien reçu et lui avoir fait des présents, l'envoya à Bougie avec sa famille et son entourage; ils y restèrent assez longtemps, puis El-Mo'tazz, grand-père de Yah'ya, qui était un vieillard très âgé et aveugle et qui accompagnait son petit-fils, étant venu à mourir, Yah'ya retourna à Gafça (1).

Le prince almohade reçut aussi la soumission de tous les chefs qui s'étaient révoltés en Ifrîk'iyya, entre autres de celui de Bizerte, 'Isa ben Mok'arreb ben T'arrâd ben el-Ward Lakhmi (2). Il fut également reconnu par Meni' ben Bezoûkech (3) Çanhâdji, seigneur de Zer'a et de T'ebourba. Il était arrivé une aventure curieuse au père de Meni', qui était l'un des héros des Çanhâdja et dont la sœur était [com-

---

(1) Voir Ibn Khaldoun, *Berbères*, II, 33 et 39.
(2) *Ibid.*, II, 40.
(3) A بزركة ; B بزوكش ; C منيع بزوكش ; *Berbères* (texte, I, 219) بروكسن ; voir la trad. II, 40 et 193.

me épouse] auprès d'El-'Azîz ben el-Mançoûr, seigneur de Bougie. El-'Azîz, qui le recevait à ses audiences du soir, se mit une fois à vanter l'autorité dont il jouissait et qu'il tenait de ses aïeux. Bezoûkech à son tour se mit à parler de ses prouesses et des vicissitudes (1) par où il avait passé, puis appuya ses dires du vers que voici :

[Khafîf]. C'est à nous qu'il a assigné la lutte et le massacre, et aux coquettes le soin d'étaler leurs traînes (2).

El-'Azîz prit cette dernière partie du vers comme s'adressant à lui ; mais bien qu'il ne manifestât pas aussitôt son sentiment, la sœur de Bezoûkech comprit que son orgueil était blessé et fit dire à son frère : « Tu restes encore dans le territoire d'un prince dont tu t'es attiré la haine ! Veille donc à ta sécurité ! » Il s'enfuit alors à Bâdja, dont le cheykh le reçut avec honneur et l'envoya gouverner Zer'a.

Moh'ammed ben 'Omar Teyfâchi (3) vint également trouver le prince almohade en déclamant :

[P. 9 ; Basît']. Au milieu des épées et des lances, nul ne se démène comme le khalife 'Abd el-Mou'min ben 'Ali.

L'année 555 (1160 J.-C.), où eut lieu la conquête de Mehdiyya, reçut le nom d'*année des quints* (4). 'Abd el-Mou'min retourna ensuite au Maghreb après avoir laissé comme gouverneur de l'Ifrîk'iyya son fils Aboû Ish'âk' Ibrâhîm et comme gouverneur de Tunis le cheykh

---

(1) A seul الموائق بين القبائل

(2) A B الغانجات جر الذيول

(3) Aboû 'Abd Allâh Moh'ammed ben Aboû 'l-'Abbâs, comme l'appelle Ibn Khallikân en reproduisant ce vers (II, 183) ; cf. Ibn el-Athîr, XI, 161.

(4) C'est-à-dire des parts de butin attribuées au prince.

Aboû Moh'ammed 'Abd Allâh ben Aboû Yerfiyân (1) Herghi ; il confia les domaines de l'État أموال مخزنية à Aboû H'afç 'Omar ben Fâkhir 'Abderi. Il convoqua les émirs arabes et leur fit jurer sur le Koran d'Othmân ben 'Affân de lui obéir et de l'accompagner en Espagne pour y combattre les chrétiens ; mais ces émirs se retirèrent, violant ainsi le serment qu'ils venaient de prêter (2). Aboû 'l-H'asan 'Ali ben Ah'med Obbi, k'âd'i de Tunis, dit dans une longue poésie relative à la défaite qui fut infligée à ces Arabes :

[Basît']. La jeunesse a fui devant la vieillesse, celle-ci montrant de l'ardeur dans l'attaque et celle-là dans la fuite.

En 558 (9 déc. 1162), 'Abd el-Mou'min rappela d'Espagne à Merrâkech son fils Aboû Ya'k'oûb Yoûsof pour le faire reconnaître comme héritier présomptif au lieu de son autre fils Moh'ammed (3). Yoûsof habita alors Merrâkech, mais fit la guerre sainte avec son père, qui mourut à Salé la nuit du (mercredi au) jeudi 10 djomâda II 558 (16 mai 1163), après un règne de trente-trois ans huit mois et quinze jours ; il laissait seize fils et deux filles, et fut enterré à Tinmelel dans un endroit faisant face au tombeau du Mahdi.

Il eut pour successeur l'héritier présomptif désigné, son fils Aboû Ya'k'oûb Yoûsof ben 'Abd el-Mou'min ben 'Ali. En 575 (7 juin 1179), mourut le vizir Aboû H'afç 'Omar ben 'Abd el-Mou'min. En la même année, Yoûsof apprit la révolte à Gafça d''Ali ben el-

---

(1) A, Yoûsân ; B C, Yoûñyân.

(2) Ibn el-Athîr (xi, 162) fournit un récit plus détaillé et plus intelligible.

(3) Voir Ibn Khallikân, iv, 470.

Mo'izz, dit et-T'awîl (1), descendant des Benoû' r-Rend qui avaient régné en cette ville ; il partit de Merràkech et marcha contre lui jusqu'à Bougie, où, à la suite des dénonciations qu'il reçut contre 'Ali ben el-Montaçer (2), il arrêta ce personnage et s'empara de ses biens. Il alla ensuite assiéger Gafça et reçut pendant la durée du siège les offres de soumission, qu'il accueillit, des cheykhs arabes des Riyâh'. 'Ali ben el-Mo'izz dut finir par se rendre, et Yoûsof retourna alors à Tunis ; il confia le gouvernement de l'Ifrîk'iyya et du Zâb à son frère Aboû 'Ali et celui de Bougie à Aboû Moûsa. Après quoi il regagna Merràkech, d'où il se rendit en 577 (16 mai 1181) à Salé ; il fut rejoint dans cette dernière ville [P. 10] par Aboû Moh'ammed ben Ish'âk' ben Djâmi' (3) qui lui amena de l'Ifrîk'iyya des troupes arabes. — En la même année, il nomma k'âd'i de Cordoue Aboû 'l-Welîd ben Rochd, le petit-fils (Averroès). En çafar 578, il s'embarqua à Ceuta pour Djebel-el-Fath' (Gibraltar), d'où il se rendit à Séville. Il en repartit pour attaquer Santarem et, après en avoir fait le siège pendant quelques jours, il se retira ; mais à l'aube du jour où l'on décampait, une sortie que firent les chrétiens trouva le khalife dépourvu de défenseurs, et il eut avec son entourage immédiat à subir une attaque des plus vives ; les chrétiens se retirèrent, mais le prince mourut le jour même de la blessure que lui avait faite une flèche dans le combat. Ibn el-Khat'ib dit de lui :

---

(1) Cf. Ibn Khaldoûn (II, 34 et 203) ; *Histoire des Almohades*, trad., p. 218.

(2) A B C D *sic* ; lire el-Mo'tazz (*Berbères*, II, 203, n. 3).

(3) Ibn *Abi* Ishak, selon les *Berbères* (II, 205) ; mais *Abi* doit être de trop (voir p. 204, l. 11).

[Redjez]. Le martyre bien connu dont Dieu l'a gratifié a servi de sceau à ses belles actions.

D'après une autre version, c'est à la maladie qu'il faudrait attribuer sa mort, survenue le samedi 18 rebi' II 580 (29 juillet 1184), après un règne de vingt-un ans dix mois et huit jours (1). Il fut enterré dans le Ribât' el-Fath' (Rabat). Il laissa dix-huit enfants mâles.

Son successeur fut l'un d'eux, Aboû Yoûsof Ya'-k'oûb el-Mançoûr, qui était né dans la dernière décade de dhoû'l-h'iddja 554, et qui fut proclamé dans le camp même, après la mort de son père. Quand il fut rentré à Séville avec les troupes, il fit procéder à son intronisation dans les règles et choisit pour vizir le cheykh Aboû Moh'ammed 'Abd el-Wâh'id, fils du cheykh Aboû H'afç; puis il fit, de concert avec son frère Aboû Yah'ya, de nouvelles levées, et pénétra assez loin en territoire infidèle, où il conquit des places fortes. Ensuite, Ya'k'oûb s'embarqua et retourna à Merrâkech, où il mit fin aux actes illicites, fit régner la justice et s'occupa lui-même de juger; il était savant et très habile à rédiger ses ordres sous forme de réponses (2). Il avait un jour demandé à son k'âd'i de lui chercher un ou deux maîtres pour instruire un de ses enfants et pour consigner ses ordres, et deux hommes lui furent envoyés, dont le k'âd'i disait dans un billet : « L'un est (ferme comme) un continent en fait de religion, l'autre est une mer de science. » Mais le prince, les ayant lui-même

---

(1) Voir Dozy, *Recherches*, 3ᵉ éd., II, 442; *Hist. des Almohades*, trad., p. 222; *Berbères*, II, 205. La date du 7 redjeb est plus vraisemblable.

(2) Voir l'éloge que fait de lui Ibn Khallikan, IV, 335.

mis à l'épreuve, trouva ces éloges mensongers et peu conformes à la réalité, de sorte qu'il ajouta sur le billet du k'âd'i : « Je me réfugie auprès de Dieu contre Satan le lapidé ! Sur le continent comme dans la mer, la corruption s'est manifestée. » Voilà certes un étrange rescrit royal, mais des mieux tournés ! (1).

En çafar 581 (mai 1185), 'Ali ben Ish'âk' [P. 11] ben Moh'ammed ben Ghâniya le Mayorcain partit de Mayorque avec ses frères et trente-deux bâtiments, et s'empara de Bougie par surprise, grâce à l'absence momentanée d'Aboû 'Abd Allâh Moh'ammed ben 'Abd el-Mou'min, alors gouverneur de cette ville.

En cette même année ou, selon d'autres, en 582, mourut à Bougie le célèbre juriste, k'âd'i et imâm Aboû Moh'ammed 'Abd el-H'ak'k' Ichbîli, auteur des *Ah'kâm*, de l'*ak'iba*, etc. (2).

En apprenant ce qui se passait en Ifrîk'iyya, Ya'k'oûb el-Mançoûr partit de Merrâkech en 583 à l'effet de couper court aux progrès du mal. Après s'être d'abord reposé à Tunis, il envoya son avant-garde, commandée par Aboû Yoûsof Ya'k'oûb ben Aboû H'afç ben 'Abd el-Mou'min, contre Ibn Ghâniya, qui battit les Almohades et s'empara de leurs bagages. Mais alors El-Mançoûr marcha lui-même contre Ibn Ghâniya et K'arak'oûch (3), les rencontra en dehors d'El-H'âmma en cha'bân et les mit en déroute ; puis il reçut la soumission des habitants de Gabès, qui avaient mis la main sur les Almohades de cette

---

(1) Cette anecdote se retrouve dans K'ayrawâni (texte, p. 117).
(2) *Hist des Almohades*, p. 235.
(3) Voir *ib.*, p. 250 ; *Journal asiatique*, 1852, II, p. 150.

ville, et les avaient renvoyés à Merrâkech (1). El-Mançoûr se dirigea vers Tawzer, dont les habitants s'empressèrent de faire leur soumission, et de là alla assiéger Gafça, qui dut se rendre; les troupes qui y tenaient garnison furent massacrées, et les habitants obtinrent la vie sauve, mais ne conservèrent leurs propriétés qu'en qualité de colons partiaires.

Il fit ensuite contre les Arabes une expédition qui fut très meurtrière pour eux, puis retourna au Maghreb en 584 (1ᵉʳ fév. 1188), en laissant comme gouverneur de l'Ifrîk'iyya Aboû Zeyd ben Aboû H'afç ben 'Abd el-Moû'min.

Vers 590 [lisez : en 594], mourut le cheykh, l'homme vertueux, l'ami de Dieu, le pôle Aboû Medyen Cho'ayb ben el-H'asan Andalosî, à Tlemcen, au lieu dit El-'Obbâd, où il fut enterré; il était parti de Bougie pour se rendre à Merrâkech, où l'appelait le khalife à cause de la notoriété dont il jouissait dans la première de ces villes.

En 595, un ordre d'El-Mançoûr enjoignit aux juifs d'employer le signe distinctif (2) et de porter des tu-

---

(1) Le manque de précision du texte peut aussi permettre de comprendre : Par suite de la soumission de Gabès, les Almohades de cette ville repassèrent aux mains du vainqueur, et les [habitants ?] furent transportés à Merrâkech. Cf. Ibn el-Athîr, xi, 343 et 344; *Journal as.*, l. l., p. 153.

(2) يعمل الشكلة Le verbe à la première forme a le sens, dans la langue parlée, de « pratiquer, mettre en pratique »; il a donc à peu près la valeur de la xᵉ, et aussi de وضع placer. Quant au mot شكلة il peut signifier « forme, figure » et il est permis de supposer qu'il s'agit ici d'une chose analogue à la roue ou rouelle imposée aux juifs d'Europe (voir *Revue des études juives*, t. vi, pp. 81 et 268; vii, 94). L'indigène dont j'ai parlé (p. 8) me fournit cette note : « La *chekla* est un signe علامة variable d'après les régions; elle consiste entre autres dans la nécessité pour les juifs de se raser la tête, sauf aux tempes. » Le sens exact du mot paraît, autant que j'ai pu m'en assurer, n'être plus connu des Tunisiens mêmes. Mais le souvenir s'en

niques d'une coudée de long sur autant de large, ainsi que des burnous et des bonnets bleus.

Sa mort est diversement racontée. D'après les uns, la maladie qui l'enleva le frappa au commencement de 595 (2 nov. 1198); il fit alors son testament bien connu, mourut la nuit du jeudi au vendredi 22 rebi' I 595 et fut enterré dans le salon du palais qu'il habitait à Merrâkech, puis plus tard son cadavre fut transféré dans le monastère de Tinmelel. D'autres disent qu'il abdiqua [P. 12] et alla faire la guerre sainte sur les frontières d'Espagne. Selon Aboù Sa'îd, il alla faire à pied le pèlerinage. Le h'âddj Ibn Mozeyyina m'a raconté tenir d'un habitant de l'Orient que le tombeau de Ya'k'oûb el-Mançoûr est en Syrie et que l'on s'y rend pour obtenir les faveurs célestes.

Son règne avait duré quatorze ans onze mois et quatre jours.

---

est néanmoins conservé en Afrique, témoin le brocard injurieux encore en usage à Ténès :

يا يهودي بوشكـله   ضربك بابا بالركـلـه
صاب نقيه فى بدك   ينعل [يلعن] بوك وبو جدك

Il existe encore à Constantine une famille juive nommée Bou-Chekila. Merrâkechi (trad. p. 264) donne plus de détails sur les mesures prises par El-Mançour contre les sectateurs de Moïse, mais sans employer ce mot. Nous verrons plus loin qu'en 648, un ordre nouveau rappela aux juifs de Tunis l'usage, sans doute tombé en désuétude, de la *chekla*. K'ayrawâni (texte, p. 128, l. 4) rapporte le même fait en ces termes : « En cette année [648], la *chekla* fut [de nouveau] imposée aux juifs, qui eurent à supporter toutes les humiliations possibles. » (Comparez la trad. Pellissier-Rémusat, p. 224). On peut se faire une idée des avanies auxquelles étaient encore soumis les juifs à Tunis plusieurs siècles plus tard, vers 1080 hég., par l'expression du même chroniqueur (p. 253, l. 14), qui, pour peindre l'exaspération des Tunisiens contre les Arabes nomades et leurs déprédations, dit que les Awlâd Sa'îd aimaient mieux se dire juifs qu'avouer leur origine.

C'est le mot غيار qui est employé chez les écrivains orientaux, lesquels, à ma connaissance, ne se servent pas du mot *chekla* (*Chrest. ar.* de Sacy, I, 97, 144 et 181 ; *Religion des Druzes*, du même, p. cccix, etc.).

Des huit garçons qu'il laissa, il eut pour successeur Aboû 'Abd Allâh Moh'ammed ben Ya'k'oûb el-Mançoûr, à qui l'on prêta serment de fidélité, le jour même de la mort de son père, sous le nom d'En-Nâçir li-dîn Allâh. Il prit d'abord comme vizir Aboû Zeyd ben Aboû H'ayyân [lisez : ben Youwoddjân], fils du frère du cheykh Aboû H'afç ; il le remplaça ensuite par le cheykh Aboû Moh'ammed 'Abd el-Wâh'id, fils du même cheykh (1). La nouvelle qu'Ibn Ghâniya, installé en Ifrîk'iyya, y causait des troubles, fut cause que le prince, en redoutant les suites, partit pour ce pays en 601 (28 août 1204). Ibn Ghâniya, sitôt qu'il connut sa venue, dirigea ses trésors sur Mehdiyya, dont le gouverneur était son cousin (2) 'Ali ben el-Ghâzi. Lui-même sortit de Tunis pour se rendre d'abord à K'ayrawân, puis à Gafça. Les Arabes faisaient cause commune avec lui et lui avaient livré des ôtages pour garantir leur concours. Il assiégea et livra au pillage T'orra, l'un des châteaux-forts des Nefzâwa, puis de là se rendit à H'âmma des Mat'mât'a (3). Quant à En-Nâçir, arrivé d'abord à Tunis, il se porta successivement à Gafça, puis à Gabès ; mais Ibn Ghâniya se retrancha dans la montagne de Demmer, et son adversaire, renonçant à l'y poursuivre, alla assiéger Mehdiyya. Il envoya en 602 le cheykh Aboû Moh'ammed 'Abd el-Wâh'id, fils du cheykh Aboû H'afç, à la tête d'un corps de 4,000 Almohades pour combattre Ibn Ghâniya ; la rencontre, qui eut lieu dans

---

(1) Cf. Merrâkechi, trad., p. 268 ; *Berbères*, II, 216.

(2) Les *Berbères* (II, 221, l. 6) l'appellent *son neveu*, et (*ib.* l. dern.) *son cousin*.

(3) Voir Merrâkechi, trad., p. 236 ; *Journal asiatique*, 1853, II, 185 ; *Berbères*, II, 99 et 221.

la montagne de Tâdjoûra (1), dans la région de Gabès, donna la victoire au cheykh Aboû Moh'ammed: Djebbâra ben Ish'âk', frère d'Ibn Ghâniya, fut tué, tout le camp des rebelles fut emporté, et plusieurs Almohades retenus en captivité dans leur forteresse furent rendus à la liberté, entre autres Aboû Zeyd, qui était gouverneur de Tunis lors de la prise de cette ville par Ibn Ghâniya.

En-Nâçir poursuivit le siège de Mehdiyya jusqu'au samedi 27 djomâda I 602 (9 janv. 1206), où elle lui fut livrée par celui qui y commandait, 'Ali ben el-Ghâzi, cousin d'Ibn Ghâniya; ce chef fut bien reçu et traité honorablement par son vainqueur, qu'il ne quitta plus jusqu'au jour où il trouva la mort du martyre (2).

Après avoir nommé gouverneur de Mehdiyya l'Almohade Moh'ammed ben Na'moûn (3), En-Nâçir regagna Tunis, où il séjourna un an, jusqu'au milieu de 603 (7 août 1206). Dans cet intervalle, il fit poursuivre les fauteurs de troubles par son frère Aboû Ish'âk', qui fit des conquêtes jusque par-delà Tripoli, s'approcha de [P. 13] Sort et de Bark'a et poussa jusqu'à Soweyk'at Ibn Methkoûd (4). Ibn Ghâniya s'enfonça dans le désert de Bark'a et l'on n'entendit plus parler de lui, de sorte qu'Aboû Ish'âk' rentra à Tunis.

---

(1) Tadjera des *Berbères*, II, 99, 221, 286; nous avons suivi l'orthographe de B et de C.

(2) A la bataille d'El-'Ok'âb (*Berbères*, II, 223).

(3) Orthographe d'A B D, et peut-être de C; dans les *Berbères* (II, 100, 223), Yaghmor.

(4) مذكور dans A B C D et le texte arabe des *Berbères*; mais voyez la traduction (II, pp. 103, 223, 287); Edrisi (texte, pp. 130 et 133), et le Merâcid (II, 72).

Quand En-Nâçir voulut retourner au Maghreb et qu'il songea à qui il pourrait confier le gouvernement de l'Ifrîk'iyya, il arrêta son choix en 603 sur son vizir, le cheykh Aboû Moh'ammed 'Abd el-Wâh'id, fils du cheykh Aboû H'afç. Mais ce personnage fit d'abord quelque résistance, et le prince dut lui faire dire par son propre fils Yoûsof : « Il faut de deux choses l'une : ou que tu partes pour le Maghreb tandis que je resterai ici, ou bien que tu restes tandis que moi je m'en irai. » Aboû Moh'ammed finit par consentir, mais en posant pour conditions qu'il retournerait rester au Maghreb après avoir, dans un délai de trois ans, réglé les affaires importantes de l'Ifrîk'iyya, qu'il choisirait librement ceux des Almohades qu'il voudrait garder avec lui pour l'assister dans les conjonctures difficiles, et qu'il ne serait nullement inquiété pour les nominations et les révocations de son ressort. Ces conditions furent acceptées par le prince, qui quitta Tunis en ramad'ân 603 et rentra à Merrâkech en rebî' 604 (sept.-oct. 1207).

Aboû Moh'ammed choisit comme secrétaire le juriste Aboû 'Abd Allâh Moh'ammed ben Ah'med ben Nakhîl (1), dont on reconnaissait la générosité, la souplesse de moyens et le talent d'administrateur. Il (Ibn Nakhîl ?) rétablit l'ordre, organisa les troupes et installa le bureau d'hospitalisation pour les députations. Tous les samedis, il tenait une audience où le peuple pouvait exposer ses griefs ; c'était un homme instruit, distingué, brave, bienfaisant et à l'intelligence fine.

---

(1) A B C D, Nedjîl ; voir plus haut, p. 1, n. 2).

Ibn Ghâniya, à la tête des Arabes Dawâwida et autres, marcha contre Tunis où étaient les Almohades, et le cheykh Aboû Moh'ammed 'Abd el-Wâh'id s'avança contre eux à la tête des Benoû 'Awf, tribu Soleymide; dans les environs de Tébessa (1) eut lieu, en 604 (27 juil. 1207), une bataille à la suite de laquelle Ibn Ghâniya, vaincu, se retira du côté de Tripoli. Yah'ya ben Ghâniya, voyant la tournure des choses en Ifrîk'iyya et l'apaisement qui s'y faisait, répétait le vers proverbial sur H'addjâdj :

[Wâfir]. Le désordre qui régnait dans l'Irâk a disparu, grâce au frère de Thak'îf.

En-Nâçir s'occupa ensuite de faire en Espagne la guerre sainte avec plus de décision qu'aucun prince avant lui. Il s'était installé à Rabat (2) près de Salé quand il fut surpris par la mort, ce qui détruisit la cohésion et provoqua la dispersion des troupes. Il mourut le mardi 10 cha'bân 610 (25 déc. 1213), des suites de la morsure qu'un chien lui fit au pied, après un règne de quinze ans [P. 14] quatre mois et dix-neuf jours.

Des deux fils qu'il laissa, Yoûsof et Yah'ya, ce fut son fils Yoûsof ben Aboû 'Abd Allâh Moh'ammed en-Nâçir qui lui succéda et qui fut intronisé le jour même de la mort de son père. Il était âgé de dix ans et fut surnommé El-Montaçir billâh (3). Ibn Djâmi'

---

(1) A Chebrou, d'après les *Berbères* (II, 100, 288).

(2) A Merrâkech, au dire de Merrâkechi et du *Kartâs*; sur les circonstances dans lesquelles il mourut, cf. *Berbères*, II, 226; Merrâkechi, p. 281.

(3) Merrâkechi (*ibid.*) lui donne seize ans et le fait naître en 594; Ibn Khaldoûn est d'accord avec lui (II, 227). Ibn Khallikân (IV, 346) place aussi la naissance de ce prince à l'année 594. A B D l'appellent ici, et plus bas, el-Montaçir, C el-Mostançir; cf. Merrâkechi, p. 281, n. 2.

et les cheykhs Almohades la dominèrent complètement et détinrent l'administration. Le jeune âge du nouveau prince fut cause du retard que mit Aboû Moh'ammed 'Abd el-Wâh'id ben Aboû H'afç à le reconnaître ; ce personnage finit cependant par se décider à la suite des correspondances que lui envoyèrent le vizir Ibn Djâmi' et le ministre des finances 'Abd el-'Azîz ben Aboû Zeyd.

En 610 (22 mai 1213), un an après la naissance d'Aboû Yoûsof Ya'k'oûb ben 'Abd el-H'ak'k', les Benoû Merîn, alors au nombre de quatre cents cavaliers environ, commencèrent à se montrer (1).

Le jeudi 1ᵉʳ moh'arrem et premier jour de l'année 618 (25 fév. 1221), mourut à Tunis le cheykh Aboû Moh'ammed 'Abd el-Wâh'id, fils du cheykh Aboû H'afç ; on l'enterra dans la k'açba de cette ville, après la prière de l'aurore. Il laissa pour tout héritage un petit nombre de sacs dont chacun portait l'étiquette « K'abra », ce qui voulait dire que cet argent provenait de K'abra (2), localité de la région de Cordoue qui faisait partie des parts princières de butin qui lui étaient échues ; or, tout l'argent qui avait semblable origine était par lui réuni et envoyé aux deux Villes' saintes. Ce gouverneur eut pour successeur le seyyid Aboû 'l-'Alâ Idrîs ben Yoûsof ben 'Abd el-Moû'min.

Après la mort du cheykh Aboû Moh'ammed, le rebelle Ibn Ghâniya reparut et obtint beaucoup de succès. Mais Aboû Zeyd marcha contre lui et le battit dans la banlieue de Tunis, au commencement

---

(1) En 613, d'après Ibn Khaldoûn (u, 223). Ya'k'oûb ben 'Abd el-H'ak'k' est le deuxième prince mérinide, dont le règne commença en 657 (*Berbères*, IV, 45).

(2) Voir Edrisi, p. 252 de la trad.

de l'année 621 (23 janv. 1224) ; un immense butin resta aux mains des Almohades. Les Hawwâra (1) et leur chef, un jeune homme du nom de H'annâch (2), se distinguèrent particulièrement dans cette rencontre. Aboû Zeyd Mochammer était à K'ayrawân quand il reçut la nouvelle que son père était mort à Tunis en cha'bân 620 (sept. 1223), ce qui fut cause de son retour dans cette dernière ville.

Un samedi de dhoû 'l-h'iddja de cette même année (nov.-déc. 1223), El-Montaçir mourut empoisonné par le vizir Aboû Sa'îd ben Djâmi', qui avait pour complice le page (خصي) Mesroûr (3). Cette version, qui est celle du *Terdjomân el-'iber* [d'Ibn Khaldoûn], diffère de celle d'Ibn el-Khat'îb Andalosi, d'après qui ce prince, amateur de combats d'animaux, se trouva un jour au milieu d'un troupeau de vaches dont l'une, devenue rétive, lui donna un coup de corne et le tua. Il avait régné dix ans quatre mois et deux jours.

Il eut pour successeur [P. 15] l'oncle de son père, Aboû Moh'ammed 'Abd el-Wâh'id ben Yoûsof ben 'Abd el-Mou'min, lequel était frère d'El-Mançoûr et est connu sous le nom d'El-Makhloû' (le déposé). A la mort d'El-Montaçir, Ibn Djâmi' et les Almohades réunis à Merrâkech lui prêtèrent serment de fidélité, ce qui lui assura le pouvoir, puis il confirma son frère Aboû 'l-'Alâ en qualité de gouverneur d'Ifrîk'iyya. Ensuite, les Almohades déposèrent leur nou-

---

(1) Le redoublement de la seconde consonne de ce mot représente la prononciation actuelle des indigènes.

(2) Ba'ra ben H'annâch, d'après Ibn Khaldoûn (II, 295), qui place le lieu de la rencontre à Medjdoul.

(3) Ibn Khaldoûn (II, 229) place sa mort au 10 dhoû'l-h'iddja; cf. Merrâkechi, p. 281. Sur l'orthographe El-Montaçir et El-Mostançir, voir plus haut.

veau prince à Merràkech le samedi 20 cha'bân 621 (7 sept. 1224), après un règne de huit mois et neuf jours.

Les Almohades envoyèrent alors leur promesse de le reconnaître comme khalife à El-'Adil, gouverneur de Murcie, dont le nom est Aboû Moh'ammed 'Abd Allâh ben Ya'k'oûb el-Mançoûr ben Aboû Ya'k'oûb Yoûsof ben 'Abd el-Mou'min ben 'Ali. El-'Adil reçut en outre du vizir Aboû Zakariyyâ Yah'ya ech-Chehid, fils du cheykh Aboû H'afç (1), l'avis qu'on ne reconnaissait plus El-Makhloû' et qu'on l'abandonnait. La jalousie d'El-Bayâsi [Aboû Moh'ammed, descendant d''Abd el-Mou'min] se trouvant ainsi excitée, il refusa d'obéir plus longtemps à El-'Adil et se proclama indépendant, de sorte qu'El-'Adil dut s'occuper de lui et faire mettre le siège devant Baëza par son frère Aboû 'l-'Alâ (2); après quoi il confia au dit Aboû 'l-'Alâ le gouvernement de l'Espagne. Débarqué à K'açr el-Medjâz, il y trouva Aboû Moh'ammed 'Abd Allâh, dit 'Obboû ben Aboû H'afç, qui répondit à la question relative à sa santé par la citation du vers que voici:

[Kâmil]. Mon état est tel que, dès qu'il sera connu d'Ibn Mançoûr, la fortune honteuse me reviendra (3).

El-'Adil, qui était fils d'El-Mançoûr, fut charmé de l'à-propos et nomma gouverneur d'Ifrîk'iyya ce-

---

(1) Lisez: Aboû Zakariyyâ Yah'ya ben Aboû Yah'ya ech-Chehid ben Aboû H'afç (*Berbères*, II, 231, l. 6 et 20).

(2) Il faut lire البياسي dans le texte. Ces événements sont exposés par Ibn Khaldoûn (II, 230 et 231) d'une manière un peu plus intelligible.

(3) Ce vers figure dans Ibn Khaldoûn (texte, I, 341; trad., II, 233) avec la variante إليّ au lieu de إلى

lui qui lui avait fait cette citation. Il écrivit à Aboù Zeyd Mochammer, fils de son oncle paternel Aboù 'l-'Alâ Idrîs, de venir le rejoindre à Merrâkech.

Quant à 'Obboù, il se mit en route et arriva, précédé de son frère l'émir Aboù Zakariyyâ Yah'ya, à Tunis le samedi 17 dhoù 'l-k'a'da 623. Il confia au dit Yah'ya le gouvernement de Gabès auquel il joignit celui d'El-H'âmma et de tout ce pays, et nomma son autre frère Aboù Ibrâhîm gouverneur de Tawzer, de Neft'a et de toute la province de K'ast'iliya. Mais une brouille étant survenue entre 'Obboù et Yah'ya, le premier enleva au second le gouvernement de Gabès et de ses dépendances, et écrivit à Aboù Ibrâhîm, gouverneur de K'ast'iliya, d'aller à Gabès s'assurer de la personne de Yah'ya. Pendant qu'Aboù Ibrâhîm était en route à cet effet, il apprit que [P. 16] Yah'ya avait reconnu Ma'moùn [ben el-Mançoùr], ce qui le fit se détourner sur Mehdiyya, en même temps qu'il informa 'Obboù de ce qui se passait.

Aboù Zakariyyâ Yah'ya ben Aboù Yah'ya ech-Chehîd et Yoùsof ben Aboù 'l-H'asan 'Ali rejoignirent leurs tribus respectives; s'étant mis d'accord pour déposer El-'Adil et reconnaître Yah'ya ben en-Nâçir, ils marchèrent sur Merrâkech, pénétrèrent de vive force dans le palais et le mirent au pillage; El-'Adil lui-même fut étranglé le 22 chawwâl 624 (6 oct. 1227), après un règne qui, compté du jour de son intronisation à Murcie, avait duré trois ans huit mois et dix jours (1).

On proclama ensuite à Merrâkech Aboù Zakariyyâ

---

(1) Ibn Khaldoûn (II, 233) place la mort de ce prince au commencement de chawwâl; le Kartâs (texte, p. 164) dit le 21 de ce mois et donne à son règne la durée de 3 ans 7 mois 9 jours. Voir aussi Ibn Khaldoûn (II, 297).

Yah'ya el-Mo'taçim ben Aboû 'Abd Allâh en-Nâçir ben Ya'k'oûb el-Mançoûr ben Yoûsof ben 'Abd el-Mou'min.

Quand Aboû 'l-'Alâ el-Ma'moûn apprit la révolte des Almohades et des Arabes contre son frère El-'Adil et l'anéantissement du pouvoir de celui-ci, il se fit proclamer souverain à Séville, où on lui prêta serment de fidélité le jeudi 2 chawwâl 624 (15 sept. 1227). La plus grande partie de l'Espagne le reconnut, et entre autres le seyyid Aboû Zeyd, gouverneur de Valence et de l'Espagne orientale.

A la suite du meurtre commis par les Almohades sur El-'Adil et de l'avènement de Yah'ya, fils de son frère En-Nâçir, Ma'moûn écrivit secrètement à Ibn Youwoddjân pour qu'il suscitât des embarras au gouvernement marocain ; ce ministre poussa, en effet, les Heskoûra et les Arabes à faire dans les environs de la capitale des courses où les troupes Almohades furent défaites. Mais Aboû Zakariyyâ Yah'ya ben Aboû Yah'ya ech-Chehîd se rendit compte des manœuvres (1) d'Aboû Zeyd ben Youwoddjân et alla le tuer chez lui.

Yah'ya ben en-Nâçir ayant gagné [Tinmelel], son lieu de refuge, fut déposé à Merrâkech par les Almohades, qui envoyèrent leur adhésion au prince de Séville, El-Ma'moûn, c'est-à-dire Aboû 'l-'Alâ Idrîs ben Ya'k'oûb el-Mançoûr ben Aboû Ya'k'oûb Yoûsof ben 'Abd el-Mou'min ben 'Ali. Les principaux meneurs de ce double mouvement furent H'asan Koreyk'eri (2)

---

(1) Je lis لتدبير avec A B C et le texte d'Ibn Khaldoûn, au lieu de لتدمير de D.

(2) A C الغريغر ; B الغريغى ; Ibn Khaldoûn الغريغر

et Aboû H'afç ben Aboû H'afç ben 'Abd el-Mou'min. A cette nouvelle, Yah'ya ben en-Nâçir, Ibn ech-Chehîd et leurs partisans descendirent à Merrâkech et tuèrent ces deux chefs, en 626 (29 nov. 1228).

El-Ma'moûn fut reconnu par les habitants de Fez, par Moh'ammed ben Aboû Zeyd ben Youwoddjân, gouverneur de Tlemcen, par Aboû Moûsa ben el-Mançoûr, gouverneur de Ceuta, et par le gouverneur de Bougie, Ibn el-At'las, fils de la sœur du précédent (1).

El-Ma'moûn adressa un messager au gouverneur d'Ifrîk'iyya, Aboû Moh'ammed 'Abd Allâh, fils du cheykh Aboû Moh'ammed 'Abd [P. 17] el-Wâh'id, pour réclamer sa soumission. Mais 'Abd Allâh, qui soupçonnait quelque machination, s'abstint et répondit qu'il continuerait à reconnaître El-'Adil et que, la mort de celui-ci étant bien établie, il reconnaîtrait son frère, de sorte que le messager d'El-Ma'moûn dut partir sans lettre ni réponse formelle. El-M'amoûn investit alors par écrit Aboû Zakariyyâ Yah'ya ben Aboû Moh'ammed 'Abd el-Wâh'id ben Aboû H'afç, gouverneur de Gabès, du gouvernement de l'Ifrîk'iyya aux lieu et place de son frère Aboû Moh'ammed 'Abd Allâh 'Obboû, déposé à cause de son refus d'obéissance. Aboû Zakariyyâ Yah'ya s'empressa de reconnaître El-Ma'moûn, et 'Obboû l'apprenant sortit de Tunis pour marcher contre lui. Arrivé à K'ayrawân, il réunit les cheykhs almohades qui l'accompagnaient et leur annonça son intention de combattre son frère ; mais l'amour que ces cheykhs portaient à Aboû Zakariyyâ leur fit mani-

(1) B C et Ibn Khaldoûn lisent « el-At'ṛâs », A « At'lâs », D « el-At'las » ; B et Ibn Khaldoûn, « fils du frère ».

fester leur répugnance, et ils s'excusèrent. Sans vouloir les entendre, il se mit à leur adresser de très vifs reproches, mais tous se levèrent comme un seul homme, l'injurièrent et lui lancèrent des pierres, si bien que ses enfants durent le couvrir de leur corps pour lui permettre de rentrer dans sa tente (1). Quelques-uns de ces cheykhs furent envoyés à Aboû Zakariyyâ pour l'informer de ce qui se passait et le prier de hâter son arrivée ; ce prince revint avec les messagers, et l'armée s'étant assurée de la personne de son frère, il l'emmena sous bonne garde à Tunis, où il le fit entrer nuitamment et garder prisonnier dans le palais dit K'açr Ibn Fâkhir. Cette entrée à Tunis eut lieu le mercredi 24 redjeb 625 (30 juin 1228). Aboû Zakariyyâ s'occupa tout d'abord de mettre la main sur Aboû 'Omar, qui était le secrétaire de son frère et qui l'avait excité contre lui ; il le fit mourir dans les supplices et fit jeter son cadavre à la voirie. Il embarqua ensuite 'Obboû pour le Maghreb.

L'envoi à Tunis de collecteurs d'impôts (2) par El-Ma'moûn déplut à Aboû Zakariyyâ, qui les fit retourner d'où ils venaient et qui fit faire à Tunis la *khotba* au nom d'Aboû Zakariyyâ Yah'ya el-Mo'taçim ben en-Nâçir, concurrent d'El-Ma'moûn au khalifat ; il écrivit en outre dans les diverses localités d'Ifrîk'iyya de ne plus reconnaître El-Ma'moûn. Mais ensuite il cessa de faire dire en Ifrîk'iyya la *khotba* au nom d'El-Mo'taçim, et se borna à faire invoquer dans la prière le nom du Mahdi et celui des khalifes légi-

---

(1) Voir Ibn Khaldoûn, II, 297 et 299.

(2) Le mot arabe *âmil* peut aussi se prendre dans le sens de « fonctionnaires ».

times *(er-râchidîn)*. Ce premier pas dans la voie de l'indépendance [P. 18] remonte au commencement de l'année 627 (1). Il prit le titre d'émir, qu'il employa dans ses en-têtes de lettres, mais que, par prudence et à cause de l'expérience qu'il avait des choses d'Ifrîk'iyya, il ne fit pas figurer dans la *khotba*. Comme il vit que cela ne soulevait aucune protestation, il se déclara tout à fait indépendant et se fit publiquement reconnaître (2) en 634 (3 sept. 1236), ainsi que nous le dirons.

Le 30 ramad'ân 625, Aboû Zakariyyâ Yah'ya révoqua, après en avoir demandé l'(autorisation) au sultan, le grand k'âd'i de Tunis et nomma à cette charge Aboû 'Abd Allâh ben Ziyâdet Allâh K'âbesi.

Ensuite Yah'ya ben en-Nâçir s'étant avancé contre El-Ma'moûn, celui-ci marcha contre lui, le battit, tua ses partisans et exposa leurs têtes à Merrâkech, de sorte que Yah'ya ben en-Nâçir se tint confiné dans le pays des Hergha et de Sidjilmâsa.

En 627 (19 nov. 1229) eut lieu à Tunis et dans cette région l'intronisation du sultan et émir Aboû Zakariyyâ Yah'ya (3), fils du cheykh Aboû Moh'ammed 'Abd el-Wâh'id ben Aboû H'afç 'Omar. Ce dernier (c'est-à-dire 'Omar) était fils de Yah'ya ben Moh'ammed ben Wânoûdîn ben 'Ali ben Ah'med ben Welâl ben Idris ben Khâlid ben Elisa' ben Elyâs ben 'Omar ben Yâsîn ben Moh'ammed ben Nedjba ben Ka'b

---

(1) En 626 (29 nov. 1228), d'après Ibn Khaldoûn (II, 299).

(2) البيعة العامة , dans Ibn Khaldoûn جدد البيعة ; voir *Histoire des Almohades*, p. 272, n.

(3) A seul présente cette leçon, qui est la bonne ; B C D lisent : Aboû Yah'ya Zakariyyâ. Cet événement eut lieu en 634, ainsi que notre auteur vient de le dire, et cela est confirmé par Ibn Khaldoûn (II, 299).

ben Sâlim ben 'Abd Allâh, fils d"Omar ben el-Khat't'âb le khalife. Cette généalogie provient d'Ibn Nakhîl et d'autres chroniqueurs, et est rapportée par Ibn Khaldoûn dans sa chronique, le *Terdjomân el-'iber fi akhbâr el-'arab wal-berber*. Comme paraphe il écrivit de sa propre main : « Louanges à Dieu ! reconnaissance à Dieu ! » ; mais le nom du Mahdi continua de figurer au prône et ailleurs, et celui du nouveau prince ne fut pas prononcé au prône. Il savait le droit, était pieux *('ârif)*, fin, auteur de poésies nombreuses et formant un divan, en outre de sa connaissance des affaires ; il maintint le bon ordre, le prix des vivres s'abaissa, les routes devinrent sûres, et il fit des provisions d'armes et d'argent plus grandes que personne avant lui.

En la même année, il construisit le *moçalla* en dehors de la porte dite *Bâb el-mendra* à Tunis, et le munit de tours et de créneaux, tout comme une petite ville ; ses dimensions sont à peu près celles de Bizerte, il n'y a guère de différence entre les deux.

Après s'être soustrait à l'autorité des Almohades, Yah'ya en 628 (1) alla assiéger Constantine ; au bout de quelques jours, Ibn 'Alennâs s'aboucha avec lui, et en lui livrant le point dominant (2) lui permit d'y pénétrer. Le vainqueur s'assura de la personne du gouverneur, [P. 19] qu'il remplaça par Ibn en-No'mân. De là il alla conquérir Bougie, dont il fit aussi prisonnier le gouverneur ; il envoya l'un et l'autre

---

(1) En 626 (29 nov. 1228), d'après Ibn Khaldoûn.

(2) A B C D et Ibn Khaldoûn (I, 366, l. 2, *ad. f.*) من غربها ; M. de Slane (*Berbères*, II, 300 « ... un endroit mal gardé ») semble prendre ce mot comme synonyme de عورة, tandis que nous lui avons gardé son sens étymologique.

par mer à Mehdiyya, tandis que leurs femmes et leurs enfants étaient expédiés en Espagne, où ils s'installèrent à Séville. A Mehdiyya furent aussi transportés leur partisan (1) Moh'ammed ben Djâmi' et le fils de son frère Djâbir ben 'Abboûn ben Djâmi', qui étaient des cheykhs des Mirdâs ben 'Awf, ainsi qu'Ibn Aboû' ch-Cheykh ben 'Asâker, l'un des cheykhs Dawâwida. Tous furent enfermés dans la prison de Mehdiyya.

Aboû 'Abd Allâh Lih'yâni, fils d'Aboû Moh'ammed 'Abd el-Wâh'id ben Aboû H'afç, était ministre des finances à Bougie ; à la suite de la prise de cette ville par son frère Aboû Zakariyyâ, il embrassa le parti de celui-ci, qui lui confia plus tard de hautes charges et qui, quand il s'éloignait de Tunis, s'y faisait remplacer par lui. Aboû Zakariyyâ confisqua ensuite les biens de son vizir Meymoûn ben Moûsa et l'envoya à Gabès, où il le garda longtemps prisonnier, puis lui permit de se retirer à Alexandrie. Il le remplaça en qualité de vizir par Aboû Yah'ya ben Aboû 'l-'Alâ ben Djâmi', qui garda ces fonctions toute sa vie, et qui eut pour successeur Idris (2), fils de son frère 'Ali, qui mourut en place et à qui succéda Aboû Zeyd, fils de son frère cadet Moh'ammed, lequel conserva également ces fonctions toute sa vie.

Dans la nuit du dimanche au lundi 16 cha'bân 628 mourut à Tunis le vertueux cheykh Aboû Sa'îd Khalaf ben Yah'ya Temîmi Bâdji, qui fut enterré

---

(1) A B D صاحبما ; je lis avec C صاحبيما. Le nom 'Abboûn, qui vient après, est ainsi orthographié dans A B C D, au lieu de 'Awn des *Berbères*, t. I.

(2) Le nom d'Idris n'est pas cité par Ibn Khaldoûn (II, 301), qui place la révocation de Meymoûn à l'année 626.

dans le cimetière qui porte son nom, sur le Djebel el-Mersa, proche du minaret.

En 629 (28 oct. 1231), le sultan Aboû Zakariyyâ Yah'ya commença la construction de la grande mosquée de la K'açba à Tunis, et fit refaire les plans de la K'açba. Quand, en ramad'ân 630, le minaret de cette mosquée fut achevé, il y monta lui-même la nuit et cria l'appel à la prière.

En la dite année, Aboû Moûsa, frère d'El-Ma'moûn souverain de Merrâkech, se révolta à Ceuta contre El-Ma'moûn et se fit proclamer sous le nom d'El-Mo'ayyed. El-Ma'moûn, qui s'était mis en route, mourut près du Wâdi Oumm Rebi' le samedi 29 dhoû'l-h'iddja 629 (1), ayant régné depuis sa proclamation à Séville cinq ans et trois mois, et laissant en fait d'enfants mâles 'Abd el-Wâh'id et Es-Sa'îd.

On reconnut comme son successeur, le jour même de sa mort, son fils Aboû Moh'ammed 'Abd el-Wâh'id ben Aboû 'l-'Alâ Idris el-Ma'moûn ben Aboû Yoûsof Ya'k'oûb el-Mançoûr ben Yoûsof ben 'Abd el-Mou'min ben 'Ali, et on lui donna le surnom d'Er-Rechîd. Ses partisans cachèrent la mort [P. 20] de son père, et l'on pressa la marche vers Merrâkech. En route l'armée se heurta contre Yah'ya ben en-Nâçir, qui avait laissé dans cette ville Aboû Sa'id ben Wânoûdin, et le battit : la plupart de ses soldats furent tués, le reste fut fait prisonnier et tout ce qu'ils avaient fut livré au pillage. Er-Rechîd était dès le matin à Merrâkech, dont les habitants ne résistèrent que peu, puis allèrent au camp lui jurer fidélité.

---

(1) Voir *Berbères*, II, 237.

Le vendredi 7 çafar 633, la construction de la grande mosquée de la K'açba, à Tunis, fut terminée (1).

En 634 (3 sept. 1236), Aboù Zakariyyâ fit figurer dans la *khotba* son nom après celui de l'Imâm [Mahdi] en le faisant accompagner du seul titre d'Émîr ; il procéda aussi à la seconde et définitive intronisation, à laquelle personne ne chercha à se soustraire. Il ne prit pas le titre d'Émîr des croyants, et un poète l'y ayant invité en ces termes :

[Wâfir]. Courage ! ajoute le mot *el-mou'minîn* à celui d'émîr, car personne n'est plus digne de ce titre que toi ! (2),

il le désavoua : « A quel titre donc, dit-il, les poètes se mêlent-ils de cela ? »

La reconnaissance par les Valenciens d'Aboù Zakariyyâ eut lieu le 4 moharrem 636 (17 août 1238), à la suite d'une grande bataille où fut entre autres tué, le 20 dhoù'l-h'iddja 634, le *h'âfiz'* Aboù'r-Rebî' ben Sâlem, et à la suite de laquelle l'ennemi serra la ville de très près, si bien que Zeiyyân ben Merdenîch, qui y commandait, dut réclamer le secours d'Aboù Zakariyyâ ; il envoya porter sa soumission par des gens de sa cour, où figurait entre autres son secrétaire le célèbre juriste Aboù 'Abd Allâh Moh'ammed ben 'Abd Allâh ben Aboù Bekr ben el-Abbâr K'od'â'i (3). Cette députation étant arrivée à Tunis, Ibn el-Abbâr récita devant le prince, le mardi 30 redjeb 636, son célèbre poème qui compte soixante-six vers et qui débute ainsi :

---

(1) Le minaret en fut achevé dès 630, ainsi qu'on l'a vu plus haut.
(2) La mesure de ce vers exige la lecture adoptée dans les *Berbères* (texte, I, p. 386 ; cf. l'*errata*) et à peu près reproduite dans A et C.
(3) Sur ces événements, voir *Berbères*, II, 306. Sur Ibn el-Abbâr, *ibid.*, pp. 307, 347 et 350 ; il s'agit de l'auteur de la *Tekmila*, éditée par Codera, 2 vol. 8°, Madrid, 1887-89.

[Basît']. Rends-toi en Espagne avec ta cavalerie, la cavalerie de Dieu ; pour délivrer ce pays, la route est frayée devant toi ! Porte à l'Espagne suppliante un généreux secours ; les opprimés toujours ont invoqué ton aide puissante ! (1)

Aboû Zakariyyâ fit sur le champ et aussi vite que possible réunir des vivres et du bétail pour une valeur de cent mille dinars ; mais la prise de la ville devança l'arrivée de ces secours. Quant à Ibn el-Abbâr, l'Ifrîk'iyya lui plut, et il retourna [P. 21] en Espagne pour en ramener sa famille et se fixer à Tunis ; il fut bien accueilli par Aboû Zakariyyâ, qui le nomma son secrétaire, et après la mort d'Aboû 'Abd Allâh ben el-Djelâ il obtint de l'avancement et fut chargé d'écrire le paraphe officiel.

En la dite année (2), Aboû Zakariyyâ quitta Tunis pour marcher contre les Zenâta dans le Maghreb central ; il se rendit d'abord à Bougie, puis conquit Alger et y nomma un gouverneur. Il se dirigea ensuite vers le pays des Maghrâwa, et les Benoû Mendîl firent leur soumission. Comme les Benoû Toûdjîn se préparaient ouvertement à l'attaquer, il leur infligea une défaite et s'empara de leur chef 'Abd el-K'awi ben el-Fâsi (3), qu'il envoya en captivité à Tunis. Puis il reprit lui-même le chemin de cette ville, et en passant par Bougie, y installa comme gouverneur son fils, l'émir Aboû Yah'ya Zakariyyâ.

Le jeudi 2 redjeb 638 (16 janv. 1241), Aboû Zakariyyâ fit reconnaître ce dernier comme son héritier présomptif, et dans toutes les chaires d'Ifrîk'iyya le nom d'Aboû Yah'ya Zakariyyâ figura dans la *khotba*.

---

(1) Le poëme entier figure dans Ibn Khaldoûn (trad., II, 307).
(2) En 632, d'après Ibn Khaldoûn (II, 301).
(3) 'Abd el-K'awi ben el-'Abbâs, dit Ibn Khaldoûn (II, 302), et aussi ben 'Abd el-'Abbâs (II, 316 ; cf. III, 346).

La même année mourut Aboû 'Abd Allâh Moh'ammed ben Moh'ammed ben el-Djelâ' Bedjâ'i, qui était à Tunis directeur de la chancellerie et du sceau. Aboû Zakariyyâ lui donna pour successeur le juriste Aboû 'Abd Allâh Moh'ammed ben 'Abd Allâh ben el-Abbâr, qui ne garda pas cette situation longtemps à cause de son mauvais caractère et de l'abus qu'il fit du sceau en l'apposant indûment sur certaines pièces. Ah'med ben Ibrâhîm Ghassâni fut alors choisi par Aboû Zakariyyâ et resta en place jusqu'à la fin du règne. Ghassâni traçait en écriture orientale le paraphe consistant en ces mots : *De la part de l'émir Aboû' Zakariyyâ ben Aboû Moh'ammed, fils du cheykh Aboû H'afç.*

En chawwâl 639, Aboû Zakariyyâ marcha contre Tlemcen à la tête d'une armée de 64,000 cavaliers; après un siège qui dura jusqu'en rebi' I 640 (sept. 1242), il l'emporta de vive force, du côté de la porte de Kechchoût', sur Yaghmorâsen ben Zeyyân, prince 'Abd el-wâdite. Quand celui-ci vit cette situation, il se jeta en armes à la tête de ses courtisans du côté de la porte de la K'açba (1); triomphant de la résistance que lui opposaient les troupes almohades, il abattit plusieurs de leurs plus braves guerriers, et se frayant un passage se jeta dans le désert. Les vainqueurs se précipitèrent alors dans la ville de tous les côtés et y exercèrent de grands ravages. Quand le tumulte eut fait place au calme, Aboû Zakariyyâ songea à chercher un homme à qui confier le gouvernement

---

(1) Par la porte de la Côte, *bâb el-'ak'aba*, dit Ibn Khaldoûn (III, 345). Sur les portes de Tlemcen, voir Bekri, p. 179; Bargès, *Tlemcen*, p. 175, et *Histoire des Beni Zeiyan*, pp. 69 et 70; *Géographie d'Aboulféda*, II, 189; *Berbères*, III, 353 et 387; Delpech, ap. *Revue africaine*, 1883, pp. 393 et 394.

[P. 22] de Tlemcen et du Maghreb moyen. Mais alors Yaghmorâsen ayant envoyé à son vainqueur une députation pour lui faire connaître le désir qu'il avait de reconnaître à Tlemcen l'autorité des Hafçides, Aboû Zakariyyâ consentit à ce qu'il proposait et à s'allier avec lui contre le souverain de Merrâkech ; Soût' en-Nisâ, mère de Yaghmorâsen, qui se rendit auprès de lui pour régler et ratifier les conditions du traité, reçut de grands honneurs tant à son arrivée qu'à son départ, ainsi que de magnifiques cadeaux. Le prince 'Abd el-wâdite se réinstalla alors à Tlemcen, tandis que le Hafçide regagnait Tunis après une absence de neuf mois.

En la dite année (639), Moh'ammed ben Moh'ammed Djawheri (1), ministre des finances à Tunis, fut arrêté. Il avait obtenu cette place, qui jusqu'alors avait toujours été confiée à un Almohade, grâce à l'influence que lui avait donnée sur le prince l'habileté avec laquelle il avait perçu les impôts sur les nomades, tandis que jusqu'alors les percepteurs de ces revenus s'y étaient indûment enrichis. Sa haute situation lui permit d'acquérir de la fortune, et il se constitua une garde militaire (وصنع الرجال), avec l'intention, s'il lui survenait mésaventure, de se retirer auprès des cavaliers qu'il s'était ainsi ménagés. Il s'attira l'inimitié du haut fonctionnaire (2) Aboû 'Ali ben en-No'mân et d'Aboû 'Abd Allâh ben el-H'oseyn(3), lesquels rapportèrent au prince ce qui se disait des projets de son ministre. Parmi les plus ardents

---

(1) B C D orthographient Djawâhiri.

(2) رئيس الدولة a peut-être une acception plus précise.

(3) A B C D orthographient ainsi ce nom, qu'Ibn Khaldoûn (II, 313) écrit Aboû 'Obeyd Allâh ben Aboû 'l-H'asan.

détracteurs de celui-ci figurait aussi le vizir Aboû Yah'ya ben Aboû 'l-H'asan ben Djâmi', qui vint à mourir, et Djawheri, se refusant à croire qu'il fût mort, prononça ce vers :

[T'awîl]. *C'est beaucoup que de survivre, ne fût-ce qu'un instant, à son ennemi.*

C'était de sa propre destinée qu'il parlait, car sa fin approchait. Quelque temps après, il fut arrêté et emprisonné dans un endroit de la K'açba qui porte encore maintenant son nom ; bientôt arriva l'ordre de le mettre à la torture pour tirer de lui l'aveu de sa fortune ; la bastonnade ne put le faire parler, et un matin on le trouva mort dans sa prison, où il s'était étranglé à l'aide de la mousseline de son turban. Son cadavre fut traîné hors de la ville, et ses ennemis allèrent en cet endroit se repaître de ce spectacle.

En 640 (30 juin 1242), Aboû Zakariyyâ révoqua Aboû' l-K'âsim el-Merîch, kâdi de Tunis, et le remplaça par 'Abd er-Rah'mân ben 'Omar ben Nefîs (1).

Le vendredi 10 djomâda II 640 (5 déc. 1242), Er-Rechîd, souverain de Merrâkech, se noya, dit-on, dans un des réservoirs (2) du palais ; on raconte qu'on le sortit encore vivant de l'eau et qu'il était mort [P. 23]

---

(1) B lit El-Merichi, — et ensuite ben 'Amr, au lieu de ben 'Omar ; voir note 2 de la p. 41.

(2) Le *Kartâs* (texte, p. 171, l. 2) donne la date de jeudi 9 djomâda, et appelle *çahrîdj* ce que nous traduisons par « réservoirs ; » Zerkechi emploie le pluriel *djawâbi* et Ibn Khaldoûn (texte, I, p. 343, l. 13) le pluriel *h'awd'is*. Ce dernier mot, comme d'ailleurs plusieurs autres du même auteur, n'a pas été relevé dans le *Supplément* de Dozy ; l'acception en est établie par les passages parallèles cités, et on le retrouve ailleurs (p. ex. *ibid.*, I, 413, l. 11, et au singulier, *h'â'is*, à la l. 13 de la même page).

avant d'être ramené au bord (1). Il avait régné dix ans cinq mois et dix jours.

Il eut pour successeur son frère Aboû 'l-H'asan 'Ali es-Sa'îd ben Aboû 'l-'Alâ Idrîs el-Ma'moûn ben Ya'k'oûb el-Mançoûr, qui fut proclamé le jour même de la mort d'Er-Rechîd sous le nom d'El-Mo'tad'id, et qui prit comme vizir Aboû Ish'âk' ben Ibrâhîm, ce dernier frère d'El-Mançoûr.

En 646 (25 avril 1248) mourut à Bougie Aboû Zakariyyâ, prince de Tunis, qui avait désigné comme son successeur son fils El-Mostançir.

Le mercredi 2 çafar de la dite année, Aboû Zakariyyâ révoqua le k'âd'i de Tunis, 'Abd er-Rah'mân ben 'Omar (2) ben Nefîs, et le remplaça par 'Abd er-Rah'mân ben 'Ali Tawzeri, connu sous le nom d'Ibn eç-Çâ'igh.

Es-Sa'îd et son fils furent tués dans une affaire trop longue à raconter (3), et à la suite de laquelle les Abd el-wâdites s'emparèrent de tous leurs bagages. Yaghmorâsen se réserva la tente du sultan et son contenu, où figurait entre autres trésors le Koran d''Othmân ben 'Affân (4), l'un des exemplaires, dit-on, qui furent transcrits sous le règne de ce khalife. Il passa des trésors de Cordoue, où le gardaient les descendants d''Abd er-Rah'mân, premier omeyyade d'Espagne, dans ceux des Almoravides ; de ceux-ci il passa aux Almohades, et il figure maintenant à

---

(1) A seul lit وحم , comme Ibn Khaldoûn (texte, I, 348, l. 13 ; trad., II, 243, « il en fut retiré vivant, mais une fièvre le saisit à l'instant et l'emporta »); B C D lisent وضع

(2) Je lis ben 'Omar avec B C ; A omet ces mots ; D, ben 'Awf.

(3) Ibn Khaldoûn raconte ces événements (III, 348).

(4) Voir ce que dit de ce Koran Merrâkechi (trad., p. 218).

Fez dans le trésor des Mérinides, qui l'enlevèrent aux Abd el-wàdites lorsqu'ils s'emparèrent de Tlemcen, ainsi que nous le dirons.

Yaghmoràsen veilla à ce qu'on enterrât convenablement Es-Sa'îd et le fit transporter sur un brancard jusqu'à El-'Obbàd dans le cimetière du cheykh Aboû Medyen. Ce prince fut tué le mardi dernier jour de çafar 646 (23 juin 1248), après un règne de cinq ans huit mois et vingt jours.

Leur chef mort, les troupes d'Es-Sa'îd s'enfuirent vers Merrâkech, après que tout le monde eut reconnu son fils 'Abd Allâh. La nouvelle de ces événements arriva à l'émir Mérinide Yah'ya ben 'Abd el-H'ak'k', qui était alors dans la région des Benoû Iznâsen, et à qui son cousin Aboû 'Ayyâd venait d'amener le corps de troupes mérinides qu'il commandait. L'occasion étant favorable, ce chef guetta l'ennemi, lui infligea à Kersif une défaite complète et fit un butin considérable tant en bagages qu'en armes ; la milice chrétienne et les archers Ghozz passèrent de son côté ; l'équipage royal fut pris, et l'émir 'Abd Allâh ben es-Sa'îd perdit la vie dans cette sanglante affaire (1).

Quand la mort d'Es-Sa'îd et de son fils fut connue à Merrâkech [P. 24], l'assemblée des Almohades prêta serment de fidélité à Aboû H'afç 'Omar ben Aboû Ish'âk' ben Aboû Ya'k'oûb Yoûsof ben 'Abd el-Mou'min, bien qu'il fût absent. Le nouveau prince quitta Salé sur leur invitation (2) pour se rendre dans

---

(1) *Berbères*, II, 247 ; IV, 36 et s. J'ai lu Kersif d'après Ibn Khaldoûn (voir Guercif dans la *Table géographique* ; Bekri, 205 et 337) : A بكرة سبت B C D ; بكرة يوم سبت

(2) Corrigez D et lisez avec A B C et Ibn Khaldoûn (texte, I, 351, l. 9) واستقدموه لها من سلا

la capitale, entouré des cheykhs Arabes ; à Tâmesnâ il rencontra la députation qui lui était envoyée et qui lui prêta serment sous le nom d'El-Mortad'a. Son arrivée à Merrâkech eut lieu en djomâda II 646 (sept.-oct. 1248).

En 647 (15 avril 1249), El-Fransîs, roi des chrétiens [St-Louis], mit le siège devant le Kaire et le poussa d'abord très vigoureusement. Mais il finit lui-même par être fait prisonnier, et il envoya un messager au sultan El-Melik el-Mo'az'z'em ben el-Melik eç-Çâlih' ben el-Melik el-Kâmil ben el-Melik el-'Adil ben Nedjm ed-Din Ayyoûb le Kurde, qui fut le dernier prince Ayyoubide (1), pour lui faire offrir comme rançon une somme considérable et dont il faisait ressortir l'importance. El-Mo'az'z'em prit l'avis des Turcs, qui voulaient la mort du captif ; mais ce n'était pas l'opinion du prince, qui penchait à traiter secrètement. Les Turcs qui le devinèrent voulurent le tuer, et il dut se réfugier dans une tour à laquelle ils mirent le feu ; El-Mo'az'z'em se jeta de là dans le Nil, où il fut massacré, de sorte qu'il périt à la fois par le fer et par l'eau. Ainsi finit, après une durée de quatre-vingts ans quatre mois et quelques jours, la dynastie Ayyoûbide, qui fut remplacée par les Turcs Bahrites.

La nuit du jeudi au vendredi 22 (2) djomâda II 647 (2 octobre 1249), mourut dans son camp, en dehors de Bône, le prince de Tunis Aboû Zakariyyâ Yah'ya ; enterré le lendemain dans la grande mosquée de Bône, près du cheykh vertueux Aboû Mer-

---

(1) Corrigez D et lisez وهو اخر ملوك بني ايوب

(2) D et Ibn Khaldoûn lisent le 22 ; A B C, le 23.

wân, il fut ensuite transporté et définitivement inhumé à Constantine (1). Né à Merrâkech en 599, il était âgé de 49 ans et avait régné à Tunis vingt ans et demi.

Il eut pour successeur son fils et héritier désigné Aboû 'Abd Allâh Moh'ammed ben Aboû Zakariyyâ Yah'ya ben Aboû Moh'ammed 'Abd el-Wâh'id ben Aboû H'afç, qui fut d'abord reconnu à Bône par les grands et par le reste de l'armée, dont le serment fut recueilli par les soins de son oncle Moh'ammed Lih'yâni, ainsi nommé à cause de sa grande barbe. De Bône il retourna à Tunis, où son intronisation eut lieu le mardi 3 redjeb 647 (12 oct. 1249). Il était âgé de 22 ans [P. 25] et avait pour mère une chrétienne nommée 'At'f. Il ne prit que le titre d'*Emîr*, auquel il ajouta *el-Mou'minîn* le lundi 24 dhoû' l-h'iddja 650, alors que la Mekke, grâce aux soins d"Abd el-H'ak'k' ben Sab'în, eut reconnu son autorité (2). *La Syrie et l'Espagne le reconnurent également* (3), et il prit le surnom d'El-Mostançir billâh. Le secrétaire chargé d'écrire son paraphe était Aboû 'l-'Abbâs Ah'med ben Ibrâhîm Ghassâni, qui avait exercé cette charge sous le règne précédent.

Il prit comme vizir [Aboû 'Abd Allâh] Moh'ammed ben Aboû Mehdi Hintâti. Le 28 de redjeb, premier mois de son règne, il fit arrêter le k'â'id Kâfoûr et l'envoya à la prison de Mehdiyya.

En 648 (5 avr. 1250) eut lieu à Tunis la révolte de son cousin, Aboû 'Abd Allâh [ben] Moh'ammed Lih'yâni, de connivence avec le vizir Ibn Aboû Mehdi. El-Mos-

---

(1) En 666 (Ibn Khaldoûn, II, 333).
(2) Voir *Berbères*, II, 344 ; K'ayrawâni, texte, p. 123.
(3) Ces mots ne figurent que dans B et D.

tançir fit marcher contre eux des troupes commandées par le k'â'id Z'âfer, qui en vint aux mains avec eux dans le Moçalla, en dehors du Bâb el-Menâra (porte du Minaret), et qui tua le rebelle, ainsi qu'Ibn Aboû Mehdi et leurs partisans. Z'âfer alla ensuite égorger dans son palais Lih'yâni, l'oncle du souverain ; il en fit autant de son frère Aboû Ibrâhîm, fils du cheykh Aboû Moh'ammed fils d'Aboû H'afç, et apporta leurs têtes à El-Mostançir.

Après que cette révolte eut été étouffée, on desservit auprès d'El-Mostançir son affranchi le général Z'âfer en faisant ressortir qu'il avait tué sans ordre Lih'yâni, qui était innocent. Z'âfer, qui en fut informé, se retira chez les Dawâwida pour se mettre à l'abri de quelque surprise funeste, et le plus actif de ses dénonciateurs, Hilâl, affranchi du sultan (1), reçut de ce dernier la place ainsi laissée vacante.

En la même année fut construit le bassin (سابية) à l'est de la mosquée Ez-Zitoûna, et commencèrent les bâtisses dans les jardins d'Aboû Fehr (2). A la même époque aussi, la marque distinctive (شكلة) fut imposée aux juifs de Tunis (3).

En djomâda II de la dite année, on installa la *mak'çoûra* (tribune) dans la grande mosquée des Almohades.

Le lundi 24 dhoû' l-h'iddja 650 (24 fév. 1253), El-Mostançir, jugeant que le simple titre d'émir était insuffisant, prit celui d'*émir el-mou'minin*, qu'il fit ajouter à son nom tant au prône que sur les monnaies d'or. Ce même jour, il se fit appeler El-Mostançir billâh

---

(1) Du sultan, et non de Z'âfer (cf. *Berbères*, II, 338 et 356).
(2) La description en est donnée dans les *Berbères*, II, 339 et s.
(3) C seul جعلت السكة بتونس (*sic*) ; plus haut, p. 19.

et prit pour paraphe : « Louange à Dieu ! Reconnaissance à Dieu ! » ; on procéda à son intronisation publique sous ce titre, puis une audience fut consacrée à recevoir les plaintes des opprimés (1). Or, il se trouva que la pluie, qui se faisait attendre depuis longtemps, tomba le troisième jour de l'inauguration, et les poètes en félicitèrent le prince.

Plus tard, le *cheykh ed-daula* Aboû Sa'îd 'Othmân [ben Moh'ammed Hintâti], dit El-'Awd er-Rat'ab, à la suite des dispositions prises relativement au paraphe, [P. 26] et remarquant que les ordres du prince portaient sur des affaires de minime importance où l'intervention de la chancellerie n'était pas indispensable, divisa cette dernière en petit et en grand sceau : les rescrits importants et émanant du khalife portèrent le paraphe qui avait été choisi, les affaires d'un intérêt trop médiocre pour nécessiter l'intervention du khalife furent rédigées par des fonctionnaires que nommait le prince et revêtues d'un paraphe différent, mais indiquant l'authenticité de la provenance. Il y eut donc le grand et le petit paraphe, le premier apposé en tête de la pièce et après le *bismillah*, le second apposé à la fin et certifiant la provenance officielle.

Le jeudi 5 rebî' I de la dite année, mourut à Tunis le vertueux cheykh El-H'âddj Aboû Hilâl 'Ayyâd ben Makhloûf Temîmî Zeyyât, qui fut enterré dans le cimetière qui porte son nom, au nord du cimetière du vertueux cheykh Aboû Zeyd 'Abd er-Rah'mân Monât'ik'î.

En 651 (2 mars 1253) fut élevé le pavillon d'au-

---

(1) Cf. *Berbères*, II, 335.

dience situé à Tunis à Asârâk (1) et dominant la porte Intedjemi (2), ainsi qu'une allée qui se dirigeait de la K'açba à Râs et-T'âbiya et rejoignait les jardins d'Aboû Fehr, de façon que les femmes du harem pouvaient y passer sans être vues.

Au début de 656 (7 janv. 1258), le Khâkân [Holagou], roi des Tatares, marcha contre Baghdâd pour l'enlever à El-Mosta'çim (3) qui y régnait. Ce khalife était tellement amateur de pigeons qu'il en avait réuni vingt mille. La cause de sa perte fut le choix qu'il fit, en qualité de vizir (4), d'un Râféd'ite qui injuriait publiquement et sans se cacher les khalifes Aboû Bekr et 'Omar. Il avait [cependant] 113,000 hommes de troupes (5). Quand l'armée Tatare se fut emparée du Khorasân, ce maudit vizir travailla à faire chasser les Abbassides de l'Irâk. Le Khâkân s'empara d'El-Mosta'çim qu'il mit à mort avec 13,000 *fak'îh* (juristes), sans compter ceux à qui il infligea des tortures trop longues à raconter. Cet événement eut lieu le lundi 17 çafar 656 (6) ; pendant une huitaine de jours encore, Baghdâd fut livrée au meurtre et au

---

(1) « Ce mot appartient à la langue des Maçmoûda et signifie *large et vaste* » (Ibn Khaldoûn, II, 339).

(2) Il s'agit, ainsi qu'on le verra, d'une porte de la K'açba plusieurs fois citée par Zerkechi ; quant aux portes de Tunis même, Rousseau les a énumérées, à deux reprises et dans des termes presque identiques, dans le *Journal asiatique*, 1849, I, 313 ; 1853, I, 409.

(3) A B C D, ici et plus bas, المعتصم

(4) Je lis avec B وكان سبب قتله اتخاذه ; A C D lisent وكان سنيا (سنبا D) واتخذ وزيرا . « Il était sunnite et prit en qualité, etc. » ; sur la chute de la dynastie Abbasside, voir M. d'Ohsson, *Hist. des Mongols*, III, 207.

(5) Le vague de la tournure arabe permet aussi de croire qu'il s'agit du nombre des Tatares.

(6) Lisez, le lundi 7 çafar (13 fév. 1258).

pillage. Ce fut la fin de la dynastie et du pouvoir des Abbassides, qui avaient, depuis Es-Saffâh', fourni quarante princes pendant une période de 524 ans, moins trente-quatre jours.

En 657, le sultan révoqua le k'âd'i de Tunis, 'Abd er-Rah'mân, et le remplaça par le juriste Aboû 'l-K'âsim ben 'Ali ben el-Berrâ Mehdewi, à la place duquel il nomma bientôt [P. 27] Aboû Moûsa 'Amrân ben Mo'ammer T'arabolousi, juriste vertueux, de bonnes mœurs, d'abord facile, très versé dans le rite, bien au courant des questions spéciales et pénétrant dans ses décisions ; il fut appelé de Tripoli, son lieu natal, où il était k'âd'i, khat'ib et imâm de la grande mosquée, et il resta k'âd'i de Tunis depuis 658 jusqu'à sa mort.

Le matin du mardi 21 moh'arrem 658, El-Mostançir fit exécuter le juriste, le littérateur savant et habile en poésie et en prose, *l'argument* (h'oddja) Aboû 'Abd Allâh Moh'ammed ben Aboû Bekr Kod'â'i, dit Ibn el-Abbâr, après l'avoir préalablement soumis à la flagellation, dans le cabinet *(mak'çoûra)* du préfet de police de Tunis, en dehors de la porte d'Intedjemi. Mais le prince plus tard eut à regretter cette exécution, qui eut pour cause le fait suivant. Comme un jour on avait parlé chez le prince de la naissance de son fils El-Wâthik', le poète dressa le lendemain le thème astrologique relatif à la naissance et à l'horoscope de ce prince. El-Mostançir, qui en fut informé, déclara que c'était de l'indiscrétion de sa part de s'ingérer dans les affaires royales, qui ne le regardaient pas. Il le fit emprisonner dans le corps de garde (سقيف) de la K'açba et envoya Ghassâni perquisitionner chez lui ; or il existait entre ces deux hommes l'animosité qui divise deux fonctionnaires dont l'un a supplanté l'autre. Ghassâni trouva dans les notes d'Ibn el-Abbâr certains vers, parmi lesquels celui-ci :

[Basît']. A Tunis domine un sot tyran qu'à tort on dénomme khalife.

La lecture de ces vers fut cause que le sultan le fit d'abord bâtonner, puis tuer à coups de lance ; les livres et les notes du coupable, formant environ quarante-cinq ouvrages, furent brûlés sur le lieu de son supplice. D'après Morâdi, le vers où le khalife était attaqué est celui-ci :

[Sarî']. Désobéissant à son père, grossier envers sa mère, il est resté silencieux devant la chute de son oncle.

Le 1ᵉʳ moh'arrem 659 (5 déc. 1260), le sultan fit arrêter Aboû 'l-'Abbâs Ah'med Luliyâni (1). Originaire de Luliyân, localité dépendant de Mehdiyya, ce personnage, qui s'était adonné à l'étude de la littérature et du droit, y avait acquis de la notoriété et avait rédigé des notes sur la *Modawwana*. Il s'était ensuite jeté dans la carrière administrative, où il avait réussi, car il était chargé du bureau de la marine et d'autres fonctions encore. Mais il avait des ennemis, parmi lesquels Ibn Aboû 'l-H'oseyn, qui l'accusèrent de s'être approprié des sommes importantes et de songer à soulever la ville de Mehdiyya. Maintes fois ces insinuations avaient frappé les oreilles du sultan sans que Luliyâni en sût rien ; mais un jour deux officiers d'entre les renégats pénétrèrent violemment chez lui et saisirent son coffre, [P. 28] où ils trouvèrent des rubis, des émeraudes et des perles pour une valeur considérable: « Qu'est-ce, » lui dit-on, « que

---

(1) A B C D اللباي . Ibn Khaldoûn fixe l'orthographe de ce nom (texte, I, 431).

ces trésors trouvés chez un homme qui se prétend intègre ? — Ils sont, » répondit-il, « destinés à notre Maître le Sultan. — Cela va en effet lui revenir ! » On se saisit de sa personne et on exigea de lui une forte somme qu'il acquitta, de sorte que peu de jours après il fut relâché. Mais prévoyant d'autres contre-temps, il forma le projet de se transporter en Sicile, ce que le sultan, qui était tenu au courant, feignit d'ignorer jusqu'au jour où, tout étant prêt, Luliyâni [se mit en devoir de] fuir. Le 1ᵉʳ moh'arrem 659, Ghassâni était dans le grand pavillon auprès du sultan qui, comme il commençait à pleuvoir, lui dit :

[Redjez] « C'est aujourd'hui jour de pluie. — Et jour d'extirpation du mal, »

reprit Ghassâni. — « Allons ! » dit le prince, « et après ? »

« Cette année est l'an neuf (c'est-à-dire 659) et ressemble à celle de Djawheri, »

continua Ghassâni (1). Le prince alors, faisant appeler les cheykhs du conseil : « Écoutez, leur dit-il, ce que dit Ghassâni, » et il répéta le vers ci-dessus, en ajoutant : « C'est là la voie à suivre ; saisissez-vous de Luliyâni, nous nous concilierons ainsi à la fois Dieu, les grands et le peuple. » On procéda donc à son arrestation, et, le lendemain, à celle d'Ibn 'At't'âr, qui, d'abord préposé à la noblesse de Tunis, puis à celle de Bougie, était alors chargé des domaines dans la capitale. Un même local les reçut l'un et l'autre à la K'açba, et Aboù Zeyd ben Na'moùn (2) Hintâti fut chargé de les mettre à la tor-

---

(1) Comparez *Berbères*, II, 351 : Djawheri fut mis à mort en 639.
(2) On lit « ben Yaghmour » dans les *Berbères*, l. l.

ture pour leur faire rendre gorge. On raconte que les deux prisonniers, chargés de chaînes et les pieds entravés, étaient [chaque jour] hissés sur des ânes et sortaient par la grande porte : Luliyâni était mené à l'hôtel des nobles et assistait, toujours enchaîné, à l'enlèvement des colis, et à l'hôtel des domaines on procédait de même pour Ibn el-'At't'âr. Ces opérations se poursuivirent quotidiennement jusqu'en redjeb, mais Luliyâni fut particulièrement maltraité, et le résultat qui en fut divulgué fut de faire passer environ 300,000 dinars à l'hôtel de la monnaie. Ce malheureux périt ensuite dans les tortures, et son cadavre, remis aux esclaves, fut par eux traîné dans les rues, puis jeté dans le lac. Ibn el-At't'âr fut rendu à la liberté et réinstallé à l'hôtel des domaines, où la triste fin de Luliyâni lui fit oublier les épreuves qu'il avait subies.

En 659, mourut le vertueux cheykh connu sous le nom de Notre père 'Abd Allâh, qui fut enterré à El-Mersa, dans le cimetière des cheykhs.

En la même année, eut lieu la reconnaissance des Hafçides par la glorieuse ville de la Mekke, ce qui se fit grâce au cheykh Aboû Moh'ammed 'Abd el-H'ak'k' ben Sab'în ; le traditionnaire Aboû Moh'ammed ben Bert'ala en apporta la nouvelle, qui fit qu'un poète récita ces vers :

[Kâmil]. Mes félicitations au Prince des croyants pour une reconnaissance qui lui apporte prospérité et félicité. [P. 29] Le Maître des créatures t'a fait don de la Mekke (1), et l'on annonce encore d'autres conquêtes ; la Mère des cités s'étant soumise, la piété filiale entraîne l'obéissance des enfants.

En la même année, moururent le juriste et tradi-

---

(1) A B D مكـة ; C بكـة

tionnaire Aboû Bekr ben Seyyid en-Nâs (1), El-Mot'arref ben 'Omeyra (2), le k'âd'i Et-Tawzeri (3) et Aboû Moh'ammed Yoûsof ben Yâsîn.

En rebî' 660, furent frappés à Tunis des *h'andoûs* (4) ou *folous* de cuivre, destinés à faciliter les transactions ; ils furent supprimés en chawwâl de la même année.

Le 10 rebî' II 660, mourut le grand k'âd'i de Tunis, Aboû Moûsa 'Amrân ben Mo'ammer T'arâbolousi, qui fut remplacé par Aboû 'Abd Allâh Moh'ammed ben 'Ali ben Ibrâhîm Mehdewi, connu sous le nom d'Ibn el-Khabbâz.

En la même année, mourut le vertueux cheykh déjà cité, Eç-Çak'alli.

Le 3 ramad'ân 662, le k'âd'i Ibn el-Khabbâz fut révoqué et remplacé par le juriste Aboû 'l-'Abbâs Ah'med (5) ben el-Ghammâz.

Le 4 rebî' I de la dite année, mourut à Tunis le juriste, imâm et écrivain 'Abd el-'Azîz ben Ibrâhîm K'orachi, connu sous le nom d'Ibn Noweyra, commentateur de l'*Irchâd* (6).

En 666 (21 sept. 1267), le sultan acheva de mettre

---

(1) Voyez *Berbères*, II, 382.

(2) Probablement l'Aboû 'l-Mot'arref ben 'Omeyra des *Berb.*, II, 245.

(3) Aboû Zeyd Tawzeri avait été chargé de l'éducation du fils de Moh'ammed Lih'yâni (*Ib.*, 336).

(4) A B C D الحدوس ; Ibn Khaldoûn fournit des renseignements plus circonstanciés sur cette opération (*ib.*, II, 354).

(5) *Ah'med* manque dans A B C.

(6) J'ai inutilement cherché le nom de cet auteur dans Hadjji Khalfa et dans une dizaine de recueils biographiques.

l'aqueduc (1) [de Zaghouân] en état pour le faire servir à [alimenter les jardins d'] Aboù Fehr.

Le 4 rebi' II 666, le juriste Moh'ammed ben er-Râ'is Rab'i fut nommé k'âd'i des mariages à Tunis.

Le 4 chawwâl 667, le k'âd'i [Ibn] el-Ghammâz fut révoqué et remplacé par le vertueux juriste Aboù 'l-'Abbâs Ah'med ben Ibrâhîm l'exégète. Le 19 dhoù 'l-k'a'da de la même année, Aboù 'Abd Allâh Moh'ammed dit Ibn el-Khabbâz (2) fut renommé k'âd'i.

En 668 (30 août 1269), il fut donné lecture de l'acte par lequel l'émîr Aboù Yoùsof Ya'k'oùb ben 'Abd el-H'ak'k', prince du Maghreb el-Ak'ça, reconnaissait la suzeraineté d'El-Mostançir.

En la dite année, mourut le juriste secrétaire de la chancellerie et du paraphe Ah'med Ghassâni. Aboù 'Abd Allâh Moh'ammed ben el-H'oseyn le remplaça au paraphe, et Ibn er-Râ'is Rab'i à la chancellerie ; à ce dernier sa place de k'âd'i des mariages fut enlevée le 29 chawwâl 668.

Dans la nuit du samedi au dimanche 25 dhoù 'l-k'a'da 669, mourut à Tunis l'oustâd et grammairien Aboù 'l-H'asan 'Ali ben Moùsa H'ad'rami, dit Ibn 'Açfoùr, qui était né à Séville [P. 30] en 597 (3). Au dire du cheykh Ah'med K'aldjâni et d'autres encore, il se présenta un jour au sultan, qui était assis dans le pavillon des jardins d'Aboù Fehr situé près

---

(1) Texte الجبايه ; ce mot, qui est fréquemment employé par Kayrawâni, figure dans le Dictionnaire de Beaussier; cf. *Supplément* de Dozy. Sur ce travail même, *Berb*, II, 310; Kayrawâni, texte, p. 21, l. 12, et 128, l. 16. L'emplacement de ces jardins avait pris, dès l'époque de ce dernier auteur, le nom de Bat't'oûm.

(2) D'après B C.

(3) Un article a été consacré à ce savant par Kotobi (*Fauât el-kafiyyât*, II, 93), qui raconte autrement les circonstances où il mourut.

le grand réservoir. Le prince en vint à dire par vanterie : « Que notre royauté est grande maintenant ! — Oui, » dit Ibn 'Açfoûr, « grâce à nous et à nos pareils ! » Ce propos blessa le sultan, qui fit saisir son visiteur au moment où il se retirait et le fit jeter tout habillé dans le bassin ; il faisait très froid ce jour-là, et, feignant de plaisanter, il dit aux assistants de ne pas le laisser remonter, si bien que, quand le grammairien finit par sortir après en avoir été empêché plusieurs fois, il était saisi par le froid, et la fièvre l'emporta au bout de trois jours. Il fut enterré dans le cimetière d'Ibn Mohenna, non loin du cimetière du cheykh Ibn Nefîs, à l'est de la porte de la K'açba nommée Bâb Intedjemi.

Le mercredi 11 chawwâl 669 (1), mourut Aboû 'Abd Allâh Moh'ammed ben Aboû 'l-H'oseyn, qui eut pour successeur en qualité de secrétaire préposé au paraphe Aboû 'l-H'asan 'Ali ben Ibrâhîm ben Aboû 'Omar, lequel ne quitta cette charge qu'avec la vie, le 23 rebî' II 674, et qui fut remplacé par Aboû 'Abd Allâh Moh'ammed ben er-Râ'is, jusqu'à la fin du règne d'El-Mostançir. La charge de contrôleur exercée par Ibn Aboû 'l-H'oseyn fut confiée au juriste bien connu Aboû 'l-K'âsim Ah'med ben Yah'ya ben Asad, fils du cheykh Ançâri.

Le dimanche 14 djomâda II 675, la maladie dont mourut El-Mostançir frappa ce prince, alors en voyage, à 'Ayn Aghlân ; on le porta en litière et à dos d'hommes à Tunis, pendant une éclipse de lune. Quand il fut ramené dans son palais, le bruit de sa mort commença à se répandre, de sorte que le jour

---

(1) En 671, dit Ibn Khaldoûn (ii, 370), qui un peu plus loin (pp. 371-372) donne implicitement la date de 670.

de la fête du Sacrifice, il s'installa dans une litière en bois et se fit monter dans son pavillon d'audience pour que le peuple pût le voir. Après s'être ainsi raidi pour montrer par cet effort que la vie ne l'avait pas encore abandonné, il rentra dans ses appartements pour y mourir la nuit même, après la dernière prière de l'*achâ*, le dimanche 11 dhoû 'l-h'iddja 675 (16 mai 1277). Son règne avait duré vingt-huit ans cinq mois et douze jours.

Sa maladie, dit-on, débuta dans les circonstances que voici. Il était à la chasse, et les animaux qui lui servaient d'auxiliaires poursuivirent un gibier qui se réfugia dans une caverne où ses gens pénétrèrent à sa suite. Ils y trouvèrent un homme en train de prier qui, une fois sa prière achevée, leur dit : « Laissez cet animal qui s'est réfugié chez des religieux ! » [P. 31] Les valets retournèrent auprès du sultan, qui leur ordonna de s'emparer du gibier ; ils revinrent auprès du religieux, qui les en empêcha, et le sultan, à qui ils en référèrent, leur dit de le frapper à coups de lance s'il résistait. Quand cet ordre fut transmis au saint homme : « C'est moi, dit-il, qui ai ordonné de frapper votre prince à coups de lance ! » On voulut le poursuivre, mais il avait disparu. Le sultan tomba aussitôt sans connaissance ; il revint à lui quelque temps après, mais la maladie ne le quitta plus jusqu'à ce qu'elle finit par avoir raison de lui.

En la dite année, mourut El-Melik ez-Z'âhir [Bibars], souverain d'Égypte (1).

Cette même année, le trône passa à l'émir Aboû Zakariyyâ Yah'ya, fils du sultan El-Mostançir, fils

---

(1) Bibars mourut, à ce que nous dit Makrizi, vers la fin de moharrem 676.

de l'émir Aboù Zakariyyâ Yah'ya, fils du cheykh Aboù Moh'ammed 'Abd el-Wâh'id, fils du cheykh Aboù H'afç. Il était né en 647 d'une concubine chrétienne nommée D'arb. Il fut intronisé la nuit même où mourut son père, de sorte qu'il était khalife et surnommé el-Wâthik' lorsque le jour se leva, et la prestation de serment se prolongea encore après ce moment. Celui qui dirigea la cérémonie était Aboù 'Othmân Sa'îd ben Aboù Yoûsof ben Aboù 'l-Hoseyn, ministre des finances à Tunis et cousin d'Aboù 'Abd Allâh Moh'ammed ben Aboù 'l-H'oseyn, contrôleur de son père.

El-Wâthik', une fois son autorité établie, choisit comme secrétaire le juriste Aboù 'l-H'asan Yah'ya ben 'Abd el-Melik Ghâfik'i, connu sous le nom d'Ibn el-H'abbaber, qui (bientôt) agit en véritable maître dans toutes les affaires. Il était l'ennemi d'Aboù 'Othmân Sa'îd ben Aboù 'l-H'oseyn, contre qui il indisposa si bien El-Wâthik' que celui-ci le fit arrêter le samedi 2 djomâda II 676 et interner dans l'hôtel dit de Djawheri, à l'intérieur de la K'açba; la torture arracha au prisonnier tous ses biens et il succomba aux mauvais traitements le jeudi 12 dhoû 'l-h'iddja de la dite année. Devant son cadavre, qui fut déposé dans la demeure du chef de la garde, furent appelés ses deux eunuques, Ibn Çayyâd er-Ridjâla et Ibn Yâsîn : « Voilà, » leur dit-on, « votre maître mort; avouez où il a caché ses trésors. » Sur leur refus on les emprisonna, mais Ibn Yâsîn recouvra la liberté grâce au paiement qu'il opéra d'une certaine somme; quant à l'autre, il périt dans les tourments (1).

---

(1) Le récit d'Ibn Khaldoûn (ii, 376) est quelque peu différent.

Le jour même de l'incarcération d'Aboû 'Othmên, on commença à restaurer, améliorer et garnir le Djâmi' ez-Zitoûna ; les travaux se terminèrent le jeudi 15 cha'bân de la dite année.

Voici une coïncidence curieuse. Lors de l'exécution d'Ibn Aboû 'l-H'oseyn, il rejaillit un peu de sang sur la paroi de la *douéra*. Or quand, peu après (1), Ibn el-H'abbaber fut incarcéré dans le même local, il s'enquit aussitôt de ce qu'était [P. 32] ce sang, et la réponse qui lui fut faite excita chez lui de vives appréhensions ; elles étaient fondées, car bientôt son sang alla rejoindre sur la paroi celui de sa victime ; il reçut autant de coups que celle-ci, dut rendre gorge pour une valeur égale et périt dans les tourments comme avait fait Aboû 'l-H'oseyn. Celui qui montra le plus d'acharnement contre Ibn el-H'abbaber fut 'Abd el-Wahhâb ben K'â'id el-Kelâ'i, lequel périt de la même manière, ainsi qu'il sera dit plus loin.

Dès le début de son règne, El-Wâthik' rendit les prisonniers à la liberté, supprima les abus, brûla les registres des amendes et des douanes, s'occupa de [re]bâtir le Djâmi' ez-Zitoûna et d'autres mosquées, et se montra généreux envers l'armée ; mais il ne sut pas tenir d'une main ferme les rênes du pouvoir et il tomba bientôt, nous l'avons dit déjà, sous la domination d'Ibn el-H'abbaber. Ce personnage était très suffisant, inconsidéré et orgueilleux au plus haut point, s'occupait de bâtisses, de musique et de faire fortune, mais ne faisait rien de bon en ce qui touchait à la politique ou à l'administration, si bien

---

(1) En djomâda I 678 (*ibid.*, II, 380).

que son pouvoir despotique gâta tout et lui attira la désaffection générale. Il avait chargé de la direction des finances à Bougie son frère Aboû 'l-'Alâ Idris, qui agit aussi despotiquement et inconsidérément qu'Ibn el-H'abbaber à Tunis, si bien qu'il périt victime d'un complot ourdi par Moh'ammed ben Aboû Hilâl, qui avait dirigé les finances de Bougie du temps d'El-Mostançir.

Cet événement coïncida avec la présence à Tlemcen de l'oncle d'El-Wâthik', l'émir Aboû Ish'âk' ben Aboû Zakariyyâ, qui, ayant appris la mort de son frère El-Mostançir et le désordre régnant à Tunis, s'était décidé, après quelque hésitation, à franchir la mer pour faire valoir ses droits au trône. Yaghmorâsen ben Zeyyân, qui régnait alors à Tlemcen, l'accueillit de la manière la plus flatteuse. Alors Ibn Aboû Hilâl et ceux qui avaient participé au meurtre d'Idris, redoutant la colère d'Ibn el-H'abbaber, envoyèrent une députation à Aboû Ish'âk' pour l'inviter à se rendre auprès d'eux ; l'invitation fut acceptée, et ce prince se rendit à Bougie, où on lui prêta serment. Il s'avança de là sur Constantine, qui lui opposa une vigoureuse résistance dirigée par 'Abd el-'Aziz ben 'Isa ben Dâwoûd, l'un des proches d'Ibn el-H'abbaber, de telle sorte que, réduit à se retirer, il se dirigea du côté de la capitale.

Cependant El-Wâthik', conseillé par Ibn el-H'abbaber, avait équipé, pour combattre son oncle Aboû Ish'âk', une armée qu'il confia à un autre de ses oncles, l'émir Aboû H'afç, [P. 33] auquel Aboû Zeyd ben Djâmi' fut adjoint comme lieutenant. Ces troupes étaient parvenues à Bâdja quand Ibn el-H'abbaber, s'imaginant qu'une révolte d'Aboû H'afç était à redouter, voulut semer la division dans l'armée et fit écrire par El-Wâthik' à ce général et à son lieutenant pour les exciter l'un contre l'autre. Mais ils se confièrent mutuellement ce qui leur était adressé, et s'étant entendus pour reconnaître Aboù Ish'âk', ils lui envoyèrent leur adhésion. Quand El-Wâthik', alors à Tunis, apprit cette nouvelle, et qu'il se vit sans armée ni amis, il se jugea perdu (1) et abdiqua en faveur de son oncle Aboù Ish'âk', le dimanche 3 rebi' II 678 ; il avait régné deux ans trois mois et vingt-deux jours. D'après El-Gharnât'i, son abdication eut lieu un vendredi de rebi' I 679 (2).

En 677 (24 mai 1278), mourut le juriste, k'âd'i et mufti Aboù 'l-K'âsim ben 'Ali ben 'Abd el-'Aziz ben el-Berrâ Tenoùkhi.

A la suite de l'abdication d'El-Wâthik', le pouvoir passa aux mains de son oncle, l'émir Aboù Ish'âk' Ibrâhim ben Aboù Zakariyyâ, fils du cheykh Aboù Moh'ammed 'Abd el-Wâh'id, fils du cheykh Aboù H'afç ; ce prince était né d'une esclave concubine nommée Roweydâ (3), en 631. Il arriva de Tlemcen à Bougie le jour de la fête du Sacrifice 677, prononça la prière de la fête dans le *Moçalla* et fit son entrée ce même jour dans la ville. Il arriva à Tunis le mardi 5 rebi' II 678, ou, suivant El-Gharnât'i, en 679, et le mercredi on lui renouvela le serment de fidélité.

El-Wâthik' el-Makhloû' (le déposé) quitta la K'aç-

---

(1) Ici commence le fragment publié par Rousseau, *Journal asiatique*, 1849, I, 269-315.

(2) Une troisième date, celle du 1ᵉʳ rebi' I 678 (13 juillet 1279), est donnée par Ibn Khaldoûn (II, 379).

(3) A B زوايد ; C D رويدم ; Rousseau زويدا

ba pour aller demeurer dans l'hôtel d'El-Ghoûri (1) dans [le quartier] des libraires. Mais au bout de quelques jours, le sultan apprit qu'il négociait avec l'officier commandant les troupes chrétiennes pour tenter un soulèvement nocturne, et il le fit interner à la K'açba avec ses trois fils, El-Fad'l, Et-T'âhir (2) et Et-T'ayyib ; ils furent ensuite exécutés tous les quatre, en çafar 679 (juin 1280).

Le troisième jour de l'entrée d'Aboû Ish'âk' à Tunis, ce prince fit arrêter Ibn el-H'abbaber, ministre de son prédécesseur, et le fit mourir dans les tourments, ainsi qu'il est dit plus haut.

Aboû Ish'âk' était un prince dur et brave, mais à courtes vues, et son fils l'émir Aboû Zakariyyâ Yah'ya savait sans le froisser éluder la plupart de ses ordres. Les Arabes sous son règne devinrent maîtres des bourgades, et il est le premier qui les ait institués par diplômes dans les villes maghrébines (3).

Au début [P. 34] de son règne, il confia son paraphe à Tunis au juriste Aboû Moh'ammed 'Abd el-Wahhâb ben K'â'id el-Kelâ'i (4), qui en resta chargé jusqu'au samedi 15 çafar 677, où ce personnage, craignant pour sa vie, disparut pour se cacher. Le

---

(1) A C D et Ibn Ka'yrawâni (texte, p. 130), دار الغوري ; B دار الغور ; Ibn Khaldoûn (II, 379 et 399 ; texte, I, 450), Dâr el-Ak'oûri.

(2) B seul, Ez-Z'âhir.

(3) Peut-être le sens laisse-t-il à désirer : D وهو اول من كتب باظاهر, B بالظاهر الغربي, A البلاد الغربية بالظهارة للعرب, C بالاظهار للعرب, Rousseau بالاظهار للعرب. Il faut remarquer qu'il est à plusieurs reprises question des ikta' cédés aux Arabes dans l'Hist. des Berbères, p. ex. III, 106 et 114 ; IV, 260 et 263, etc.

(4) Berbères, II, 383 et 399.

grand sceau fut alors confié au juriste et k'âd'i Ah'med ben el-Ghammâz, et le petit à Ibrâhîm ben Moh'ammed ben er-Rechîd, qui restèrent l'un et l'autre en place jusqu'à la fin du règne d'Aboû Ish'âk'.

Le dimanche 20 rebî' II 679, Aboû 'l-'Abbàs Ah'med ben Aboû Bekr ben Seyyid en-Nâs Ya'meri fut mis à mort. Il avait été dénoncé au sultan comme coupable de menées jalouses tendant à ruiner son autorité, et il fut appelé par lui à Râs et-T'âbiya ; il s'y rendit aussitôt et se trouva devant des gardes dont le sabre au clair lui annonça le sort qui l'attendait ; il prononça l'acte de foi et fut exécuté sur le champ, puis son cadavre fut jeté dans une fosse creusée à cet effet. Cet Ah'med avait servi secrètement l'émir Aboû Fâris, fils du sultan Aboû Ish'âk', lorsqu'il avait été détenu par son oncle [El-Mostançir]. Aussi ce prince se rendit-il vêtu de deuil auprès de son père, qui l'appela à lui, le combla de caresses, lui fit connaître les coupables intentions de la victime et lui ôta de ses propres mains les habits de deuil qu'il portait, en redoublant ses caresses. Ensuite il le nomma gouverneur de Bougie et de son territoire, en lui adjoignant comme conseiller son (1) chambellan Moh'ammed ben Aboû Bekr ben el-H'asan ben Khaldoûn.

Aboû Fâris avait gardé un vif ressentiment contre 'Abd el-Wahhâb Kelâ'i, qui avait été le principal instigateur de l'exécution d'Ibn Seyyid en-Nâs. Aussi ne cessa-t-il de peser sur son père, si bien que celui-ci fit emprisonner Kelâ'i et confisquer ses biens. Lors de la révolte de l'imposteur (le pseudo El-Fad'l), Aboû Ish'âk', se disposant à rejoindre Bougie, fit

---

(1) *Sic;* cf. *ibid.*, ii, 384.

tuer dans sa prison Kelâ'i, qui y était resté jusqu'alors, c'est-à-dire dans la dernière décade de chawwâl 681 (fin janvier 1283).

En redjeb 679, le juriste Aboû 'l-'Abbâs Ah'med ben H'asan ben el-Ghammâz perdit sa situation de k'âd'i et fut remplacé par le cheykh et juriste Aboû Moh'ammed 'Abd el-H'amîd ben Aboû 'd-Donyâ, qui lui-même fut remplacé en ramad'ân de la même année par le juriste Aboû 'l-K'âsim ben Zeytoûn.

Dans la nuit du 26 du même mois et de la même année (1), le cheykh Aboû 'Abd Allâh Moh'ammed ben Aboû Hilâl fut égorgé, après la prière de l'*achâ*, par ordre du sultan.

[P. 35]. Dans cette année, l'Ifrîk'iyya tout entière vit un phénomène remarquable : le blé encore vert était mangeable, mais plus tard l'épi se trouva vide, de sorte que lors de la moisson les gerbes ne renfermaient aucun grain, et le bétail qui se nourrit de ce fourrage périt.

Le 18 rebî' I 680, le k'âd'i Ibn Zeytoûn fut révoqué, et la charge qu'il laissa vacante fut rendue à Ah'med ben el-Ghammâz.

Le 4 moh'arrem 681 (2), surgit chez les Debbâb un homme qui prétendit être El-Fad'l ben Yah'ya el-Wâthik' ben el-Mostançir et avoir pu s'échapper de sa prison. Le page Naçîr (*ou* Noçeyr), connu sous le nom de Noûbi (3) et affranchi d'El-Wâthik', déclara qu'il le

---

(1) En 678, d'après Ibn Khaldoûn (ı, 380).

(2) Le récit de cet épisode tel que l'expose Aboû 'l-'Abbâs Ah'med ben el-Khat'îb dans la chronique الفارسية في مبادي الدولة الحفصية a été publié, texte et traduction, par Cherbonneau dans le *Journal asiatique*, 1848, ıı, p. 237-258 ; édition et traduction sont loin d'être irréprochables.

(3) D, Moûbi ; C et Rousseau, Moûsa ; B « le page bien connu, Naçîr ben Yah'ya » ; A manque. Ibn Khaldoûn a la leçon Noûbi, que nous avons acceptée.

reconnaissait, et les Debbâb ajoutèrent foi à ce dire, alors qu'El-Fad'l, nous l'avons dit, avait été exécuté à Tunis. Naçir, lorsqu'il avait vu cet homme, lui avait trouvé avec son maître une ressemblance telle qu'elle le fit fondre en larmes, et il se mit à lui embrasser les pieds. Quand l'autre sut de quoi il s'agissait, il dit à Naçir de lui prêter l'appui de son témoignage et qu'il arriverait ainsi à venger ceux que l'affranchi pleurait. Naçir courut aussitôt chez les chefs arabes en poussant des cris de joie et leur annonça la présence du fils de son ancien maître, si bien qu'il le leur fit accroire ; il leur redit des conversations qui avaient eu lieu entre les Arabes et El-Wâthik', et au courant desquelles il avait mis le prétendant (1). Alors ces peuples, pleinement persuadés de l'origine de ce dernier, lui prêtèrent serment de fidélité.

L'affection qu'il inspira à Aboù 'Ali Morghem ben Çâbir ben 'Asker (2), cheykh des Debbâb, porta celui-ci à lui prêter son aide et à réunir des troupes arabes ; puis ils mirent de concert le siège devant Tripoli, dont le gouverneur nommé par Aboù Ish'âk' était alors Moh'ammed ben 'Isa Hintâti, connu dans le pays sous le nom de 'Onk' el-Fid'd'a. Ce chef ayant refusé de se rendre, les assiégeants après avoir livré quelques combats prélevèrent des impôts dans cette région et se tournèrent vers Gabès. Ces événements avaient fait du bruit, et les populations

---

(1) D semble intervertir les sujets dans cette phrase, que nous avons un peu interprétée, notamment d'après Ibn Khaldoûn.

(2) Ce nom est ainsi orthographié dans les *Berbères* (I, 161 ; II, 399, 403, 404) ; D lit مغرم , A B et Rousseau علي بن عمر بن صابر , ابي علي محمد بن مم (؟) صابر C.

n'avaient pas de doute que le prétendant ne fût d'origine h'afçide : aussi 'Abd el-Melik ben 'Othmân ben Mekki se porta à sa rencontre et lui ouvrit les portes de Gabès, dont les habitants prêtèrent serment le mercredi 17 redjeb 681 ; puis dans la même année Djerba, El-H'âmma, Nefzâwa, Tawzer et tout le pays de K'ast'iliya en firent autant. Gafça fut ensuite conquise, et il y pénétra le vendredi 7 ramad'ân 681.

Aboù Ish'âk' expédia alors de Tunis une forte armée qu'il confia à son fils l'émir Aboù Zakariyyà Yah'ya. Celui-ci, après s'être arrêté à K'ayrawân pour prélever des contributions sur les habitants, marcha contre le prétendant et installa son camp à K'amoûda ; mais ses troupes se débandèrent et le laissèrent presque seul, [P. 36] de sorte qu'il dut regagner Tunis (1).

De Gafça le prétendant se transporta à K'ayrawân, dont les habitants le reconnurent et où il reçut la soumission de Mehdiyya, de Sfax et de Sousse. Alors Aboù Ish'âk' sortit de Tunis avec une armée considérable et alla camper à El-Moh'ammediyya dans la deuxième décade de chawwâl de cette année. Mais les bagages qu'il emmenait et que portaient quatre-vingt-dix mulets furent pillés dans son camp même, et la plupart de ses soldats rejoignirent le prétendant ; puis le cheykh Aboù 'Amrân Moûsa ben Yâsîn en fit autant avec de nombreux Almohades, et lui prêta serment à l'endroit où il le rencontra, non loin de Châdhela. Le sultan se dirigea alors vers la *sebkha* de Tunis, fit sortir de la ville ses femmes et ses enfants et les emmena vers l'ouest. Au cours de ce voyage ils eu-

---

(1) En ramad'ân (*Berbères*, II, 300; *Journ. as*., 1848, II, p. 246).

rent beaucoup à souffrir des pluies, de la neige et de la faim, sans parler des dangers qu'ils coururent ; le prince dut abandonner aux tribus chez qui ils passèrent une partie de ses biens pour sauver sa vie et celle des siens. Quand ils arrivèrent devant Constantine, l'entrée leur en fut refusée par le gouverneur Aboù Moh'ammed 'Abd Allâh ben Toùfyân (1) Herghi, qui cependant leur fit, sur leur demande, descendre du haut des murailles du pain et des dattes pour apaiser leur faim. Les fugitifs repartirent le jour même pour Bougie, mais Aboù Fâris 'Abd el-'Aziz en refusa l'entrée à son père, qui dut rester dans le jardin d'Er-Refi', sur le bord de la rivière qui arrose Bougie, et se loger dans le Château de l'étoile *(K'açr el-kawkeb)*. Il s'était enfui de Tunis la nuit du lundi au mardi 25 chawwâl 681, de sorte que son règne avait duré, depuis l'abdication d'El-Wâthik', trois ans six mois et vingt-deux jours.

Deux jours après la fuite d'Aboù Ish'âk', c'est-à-dire le jeudi 27 chawwâl, le prétendant fit son entrée à Tunis et y fut reconnu sous le nom d'El-Fad'l ben Aboù Zakariyyâ Yah'ya el-Wâthik', tandis que dans la réalité il se nommait Ah'med ben Merzoùk' ben Aboù 'Amâra Mesîli ; sa mère Farh'a était originaire de Ferân (2) dans le Zâb, et lui donna le jour à Mesîla en 642, puis il fut élevé à Bougie. C'était un homme de condition obscure, mais aux métamorphoses multiples ; il sut singulièrement tromper les populations et fit dire la *khotba* à son profit, sous un nom qui n'était pas le sien, dans toutes les chaires de l'Ifri-

---

(1) A B C, Rousseau et la *Fârisiyya* توفيان , بوفيان ; D
cf. *Berbères*, II, 391.

(2) B D فران , A فزان, C فرات.

k'iyya. Ibn el-Khat'ib Andalosi a très justement dit à ce propos :

[Redjez]. Merveilleux résultat des jeux de la fortune et que n'imaginerait nul homme raisonnable !

Cet homme était cruel, sanguinaire, injuste ; il feignit de vouloir refréner le mal alors qu'il le pratiquait. Le jour même de son entrée à Tunis, [P. 37] il fit saisir trois des Arabes qui s'étaient rendus coupables de brigandage et les fit crucifier après leur avoir fait trancher le cou. Il fit ensuite partir un corps de troupes commandé par Aboû Moh'ammed 'Abd el-H'ak'k' ben Tâferâdjin, cheykh des Almohades, avec mission d'exécuter tous les Arabes dont il s'emparerait. Il supprima l'obligation pour les habitants de loger les gens de guerre, charge qui était très pénible pour les premiers. Le jour de son entrée à Tunis, il y eut à la Porte du minaret *(Bâb el-menâra)* une poussée où périrent treize personnes, parmi lesquelles le juriste et k'âd'i Aboû 'Ali H'asan ben Mo'ammer Hawwâri T'arâbolousi.

Le 28 chawwâl, deuxième jour de son entrée à Tunis, il confia son sceau *('alâma)* au *çâh'ib ed-daula* Aboû 'l-K'âsim Ah'med ben Yah'ya ben ech-Cheykh, qui le garda pendant toute la durée du règne. Comme vizir il choisit Aboû 'Amrân Moûsa ben Yâsin. Il fit arrêter le ministre des finances Aboû Bekr ben el-H'asan (1) ben Khaldoûn, et après lui avoir enlevé toute sa fortune le fit étrangler. 'Abd el-Melik ben Mekki reçut la charge (2) de chambellan.

Le vingt-cinquième jour de son entrée, il fit arrê-

---

(1) B C D et Rousseau, el-H'oseyn.

(2) B C écrivent خط ; A D et Ibn Khaldoûn, خطة .

ter les émirs arabes qui s'étaient joints à lui et qui étaient environ quatre-vingts ; le samedi qui suivit, les Zenatiens, au nombre d'environ 350, furent arrêtés à leur tour et envoyés tout nus de la K'açba en prison ; le même jour, les chrétiens, au nombre d'environ 180 cavaliers, furent aussi arrêtés. Le 23 dhoû 'l-h'iddja, pareille mesure fut prise à l'égard de tous les parents du sultan Aboû Ish'âk', qui furent emprisonnés et dont les biens furent confisqués ; mais Dieu empêcha l'usurpateur de réaliser la pensée qu'il avait de les exécuter.

Le 12 çafar 682, il quitta Tunis pour marcher contre Bougie, dont le gouverneur Aboû Fâris se disposait, à ce qu'il avait appris, à l'attaquer. Le 19 çafar arriva à Tunis l'ordre envoyé du camp d'interdire le vin, de démolir le *fondouk* où il se vendait et d'en transformer l'emplacement en une mosquée *djâmi'* avec minaret ; en conséquence, la prière fut dite dans le nouveau temple le 20 cha'bân de la dite année.

L'émir Aboû Fâris [el-Mo'tamid 'ala'llâh], en effet, avait quitté Bougie après avoir réuni des troupes nombreuses pour combattre l'usurpateur ; il avait avec lui son oncle Aboû H'afç 'Omar, qui le suivait en portant un diadème au-dessus de sa tête pour lui faire honneur ; car telle était l'habitude des princes Hafçides, et ils n'y ont renoncé que depuis le règne d'El-Lih'yâni et jusqu'à présent. La rencontre, qui eut lieu le lundi 3 rebi' I 682, à Feddj el-Abyâr, près de K'al'at Sinân (1), fut des plus chaudes. Abandonné

---

(1) « Kalaat Senân, château de la dent », est désigné sur la carte de la province de Constantine dressée au bureau topographique, sous le nom de Djebel-Gala ou Kala-Snenn. C'est une montagne très élevée et située à 6 lieues et demie de la frontière. De Kalaat Senân à Tébessa, il y a 10 lieues, en descendant vers le sud-ouest. Cette

par ses alliés et trahi par la fortune, [P. 38] Aboû Fâris périt [sur le champ de bataille] : son camp fut pillé, ses tentes et ses trésors furent enlevés, et sa tête coupée fut présentée au vainqueur ; son frère 'Abd el-Wâh'id fut aussi amené à ce dernier, qui le tua d'un javelot qu'il avait à la main ; ses deux frères consanguins 'Omar et Khâlid furent de même traînés devant l'usurpateur et exécutés par son ordre ; enfin, son neveu Moh'ammed ben 'Abd el-Wâh'id comparut également et subit le même sort. C'est d'eux que l'on a dit :

[Motak'ârib]. Ils voulaient s'échapper, mais tous moururent à Feddj el-Abyâr (1).

On a dit encore :

[T'awîl]. Pour nous, il n'y a pas de situation intermédiaire : ou la primauté (2) sur les humains ou la mort ! Qu'est pour nous la vie comparée aux honneurs ? Nulle dot ne peut assez payer la belle qu'on recherche.

L'administration d'Aboû Fâris à Bougie et dans la région avait duré trois mois et treize jours.

Les têtes de ces chefs furent promenées sur des piques dans les marchés de Tunis le jeudi 6 rebi' I 682, puis accrochées à la Porte du minaret (bâb el-mendra). Le seul qui put échapper au massacre fut l'émir Aboû H'afç ben Aboû Zakariyyâ, qui s'enfuit à pied à K'al'at Sinân en compagnie de trois fidèles

---

localité a été de tout temps le refuge des brigands, auxquels elle offrait l'impunité. » (Cherbonneau, *Journ. as.*, septembre 1848, p 257 ; cf. Rousseau, *ib.* 1849, I, 314 ; ailleurs, p. ex *Journ. as.*, 1849, I, p. 208, le même auteur écrit Kala'at es-Senan. Dans la *Table géogr. des Berbères*, ce lieu est placé à 8 lieues N.-E. de Tébessa. — Ibn Khaldoûn (II, 393) place le lieu de la rencontre à Mermadjenna.

(1) Au lieu de على فج لابيار de D, on lit dans A B C et Rousseau على جدة البين « bien que s'étant séparés ».

(2) A seul لها العز.

partisans des Hafçides, Aboû 'l-H'asan (1) ben Aboû Bekr ben Seyyid en-Nâs, le vizir Ibn el-Fâzâzi (2) et Moh'ammed ben Aboû Bekr ben Khaldoûn, qui le portaient à tour de rôle sur leur dos quand il était trop fatigué et purent enfin le mettre en sûreté à Kal'at Sinân.

Quant à l'émîr Aboû Zakariyyâ ben Aboû Ish'ǎk', il était resté en qualité de lieutenant à Bougie, en compagnie du cheykh Aboû Zeyd Fâzâzi (3). La nouvelle de la défaite provoqua en cette ville la plus vive agitation : la grande mosquée, où la population s'était précipitée, entendit le k'âd'i Aboû Moh'ammed 'Abd el-Moun'im ben 'Atik' Djezâ'iri, qu'accompagnait son fils, prononcer un discours qui souleva la colère de la foule ; on se jeta sur son fils et on le massacra dans le *mih'râb*, tandis que le k'âd'i, arraché de son tribunal et emprisonné, fut ensuite renvoyé par mer à Alger sa patrie. Alors l'émîr Aboû Ish'ǎk', craignant pour sa vie, s'enfuit de la K'açba dans l'intention, de compagnie avec son fils Aboû Zakariyyâ, de gagner Tlemcen ; mais il fut poursuivi par la populace de la ville que dirigeait le cheykh Aboû 'Abd Allâh Moh'ammed ben Iserghîn (4), et on l'atteignit dans la montagne des Benoû Ghobrîn, grâce à une chute de cheval qu'il venait de faire et où il s'était cassé la cuisse. Mais son fils Aboû Zakariyyâ put gagner Tlemcen, où il avait

---

(1) A C D lisent *H'asan* ; B et Ibn Khaldoûn, *H'oseyn*.

(2) Moh'ammed ben el-K'âsim ben Idris Fâzâzi, selon Ibn Khaldoûn (II, 394, 396, 401 ; III, 407) ; A B C D et Rousseau, ici et ailleurs, lisent Fezâri, Ferâwi, 'Azâri ; peut-être la leçon Fezâri doit-elle être acceptée partout, malgré l'autorité de M. de Slane.

(3) Voir la note précédente.

(4) Ce dernier nom est resté en blanc dans A B C et Rousseau ; cf. *Berbères* (II, 394).

[P. 39] une sœur mariée au gouverneur de cette ville, 'Othmân ben Yaghmorâsen ben Zeyyân, lequel l'accueillit bien et le traita cordialement" (1). Quant à Aboû Ish'âk', il fut ramené à Bougie, où il fit son entrée sur une mule bâtée, puis enfermé dans une maison du quartier de Sâbât' el-Omawi (2); il y resta jusqu'au jeudi 27 rebî' I de cette année, où il fut exécuté par Moh'ammed ben 'Isa ben Dâwoûd Hintâti, spécialement envoyé pour cette besogne par l'usurpateur; sa tête fut ensuite portée à Tunis et promenée sur un bâton dans les rues au milieu des rires des inconscients et des cris de joie des femmes. Cette journée du 16 rebî' II 682 (3), où cela se passa, peut servir de sujet de méditation aux gens réfléchis. On a dit à ce propos:

[Wâfir]. Dis à ceux dont nos malheurs excitent la joie maligne: Revenez à de meilleurs sentiments (4), car le même sort vous attend.

Dans la dite année, mourut le k'âd'i Aboû Zeyd ben Nefîs.

Le mardi 15 moh'arrem 683, l'usurpateur fit emprisonner le premier ministre Aboû 'Amrân ben Yâsîn, parce qu'il avait, lui dit-on, écrit à l'émir Aboû H'afç 'Omar l'intention qu'il avait de trahir son maître; la même mesure fut prise à l'égard du cheykh Aboû 'l-H'asan ben Yâsîn, du cheykh Ibn Wânoûdîn et d'El-H'oseyn ben 'Abd er-Rah'mân Zenâti;

---

(1) Ce passage est cité dans le *Journ. as.*, 1849, I, p. 205, n. 1.

(2) A B C et Rousseau lisent *el-Oçouli*.

(3) Peut-être y a-t-il une erreur dans les dates, car plus haut il est parlé du jeudi 27 rebî' I. A B C et Rousseau lisent, *jeudi 19 rebî' I*, et ensuite, *16 rebî' I*; D a donc corrigé cette dernière date et reporté au mois de rebî' II le spectacle offert aux Tunisiens.

(4) B D اينحوا ; A C انيقوا .

tous furent mis à la torture, et Ibn Yâsîn, après avoir été flagellé à plusieurs reprises, eut la tête tranchée le jeudi soir 2 çafar de la dite année, de même qu'Ibn Wânoûdin (1).

A la suite des mauvais traitements que l'usurpateur avait infligés aux Arabes, et des exécutions faites par son ordre, ceux-ci, qui avaient appris la présence d'Aboû H'afç à K'al'at Sinân, étaient allés le trouver et le reconnurent en rebî' I 683 ; puis sous la direction de leur cheykh Aboû 'l-Leyl ben Ah'med, ils constituèrent des dépôts d'armes et de tentes. Quand l'usurpateur apprit la réapparition d'Aboû H'afç et l'importance des forces dont il disposait, il sortit de Tunis le jour même de l'exécution d'Ibn Wânoûdin pour combattre ce prince. Mais l'insubordination de ses troupes, qui penchaient pour Aboû H'afç, le força d'y rentrer aussitôt et en fuyard, le jeudi 15 rebî' I 683. Aboû H'afç, poursuivant sa marche en avant, vint camper près de Tunis dans la sebkha de Sidjoûm (2) ; les Almohades et le djond marchèrent contre lui et lui livrèrent à maintes et maintes reprises des combats sans résultat, tandis que les Arabes pillaient la région. Enfin, l'usurpateur en personne [P. 40] sortit le dimanche 22 rebî' II et se porta pendant quelques instants à l'extrémité de la sebkha ; mais il se vit perdu, et ne songeant plus qu'à sauver sa vie, il s'enfuit et se réfugia à Tunis, non loin du quartier des ouvriers en cuivre, chez un chaufournier espagnol nommé Aboû 'l-K'âsim K'armoûni (3). Sa fuite eut lieu la nuit du di-

---

(1) Tous furent mis à mort, d'après Ibn Khaldoûn (II, 395).
(2) La Sebkhat es-Sedjoumi de nos cartes, près de Tunis.
(3) Cette leçon fournie par A B C D, et signifiant « originaire de Carmona » est préférable à K'armâdi des *Berbères* (II, 396).

manche au lundi 23 de rebi' II, c'est-à-dire que son règne à Tunis avait duré un an cinq mois et vingt-sept jours (1). Il se tenait depuis sept jours caché dans cette maison quand, sur la dénonciation d'une femme, il en fut extrait après la prière du z'ohr; cette demeure fut aussitôt saccagée, et lui-même traîné devant Aboû H'afç, qui établit son identité par devant les k'âd'is et leurs assesseurs. L'aveu de l'imposteur, qui déclara être Ah'med ben Merzoûk' ben Aboû 'Amâra Meslli, fut recueilli par les assesseurs, Aboû 'l-'Abbâs Ah'med ben el-Ghammâz étant alors grand k'âd'i. Le prince lui fit ensuite infliger deux cents coups de fouet, puis décapiter; le cadavre fut promené par les rues sur le dos d'un âne gris, puis jeté dans la *sebkha* hors la Porte de la mer (*bâb el-bah'r*), tandis que sa tête hissée sur un bâton faisait également le tour de la ville, le mardi 2 djomâda I. Ce fut le cheykh Aboû Moh'ammed 'Abd Allâh ben Yaghmor (2) qui opéra la décapitation à l'aide d'un sabre qu'il tenait de l'imposteur lui-même.

Le nouveau prince de Tunis s'appelait l'émir Aboû H'afç 'Omar, fils du sultan et émir Aboû Zakariyyâ, fils du cheykh Aboû Moh'ammed 'Abd el-Wâh'id ben Aboû H'afç; il était né, à Tunis, de Z'âbiya, esclave concubine arabe, après la prière du vendredi 30 dhoû 'l-k'a'da 642. Il fut procédé à son intronisation en cette ville le mercredi 25 rebi' II 683, et il prit le surnom d'El-Mostançir billâh.

Le 27 djomâda II 683, mourut à Mehdiyya Ibn el-

---

(1) Un an et trois mois, moins trois jours, d'après la *Fârisiyya* (*Journ. as*, 1848, II, 251). Kayrawâni assigne à ce règne la même durée que Zerkechi.

(2) D seul a omis 'Abd Allâh.

Khabbâz déjà cité, qui avait par deux fois été k'âd'i à Tunis.

L'émîr Aboù Zakariyyâ, fils du sultan Aboù Is-h'âk', avait grandi auprès de son père, qui habitait alors à Tunis l'hôtel d'El-Ghoûri (1). C'était un prince chaste, qui recherchait la science et ceux qui s'y adonnent. Il apprit que vis-à-vis l'hôtel d'El-Ghoûri se trouvait un fondouk habité par des buveurs, et il fit bâtir sur cet emplacement un collège nommé Medresat el-Ma'rad', au profit duquel il immobilisa tout un quartier important qu'il acheta de ses propres deniers, de même que des livres précieux traitant des diverses sciences. L'(un des) professeurs qui y furent installés fut le chérif Aboù 'l-'Abbâs Ah'med Gharnât'i, auteur du *El-Mochrek'fi* [P. 41] *'olemâ'i 'l-maghreb wa'l-machrek'*, à qui il fit parvenir deux bourses pleines d'or et d'argent avec mission d'en distribuer le contenu à tous ceux qu'il trouverait dans l'établissement. Le bruit de cette largesse s'étant répandu, la foule se précipita de tous les autres collèges, si bien que tout fut rempli et que personne ne trouva de quoi s'accroupir. Il assistait à la leçon le lundi et le vendredi pour y faire des admonitions, et tout le temps il répandait libéralement l'ambre et l'aloès. Il assigna à ce professeur un traitement élevé, soit dix dinars par mois. Une ouverture pratiquée à la maison qu'il habitait lui permettait d'entendre les cours professés au collège. Il resta à Tunis jusqu'au jour où l'arrivée de l'usurpateur le força de suivre son père jusqu'à Bougie.

Le 26 rebî' I 684, mourut le k'âd'i Aboù Moh'am-

_____

(1) Cette lecture est encore celle d'A B C D; Ibn Khaldoûn lit Akoûri (II, 399); ci-dessus, p. 59.

med 'Abd el-H'amîd ben Aboû 'd-Donya, qui fut enterré à El-Djellâz. Le vulgaire y cherche (1) auprès de sa tête une haute colonne, car, prétend-il, « le défunt ici enterré a dit de lui mettre sous la tête une pierre proportionnée à sa science »; on veut ainsi indiquer son haut degré de science.

La même année, mourut Aboû 'l-H'asan H'âzim Gharnât'i (2), poète de la cour (شاعر الحضرة).

Le 26 dhoû 'l-h'iddja 686, mourut le vertueux et pieux cheykh Aboû 'Ali H'asan Zendîwi, qui fut enterré proche le cimetière des saints cheykhs (es-Sâdat el-akhyâr el-echyâkh) dans le *mersa* du vertueux Sidi Djerrâh', lequel portait autrefois le nom de Mersa Ibn 'Abdoûn et qui prit ensuite cette dénomination, tant Sidi Djerrâh' y montait une garde assidue.

Dans le cimetière en question reposent entre autres cheykhs 'Abd el-'Azîz ben Aboû Bekr K'orachi Mahdewi; Notre Père 'Abd Allâh, c'est-à-dire 'Abd Allâh ben 'Ali Hawwâri Nâbeli, (aussi) nommé Makhloûf, qui reçut d''Abd el-'Azîz Mahdewi ce nom de *Père,* sous lequel il est encore désigné maintenant; — Aboû 'Abd Allâh Moh'ammed, connu sous le nom d'Et-Tâ'ib, et son frère germain Aboû 'Ali 'Omar, fils l'un et l'autre d'Aboû Bekr, et qui étaient 'Idjelites et Tunisiens; — Aboû Zeyd 'Abd er-Rah'mân Temîmi, connu sous le nom d'Ibn el-Wâdi; — Aboû 'Othmân Sa'îd l'eunuque, enterré au pied du cheykh 'Abd el-'Azîz; — Aboû Wekîl Meymoûn El-Kemmâd (le décatisseur); — Aboû 'Abd Allâh

---

(1) A B D وتلمح العامة ان عند الخ ; dans C, sans ان.

(2) On peut voir à propos de ce poète le *Catalogue des mss. d'Alger,* n° 1840.

ben 'Atîk' Bâdji, imam du cheykh Sîdi 'Abd el-'Azîz ; — les deux frères germains Aboû Fâris 'Abd el-'Azîz et Aboû 'Abd Allâh Moh'ammed, fils d'Aboû 'l-Fotoûh' Çak'alli ; — Aboû Ish'ak' Ibrâhîm eç-Çayyâd ; — le cheykh Sîdi Djerrâh' 'Arabi précité ; — Aboû 'Ali H'oseyn ; — Aboû 'Abd Allâh ben Soleymân [P. 42] K'orachi Zobeydi, et son frère H'asan, — ainsi que les disciples de tous ces cheykhs.

Le lundi 17 ramad'ân 691, mourut à Tunis le cheykh et k'âd'i Aboû 'l-K'âsim ben Zeytoûn, qui fut enterré au Djebel el-Mersa.

Le 15 dhoû 'l-h'iddja 692, mourut le juriste et mufti Ah'med Gharnât'i, l'auteur précité du *Mochrik'*.

Le jeudi 10 moh'arrem 693, mourut le juriste et k'âd'i Ah'med ben Moh'ammed ben el-H'asan ben el-Ghammâz Ançâri, homme de talent connu par sa religion. Né à Valence le jour d'*achoûra* (10 moh'arrem) 609, année d'El-'Ok'âb (1), il mourut, par une coïncidence remarquable, le jour où l'on célébrait la même fête ; son inhumation se fit dans le cimetière du vertueux Sîdi 'Abd er-Rah'mân Mouât'ik'i à Tunis. Il était juriste, mufti et versé dans la rédaction des actes judiciaires. Après avoir étudié sous plusieurs savants espagnols, il vint se fixer à Bougie et fut employé en qualité d'assesseur du k'âd'i. Il gagna ensuite Tunis, y devint successivement k'âd'i dans de nombreuses localités du pays, et enfin fut nommé en cette qualité dans la capitale même le 23 ramad'ân 660 ; il fut révoqué et renommé à plusieurs reprises, et mourut dans l'exercice de ses fonctions, dont il avait été rechargé pour la dernière fois le 19 ramad'ân 691.

---

(1) C'est-à-dire de la bataille qui eut lieu à cet endroit entre les chrétiens et les musulmans, autrement appelée de las Navas de Tolosa (*Berbères*, ii, 225 ; *Hist. des Almohades*, p. 279).

En dhoû 'l-k'a'da 693, mourut le cheykh Aboû Zeyd 'Isa Fâzâzi (1), premier ministre, et le personnage le plus brillant de la cour ; il fut enterré à Râdis.

Le vendredi 24 dhoû 'l-h'iddja 694 (4 nov. 1295), mourut de maladie le sultan de Tunis Aboû H'afç' Omar, après un règne de onze ans et huit mois, moins deux jours. Il avait désigné pour lui succéder son fils 'Abd Allâh, dont le jeune âge, car il était encore impubère, souleva des objections de la part des Almohades. Le sultan fit alors appeler le vertueux cheykh et juriste Aboû Moh'ammed Merdjâni pour s'entretenir avec lui de cette affaire. Or, lors de l'exécution dans leur prison d'El-Wâthik' ben el-Mostançir et de ses fils, une concubine de ce prince, alors enceinte de lui, avait pu se réfugier dans la zâwiya du saint homme Aboû Moh'ammed Merdjâni, et y avait donné le jour à un fils. Le cheykh l'appela Moh'ammed, puis le septième jour lui rasa la tête et distribua aux pauvres de la bouillie *(açîda)* de froment, ce qui fit donner au nouveau-né le surnom d'Aboû 'Açîda. Après être resté caché quelque temps, il put rentrer au palais et y être élevé chez les princes ses parents ; mais en grandissant il continua de témoigner sa reconnaissance à Merdjâni. [P. 43] Celui-ci, quand le sultan le consulta sur le choix d'un successeur et lui dit que les Almohades ne voulaient pas de son fils, donna au prince le conseil de désigner Moh'ammed ben el-Wâthik'. Cet avis fut agréé, et ce dernier fut envoyé à Merdjâni, qui lui donna sa bénédiction et invoqua le ciel en sa faveur. L'inau-

---

(1) Ou, d'après nos textes, Fezâri ; voir p. 69, n. 2.

guration privée se fit le mercredi 22 dhoû 'l-h'iddja ; à l'inauguration publique, qui eut lieu après la mort d'Abou H'afç, le nouveau sultan prit le surnom d'El-Mostançir billâh ; son nom complet est Aboû 'Abd Allâh Moh'ammed, fils du sultan Moh'ammed el-Wâthik' ben el-Mostançir ben Aboû Zakariyyâ ben Cheykh Aboû Moh'ammed 'Abd el-Wâh'id ben Cheykh Aboû H'afç 'Omar, et il est connu sous le nom d'Aboû 'Açîda. Il débuta par faire exécuter 'Abd Allâh, fils du sultan Aboû H'afç, que son origine aurait pu rendre dangereux.

En redjeb 698 (avril 1299), il sortit de Tunis à la tête de son armée et, franchissant les frontières de ses états, il pénétra dans le territoire de Constantine; paysans et Kabyles *(el-'kabâ'il)* s'enfuirent devant lui, et il poussa ainsi jusqu'à Mîla, d'où il regagna sa capitale au mois de ramad'ân.

Au commencement de djomâda I 699, mourut le vertueux cheykh Merdjâni, qui fut inhumé au Djebel el-Djellâz. Il était très lié avec le grand k'âd'i de Tunis, le juriste Aboû Yah'ya ben Aboû Bekr (1) Ghoûri Çfak'si, qui était alors malade et à qui ses proches cachèrent cette mort en recommandant aux visiteurs de n'en rien dire ; mais le juriste Aboû Ish'âk' ben 'Abd er-Reft', étant venu lui rendre visite, oublia la recommandation qui venait de lui être faite, ce qui aggrava l'état du k'âd'i à ce point qu'il mourut le dimanche 14 djomâda I 699. Celui qui fut nommé au poste qu'il laissait vacant fut le juriste et savant Aboû Ish'âk' Ibrâhîm ben el-H'asan ben 'Ali ben 'Abd er-Reft' Rab'i, qui resta en place cette pre-

---

(1) B D lisent « Aboû Yahya Aboû Bekr » et C, *Nawiedwi* au lieu de *Ghoûri*.

mière fois un an et onze mois. Il fut alors révoqué et remplacé par le juriste Aboû Zeyd 'Abd er-Rah'mân ben el-K'at't'âñ Balawi, originaire de Sousse, le 1ᵉʳ rebî' II 701. Cette nomination fut adressée à Sousse au nouveau titulaire, qui se fit attendre, de sorte que le retard apporté dans le jugement des affaires litigieuses suscita des réclamations. Ibn 'Abd er-Refi' fit alors continuer de rendre des sentences en attendant l'arrivée de son remplaçant. Mais parmi les gens de sa classe il avait des envieux qui s'entendirent [P. 44] pour lui laisser ignorer le moment précis de cette arrivée, afin qu'un jour ou l'autre on vînt l'interrompre au cours d'une audience pour lui annoncer que, vu la présence de son successeur, il n'avait plus à rien décider. Dans ce but on faisait surveiller la route, mais Ibn 'Abd er-Refi', devinant ce qui se préparait, aposta un homme de confiance chargé de le prévenir de l'arrivée du nouveau k'âd'i, de façon ainsi à cesser de lui-même de juger et à renvoyer les huissiers de sa porte. Or, on était un samedi, jour où les juristes et les k'âd'is de Tunis avaient coutume de se rendre à l'audience du khalife pour le saluer et se tenaient à cet effet, en attendant la sortie du prince, rangés par catégories dans des pièces affectées à cet usage. Ibn 'Abd er-Refi' était donc à attendre avec ceux de sa classe quand il vit arriver son émissaire qui, renseigné plus tôt que ceux de ses adversaires, venait le prévenir. Il se leva alors de la place réservée au k'âd'i et se dirigea vers la chambre réservée aux gens du conseil, sous les regards braqués de ses adversaires qui devinaient ce qui se passait. Or, le cordon de son pantalon s'étant dénoué juste au moment où il était au milieu de l'assemblée, il dut s'arrêter pour le renouer ; voyant alors la joie qui perçait sur leurs visages (1), il dévisagea successivement tous les assistants : « Gloire à Dieu, » s'écria-t-il, « qui n'a vu parmi vous personne convenant à cette (place) ! » Sa retraite en temps utile ferma la bouche à ses ennemis et le vengea de leur joie maligne.

Le cheykh Aboû Moh'ammed 'Abd el-Wâh'id Gharyâni (2) dit tenir ce qui suit d'une personne en qui il avait confiance : Les Almohades avaient autrefois à Tunis l'habitude de ne pas nommer de k'âd'i pour une période supérieure à deux ans, se conformant en cela à ce qu'Omar ben el-Khat't'âb, en écrivant ses dernières instructions, avait dit, qu'il ne nommerait nul fonctionnaire ('âmil) pour plus de deux ans. Ils pensaient en outre que le k'âd'i qui reste longtemps en place attire à soi ses camarades et ses frères, et que la corruption n'agit pas sur celui qui se croit exposé à la révocation ; d'autre part, les contemporains ont ainsi des occasions de révéler leurs connaissances, il se trouve de nombreux k'âd'is qui ont l'expérience des affaires, et la tradition se conserve. C'est tout le contraire si le même reste toujours en charge : on ne juge pas équitablement les divers candidats (لا يقع فيهم تناصف), le nouveau venu ne peut qu'au bout d'un certain temps se mettre au courant de ses fonctions, et l'aigreur envahit le cœur

---

(1) Le texte de cette anecdote présente quelques variantes insignifiantes ou sans valeur ; nous relevons seulement qu'ici D lit مستريقا, A مستبرين ; B متنسرين résultat de la surcharge de la leçon de A, C مستترين.

(2) A lit Ez-Zeyyâti.

des lettrés, qui ne peuvent espérer arriver que bien difficilement.

Le 2 çafar 700, mourut le cheykh, juriste et grammairien Aboû Zakariyyâ Ifreni, qui avait été élève d'Ibn 'Açfoûr et qui prit sa place dans le même ordre de connaissances.

Le 15 ramad'ân 705 (31 mars 1306), après la prière du vendredi, la populace tua Haddâdj ben 'Abîd Ka'bi, qui avait osé pénétrer avec ses chaussures dans le Djâmi' ez-Zîtoûna à Tunis. Comme on voulait l'en empêcher, il répondit qu'il était entré chaussé chez le prince même. [P. 45] La populace outrée se jeta sur lui et le massacra dans le temple, puis traîna son cadavre par les rues. C'était un des chefs des Ko'oûb, population qui interceptait les routes et ravageait le pays, et c'est ce qui porta la population irritée à cet excès. La nouvelle de ce meurtre ne fit qu'exciter davantage les Ko'oûb, et leur cheykh Ah'med ben Aboû 'l-Leyl fit venir de la Tripolitaine 'Othmân ben Aboû Debboûs, le proclama sultan et l'emmena avec lui pour mettre le siège devant la capitale. Mais le vizir Aboû 'Abd Allâh Moh'ammed ben Irzegin (1) sortit à la tête des troupes et les mit en fuite, puis continua sa marche en avant pour pacifier le pays. Alors Ah'med ben Aboû 'l-Leyl, après avoir fait sa soumission et renvoyé Ibn Aboû Debboûs à l'endroit de la Tripolitaine d'où il l'avait tiré, se rendit, accompagné de Soleymân ben Djâmi', l'un des principaux des Hawwâra, auprès du vizir. Celui-ci les arrêta l'un et l'autre pour les envoyer à Tunis, et ils y restèrent internés jusqu'en 708, où Ah'med

---

(1) *Berbères* (II, 416) Aboû 'Abd Allâh ben Irzigen; A Izrigin; B Bezerbegi; C Izirgin; voir plus haut, p. 69, n. 4.

ben Aboû 'l-Leyl mourut. Ce fut le frère de ce dernier, Moh'ammed ben Aboû' 'l-Leyl, qui le remplaça à la tête des Ko'oûb ; il choisit pour lieutenants ses neveux H'amza et Mawlâhem, fils de son frère 'Omar.

En djomâda 706 (nov. 1306), le cheykh des Almohades Aboû Yah'ya Zakariyyâ ben Ah'med Lih'yâni partit à la tête d'une armée pour tirer Djerba des mains des chrétiens. Après avoir combattu contre El-K'achtil (1) pendant deux mois, il se rendit à Gabès, puis dans le Djerîd, et il parvint jusqu'à Tawzer, où il s'arrêta. Secondé par Ah'med ben Moh'ammed ben Yemloûl, il recouvra les impôts du Djerîd et rentra à Gabès, où il fut hébergé chez 'Abd el-Melik ben 'Othmân ben Mekki. Il annonça alors l'intention qu'il avait d'accomplir le pèlerinage et renvoya les troupes à Tunis, où il fut remplacé à la tête des Almohades par Aboû Ya'k'oûb ben Izdoûten. Comme il craignait l'air malsain de Gabès, il alla habiter une des montagnes voisines, attendant, pour partir avec la caravane, d'être guéri d'une maladie dont il souffrait. Il se rendit ensuite à Tripoli, où arriva, au bout d'un an et demi, à la fin de 708, l'ambassade turque qui avait été porter des présents à Yoûsof le Mérinide de la part du sultan d'Égypte, et ce fut avec elle qu'il partit pour accomplir le pèlerinage (2).

En ramad'ân 708 (fév.-mars 1309), la populace assaillit à coups de pierres la porte de la K'açba à Tunis, en réclamant qu'on lui livrât le chambellan Ibn ed-Debbâgh. Cette émeute était causée par les ravages des Arabes dans les environs de Tunis, car ces

---

(1) Forteresse de l'île de Djerba.
(2) Cf. *Berbères* (II, 427) et Tidjâni (*Journ. asiat.*, 1852, II, p. 57 ; 1853, I, 101.)

dévastations soulevaient leurs plaintes et ils en faisaient remonter la responsabilité à Ibn ed-Debbâgh, [P. 46] dont, pour se calmer, ils réclamaient la mort. La porte fut fermée, et en présence de cette attaque les conseillers (*ridjâl*) du sultan auraient voulu qu'à la tête de ses compagnons et de son entourage il fît une sortie pour faire fouler la populace sous les sabots des chevaux ; mais le prince s'y refusa et voulut qu'on employât la douceur et la ruse pour ramener le calme. Comme quelques insurgés avaient déjà pu pénétrer dans la K'açba, un courtisan voulait qu'on refermât la porte et qu'on les massacrât sur place ; mais le prince les fit chasser non avec les piques, mais avec les hampes des lances. Ce jour-là le juriste Ibn 'Abd er-Refî', qui alors n'était pas k'âd'i, apostropha le peuple très rudement. Alors aussi fut révoqué le chef (*h'âkim*) de la ville, qui avait commis la faute de pénétrer à cheval dans la K'açba par le Bâb el-Ghadr (porte de la trahison) pendant que la populace était à la porte dite Bâb Intedjemi. Le sultan fit châtier les principaux meneurs du mouvement, et tout rentra dans l'ordre.

En 708, il vint au monde à Tunis dans la rue 'Obboû, en dehors du Bâb es-Souweyk'a, un enfant mort-né d'une forme monstrueuse et inconnue. Sa tête portait une couronne de chair où se trouvaient un nez, deux gros yeux de vache et une bouche de singe, mais dépourvue de langue. Des cheveux bruns et non crépus, longs d'un empan, lui tombaient sur la nuque et couvraient deux membranes charnues et laissant apercevoir une portion du cou en correspondance avec la cervelle. Il était pourvu de deux avant-bras garnis de grandes mains, mais n'avait qu'un petit ventre et pas de derrière ; enfin il avait deux pieds et deux doigts dépourvus d'ossature. Louange au Créateur omniscient !

Le 11 dhoû 'l-h'iddja, une girafe arriva à Tunis par le vaisseau du marchand Aboû 'l-K'âsim K'anebi ; c'était un cadeau qu'envoyait le souverain d'Égypte (1).

En çafar 709, on construisit dans l'arsenal de Tunis un mangonneau avec lequel on tira trois coups.

Le 5 rebi' II 709, mourut le juriste et lettré Aboû 'l-K'âsim ben 'Omeyra ; il comptait parmi les secrétaires d'état distingués et parmi les poètes, et fit autant ou même plus que son père.

---

(1) La girafe, qui est originaire du Soudan, parut dès 381 (991 de J.-C.) en Europe, car Ziri ben 'Atiya en envoya une en cadeau à Mançoûr ben Aboû Amir, à Cordoue (Berbères, III, 243). Mais elle resta toujours un objet rare et soulevant une grande curiosité dans le Nord de l'Afrique, ainsi qu'en témoignent les chroniques. En 381, Mançoûr ben Bologgin reçoit un cadeau consistant en une girafe qui lui est envoyée par Ibn el-Khat't'âb, officier qui gouverne en son nom à Zawila (Kayrawâni, p. 77, l. 14 du texte), et en 387, son fils Bâlis déploie un luxe extraordinaire dans un cortège où figurent deux girafes (ibid., p 78, l. 4 en bas). En 655 (1257 de J.-C.), un de ces animaux est envoyé du Soudan à Mostancir le Hafçide (Berbères, II, 347). En 762 (1360-61), le Mérinide Aboû Sâlem reçoit en outre du Soudan un exemplaire de cette espèce, et le peuple se précipite en foule à ce spectacle peu commun, que célèbrent les poètes (ibid., IV, 343). Enfin, dans un échange de présents qui eut lieu entre le Hafçide Moh'ammed el-Mas'oûd, qui monta sur le trône en 899 (1493-94), et le sultan d'Égypte, celui-ci fait figurer un de ces animaux dans son envoi (Kayrawâni, p. 151, l. 16). — Il est à remarquer que dans le texte de Zerkechi comme dans tous ceux que nous venons de citer, à l'exception de Kayrawâni, pp. 77 et 78, le mot est écrit الزارفة . Les naturalistes arabes ne nous ont guère transmis, au sujet de cet animal, autre chose que des fables ; de ce qu'ils nous disent, il n'y a rien à retenir sinon que l'Abyssinie (le pays de Habech) est son lieu d'origine (voir Mostatref, chap. 62 ; Kazwini, II, 202, et Demîri, II, 5, de l'éd. de Miçr, 1306).

« On vit sous Amurat, à la fête de la Circoncision, vers 1574 ou 1576, des girafes qui furent promenées dans l'hippodrome de Constantinople, et qui avaient jusqu'à 18 pieds de hauteur. Un ancien voyageur français, Michel Baudier, présent à cette fête, les décrivit avec beaucoup d'exactitude pour le temps et en laissa une figure assez nette. Belon a figuré aussi une girafe sous le nom de Zumapa [Zurnapa ?]. Albert le Grand avait déjà décrit, sous le nom de Sesaph et d'Anabula, des individus offerts à Frédéric II, empereur d'Allemagne, par le prince de Damas ». (La vie des animaux, par A.-E. Brehm, éd. franç., p. 523 ; cf. Dictionnaire univ. d'hist. nat., de d'Orbigny, 1849, VI, 221).

Le 13 rebi' II 709 (20 sept. 1309), le souverain de Tunis, l'émir Aboû 'Abd Allâh Moh'ammed ben el-Wâthik' mourut d'hydropisie sans laisser d'enfant mâle, après un règne de quatorze ans trois mois et dix-sept jours. Il était intervenu entre lui et l'émir Aboû 'l-Bak'â Khâlid, qui régnait à Constantine et à Bougie, un arrangement aux termes duquel celui des deux qui survivrait deviendrait maître des états de l'autre. [P.47] Or, H'amza ben 'Omar ben Aboû 'l-Leyl s'était, parce qu'il désespérait de voir rendre son frère à la liberté, rendu auprès d'Aboû 'l-Bak'â, et l'incitait à se rendre à Tunis. Aussi quand la maladie du prince fut connue de façon positive, Aboû 'l-Bak'â, qui (régnait) alors sur Bougie et son territoire, se hâta de marcher sur Tunis, mais en feignant une expédition contre Alger. Arrivé à Constantine, il y laissa en qualité de lieutenant le juriste Aboû 'l-H'asan 'Ali ben 'Omar, puis il continua dans la direction de Tunis, et il était campé à K' açr Djâbir (1) lors de la mort d'Aboû 'Abd Allâh. Mais alors les cheykhs et les principaux Almohades tinrent une réunion pour discuter s'il fallait exécuter le traité dont il a été parlé ou choisir un prince à leur convenance. C'était à ce moment Aboû 'Abd Allâh Moh'ammed ben ed-Debbâgh qui était chambellan. L'assemblée résolut de reconnaître l'émir Aboû Bekr connu sous le nom de Chehîd, qui était fils de l'émir Aboû Zeyd 'Abd er-Rah'mân ben Aboû Bekr ben Aboû Zakariyyâ (2), et l'on procéda à son intronisation le jour même de la mort de son prédécesseur le

---

(1) A sept lieues O.-N.-O. du Kef.

(2) M. de Slane (*Berbères*, II, 429) veut lire, en corrigeant les mss, Aboû Bekr 'Abd er-Rah'mân surnommé Chehîd.

mardi 10 [lisez, 13] rebi' II 709. Il confirma Ibn ed-Debbâgh dans ses fonctions de chambellan et de préposé au sceau, et Aboû 'Abd Allâh Moh'ammed ben Irzegin (1) dans celles de vizir ; mais il manifesta son éloignement pour le premier et proféra même des menaces contre lui, car certains faits le lui avaient fait haïr et ses sentiments longtemps contenus se faisaient jour : il lui attribuait le peu de compte qu'on avait tenu de ses droits, l'exigüité de sa pension et il apprit même qu'Ibn ed-Debbâgh avait conseillé sa mort. Aussi ce personnage se mit-il dès lors à travailler contre lui.

Aboû Bekr installa son camp à Ez-Za'teriyya (2) et s'avança pour combattre à la tête de troupes nombreuses où figuraient les Awlâd Mohalhel et un parti des A'châch (3), tandis que les Awlâd Aboû 'l-Leyl étaient avec Aboû 'l-Bak'â Khâlid. Quand, non loin de la ville, les deux armées furent en présence, les cheykhs empêchèrent Aboû Bekr de se mettre, comme il le voulait, à la tête de ses troupes et dirent que le cheykh Aboû Ya'k'oûb devait avoir la mission difficile de combattre Aboû 'l-Bak'â. Les choses furent ainsi réglées, et Aboû Bekr se tint dans son camp à Ez-Za'teriyya. Une bataille acharnée et qui dura jusqu'au coucher du soleil se termina par la déroute d'Aboû Ya'k'oûb ; le vizir Ibn Irzegin fut pris et mis à mort, et les Arabes, dont il

---

(1) A بوزكين , C برديكر , B يزكير .

(2) *Es-Sa'teriyya* est l'orthographe d'A B C D, mais on trouve aussi dans d'autres passages Ez-Za'teriyya, ce qui peut signifier : « lieu où pousse le thym ». Dans la table géographique des *Berbères*, figure : « Kodiat ez-Zater, colline dans le voisinage de Tunis ».

(3) Ce nom désigne les membres de la famille des chefs des Aboû 'l-Leyl (*Berbères*, I, 143).

avait excité la colère, brûlèrent (son cadavre). Les fuyards se jetèrent dans la ville, [P. 48] où Aboû Bekr rentra à cheval, pendant que son camp était livré au pillage. Le lendemain matin, Aboû 'l-Bak'â était au pied de la ville ; Aboû Bekr en sortit et se posta près du *Djâmi' el-hawa* (1) avec un faible corps d'armée et précédé de la masse des fantassins. Le combat s'engagea auprès de la sebkha, mais les soldats passèrent du côté d'Aboû 'l-Bak'â et laissèrent Aboû Bekr tout seul : alors ce prince enleva la couronne qu'il portait et prit la fuite ; mais comme on le poursuivait, il jeta successivement ce qu'il avait de moins précieux sur lui pour retarder ses ennemis et arriva ainsi jusqu'au jardin d"Ali ben Çâbir, en dehors de la rue d'El-Khad'râ. La nouvelle en fut portée au camp par cet homme, que l'on fit accompagner de cavaliers et de quelques écuyers, et ces gens ramenèrent au camp le prisonnier, à qui l'on dressa une tente pour y passer la nuit. Le lendemain matin, le sultan Aboû 'l-Bak'â tint dans une tente une audience où il fut procédé à son intronisation publique, en vue de laquelle les Almohades, les k'âd'is et tous les cheykhs sortirent de Tunis ; la cérémonie s'acheva, mais le prince avait tout d'abord refusé de recevoir le serment de ces derniers (2), qui avaient commis la faute de reconnaître Aboû Bekr. Il leur commanda alors de regarder son prisonnier, en qui ils reconnurent leur sultan de la veille ; on le tira de sa tente, et le [principal] écuyer

---

(1) A B « près du *H'ammâm el-hawa* ».

(2) A اعرضوا عليهم و ذنبوا بعدم بيعتهم ; B اعرضوا عنهم ببيعتهم له ;
C اعرض عليهم و ذنبوا لبيعتهم له .

reçut l'ordre de le saisir par les cheveux et de lui trancher la tête ; mais quand l'exécuteur s'approcha, le prince vaincu le repoussa en le maudissant, s'écriant qu'il n'aurait d'autre exécuteur qu'un de ses pairs. Le sultan lui fit alors couper le cou par Aboû Zakariyyâ Yah'ya, *mizwâr el-Gherâba*, (مزوار الغرابة) qui était arrivé avec lui. Cette exécution eut lieu le vendredi 27 rebî' II 709 (4 sept. 1309) ; la victime, qui porta depuis lors le nom de Chehîd *(martyr)*, avait régné dix-sept jours.

Celui qui le remplaça s'appelait Aboû 'l-Bak'â Khâlid ben Aboû Zakariyyâ Yah'ya ben Aboû Ish'âk' Ibrâhîm, fils de l'émir Aboû Zakariyyâ, fils du cheykh Aboû Moh'ammed 'Abd el-Wâh'id. Il était fils d'une concubine esclave nommée 'Izz el-'Olâ et fut intronisé à Tunis le 27 rebî' II sous la dénomination d'En-Nâçir li-dîn Allâh ; son premier ministre fut Aboû Moh'ammed 'Abd Allâh ben 'Abd el-H'ak'k', et son chambellan, le reïs Aboû 'Abd er-Rah'mân ben Moh'ammed ben el-Ghâzi K'osant'înî(1). Il laissa comme chef *(reïs)* des Almohades Aboû

---

(1) En admettant que A B C D soient corrects, il faut ou supposer que ce personnage resta peu de temps chambellan, ou lire avec Ibn Khaldoûn (II, 431. « Aboû 'Abd er-Rah'mân Ya'k'oûb ben Ghamr ». C'est aussi ce dernier nom qui figure dans la *Fârisiyya* (*Journ. as.*, 1849, I, 192 et 201) ; mais l'éditeur et traducteur de ce fragment, Cherbonneau, ne s'est pas aperçu ou qu'il laissait de côté le récit de certains évènements ou que son ms. était défectueux, et il reporte au règne d'Aboû 'Açida des faits qui se produisirent sous Aboû 'l-Bak'â, plusieurs années après. — Il y a tout lieu de croire que nos quatre textes ont omis quelques mots et qu'il faut les compléter, d'après la *Fârisiyya*, de la sorte : « son chambellan Aboû ['Abd er-Rah'mân ben Ya'k'oûb ben Ghamr ; celui qui fut chargé du sceau fut le secrétaire de son père, Aboû Zeyd] 'Abd er-Rah'mân ben Moh'ammed ben el-Ghâzi K'osant'înî ». [Cette note était rédigée quand l'obligeance de mon ami E. Bignoet m'a permis de vérifier sur un ms de la *Fârisiyya* provenant de sa bibliothèque, que l'omission de Cherbonneau porte sur vingt-trois lignes de texte. Le passage dont j'ai tenté la restitution s'y lit : « son chambellan fut le reïs Aboû 'Abd er-Rah'mân Ya'k'oûb ben 'Omar K'osantînî. »]

Ya'k'oûb ben Izdoûten, mais en lui associant dans cette charge Aboù Zakariyyâ Yah'ya ben Aboù 'l-A'lâm, qui auparavant avait le même titre (auprès de lui) à Bougie. A Tunis l'administration des finances fut confiée à Mançoùr ben Fad'l ben Mozni, et le gouvernement de Constantine fut donné au frère du sultan, l'émir Aboù Yah'ya Aboù Bekr (1), qui se rendit à son poste. Le chambellan Moh'ammed ben ed-Debbâgh, qui s'était réfugié dans la zâwiya des Zobeydites, fut amené par l'habileté d'Ibn Ghamr (2) [P. 49] à sortir de lui-même de son refuge. On l'emprisonna, et il commença par payer 50,000 dinars ; mais comme on lui en demandait davantage, on ne le rendit pas à la liberté, et il mourut de maladie le 27 redjeb de la dite année ; le convoi funèbre sortit de la prison et on prononça les dernières prières ; mais la peur fut cause qu'une dizaine de personnes seulement assistèrent à l'inhumation.

En 710 (30 mai 1310), mourut à Tunis le juriste et mufti Aboù 'Ali 'Omar ben Moh'ammed ben 'Omar ben 'Olwân Hodhali.

Le 24 de la dite année (3), mourut le grand cheykh de Tunis, Es-Sîd el-Mok'ri Aboù 'l-'Abbâs Ah'med ben Moûsa Ançâri Bat'erni.

En çafar 711 (mai-juin 1311), les Hawwâra tuèrent le premier ministre Aboù Moh'ammed 'Abd Allâh ben 'Abd el-H'ak'k' ben Soleymân.

---

(1) Les mots *Aboù Yah'ya* figurent dans A B C, mais non dans D.

(2) A B C D lisent Ibn 'Omar, mais la correction *Ibn Ghamr* n'est pas douteuse (voir p. 87, n.).

(3) A B C D s'expriment tous de la même manière.

Le jeudi 9 djomâda I de la dite année, le cheykh Aboû 'Abd Allâh [Moh'ammed ben Moh'ammed] Mezdoûri arriva à Tunis en compagnie des Arabes et en qualité de lieutenant de l'émir Aboû Yah'ya Zakariyyâ ben Ah'med ben Moh'ammed Lih'yâni. Celui-ci, revenu du Hedjâz en Ifrîk'iyya, y avait trouvé tout en désordre et le pays livré aux Arabes, ce qui lui avait inspiré l'idée de s'emparer du pouvoir, de sorte qu'il s'était fait proclamer à Tripoli. Constantine était au pouvoir d'[Aboû Yah'ya] Aboû Bekr, à qui les troubles de l'Ifrîk'iyya avaient permis de s'y faire reconnaître. En apprenant cette dernière usurpation, le sultan Khâlid expédia contre Constantine des troupes commandées par son affranchi Z'âfer connu sous le nom d'El-Kebîr, qui s'arrêta quelque temps à Bâdja (1). Mais alors le prince de Constantine, informé de l'arrivée et de l'intronisation à Tripoli d'Ibn el-Lih'yâni, dépêcha à celui-ci son chambellan Aboû 'Abd er-Rah'mân ben Ghamr pour lui porter des cadeaux et lui promettre ce qu'il pourrait comme secours en provisions et en troupes. La nouvelle de la démarche d'Ibn Ghamr, qui (feignait de) fuir son souverain, fut cause qu'[Abd er-Rah'mân] ben el-Khalloûf, gouverneur de Bougie, envoya aussi à Aboû Yah'ya ben el-Lih'yâni des messagers porteurs de présents et chargés de promettre des secours contre l'engagement de ce dernier de le maintenir en place. Ibn el-Lih'yâni s'y engagea, mais ces incidents confirmèrent ses résolutions et affermirent

---

(1) *Berbères* (II, 433 et 438).

dans son dessein (1). Les chefs des Ko'oùb, Awlâd Aboù 'l-Leyl et autres, vinrent en masse le reconnaître et l'encourager à marcher sur la capitale. Il suivit ce conseil et envoya en avant-garde les Awlâd Aboù 'l-Leyl et son premier ministre, le cheykh Aboù 'Abd Allâh Moh'ammed Mezdoùri. A l'arrivée de cette troupe à Tunis éclatèrent dans la ville des troubles où fut tué le premier ministre Aboù Zakariyyâ H'afçi ; le peuple se précipita au devant d'El-Mezdoùri et lui remit la ville après l'abdication, certifiée par témoins, d'Aboù 'l-Bak'â Khâlid. Celle-ci fut le résultat de l'entretien qu'eut ce prince avec le grand k'âd'i de Tunis, Ibn 'Abd er-Refî', qui lui représenta que, s'il ne pouvait combattre, il pouvait en abdiquant sauver sa tête. [P. 50] En effet, Khâlid souffrait alors d'une maladie qui ne lui permettait pas de monter à cheval. Cependant il avait encore, on le sait, des troupes campées à Bâdja et commandées par Z'âfer el-Kebîr, à qui il envoya l'ordre de revenir ; mais ce chef eut, pendant qu'il opérait ce mouvement, à combattre les Awlâd Aboù 'l-Leyl, qui s'emparèrent du camp aussi bien que de Z'âfer et des principaux chefs. Ils les emprisonnèrent quelque

---

(1) Le texte est altéré dans A B C D; de leur combinaison et des renseignements fournis par les *Berbères* (II, 437 et 439; texte, I, 494 et 496, résulte, je crois, la lecture suivante, d'après laquelle la traduction est rédigée :

... شأنه ولي الحق (الحق A C) به الحاجب ابن عمر (عمر A B C)
ورأى الفرار من (وورا القرار من A) ؛ وغاية بالقرار على B) سلطانه
وسمع بذلك (وكذلك A ؛ سمع نذلسك C) ابن المخلوق
بجاية · فراسله بهدية وطلب منه ان يقره على ملكه و انه مظاهره
فاعطاه القرار على سلطانه · (correction marginale de B; manque dans A C)
فا حكم ذاسك (و احكم B) ملحدة لامير ابن يحي (ابو يحي B)

temps, puis Z'âfer obtint sa mise en liberté et alla prendre du service à Constantine auprès du sultan Aboû Bekr. Celui-ci fit comme son frère : il lui accorda son amitié, fit de lui son lieutenant et le nomma gouverneur de sa capitale, situation que Z'âfer ne quitta que pour se rendre à Bougie.

Le règne de Khâlid à Tunis avait duré deux ans et treize jours ; il fut tué à Tunis en 711 (19 mai 1311) au dire d'Ibn el-Khat'îb dans la *Fârisiyya* ; mais d'après l'inscription que porte sa pierre tumulaire dans la *K'oubba* qui est plus bas que le Djâmi' el-Djellâz, sur la colline à l'est de la dite mosquée, il mourut en djomâda II 713 (sept.-oct. 1313).

Le vendredi, lendemain de l'entrée d'El-Mezdoûri dans la capitale, on fit la *khotba* sans y citer nominativement aucun imâm ; le prédicateur se borna à dire : « Grand Dieu, accorde ta satisfaction à celui qui veille aux affaires de tes serviteurs et qui répare les brèches visibles de ton territoire », et autres invocations analogues.

Le dimanche 2 redjeb 711, eut lieu au camp *(menzel)* de Moh'ammediyya l'intronisation publique d'Aboû Yah'ya Zakariyyâ ben Aboû 'l-'Abbâs Ah'med ben Aboû 'Abd Allâh Moh'ammed Lih'yâni ben Aboû Moh'ammed 'Abd el-Wâh'id, né en 651 d'une esclave concubine d'origine chrétienne et nommée Moh'rim. Son autorité fut de la sorte reconnue à Tunis. Il était versé dans la science et la littérature, ce qui explique sa familiarité avec les savants. A ses débuts, l'exercice du pouvoir avait pour lui très peu d'attrait (1) : il aurait préféré ne jouer qu'un rôle se-

---

(1) B D كثير التمتع ; A C كثير التمتع.

condaire sous un prince qui aurait écouté ses avis et qui, faisant de lui son principal conseiller, aurait suivi une sage politique. En conséquence de ces dispositions, il réforma les décisions de ses prédécesseurs : il opéra la reprise des territoires qui avaient été concédés, disant que n'est pas valable le don d'une chose dont le donateur ignore la valeur; puis, à la suite de la revue qu'il fit de ses troupes, il en raya tous ceux dont l'origine dans les tribus n'était pas bien établie. Administrateur consciencieux, il livra au jugement du k'âd'i Aboû Ish'âk' ben 'Abd er-Refi' son propre fils, qui était accusé de meurtre. Ce fut la cause d'une dure épreuve pour ce k'âd'i, car il trouva l'accusé coupable et prononça une sentence de mort contre le fils du khalife, qui obtint cependant son pardon de celui qui le poursuivait. Longtemps après, [P. 51] le condamné étant monté sur le trône fit enfermer le k'âd'i à Mehdiyya dans une citerne pendant plus de deux ans. « J'ai à supporter, » disait le malheureux, « autant d'années de prison que j'en ai infligé de jours au vertueux cheykh Aboû 'Ali K'arawi. » En effet, ce dernier ayant refusé de dire la prière du vendredi (1) dans le Djâmi' Zîtoûna, dont le toit s'était écroulé en partie, le k'âd'i regarda cet accident comme résultant du fait de K'arawi, de sorte qu'il le condamna à la prison.

Au commencement de son règne à Tunis, Aboû Yah'ya Zakariyyâ conféra la charge de secrétaire et l'usage du grand sceau au juriste Aboû 'Abd Allâh Moh'ammed ben Ibrâhim et-Tidjâni (2), tout en lais-

---

(1) A C جمعة, B الجمعة, D جمعة.

(2) Il s'agit de l'auteur de la relation traduite par Rousseau et publiée dans le *Journal asiatique*, 1852 et 1853.

sant à Ibn el-Khabbâz l'usage du petit sceau ; mais celui-ci, à la mort du titulaire, fut remis également à Tidjâni, le 1ᵉʳ moh'arrem 717 (15 mars 1317). Il renvoya le chambellan Aboû 'Abd er-Rah'mân ben Ghamr à celui qui le lui avait député, c'est-à-dire à Aboû Bekr, price de Constantine, après avoir conclu avec lui une trêve pour laquelle Ibn Ghamr donna les garanties nécessaires. Cet envoyé retourna à Bougie auprès de son maître, et y reprit ses anciennes fonctions (1).

En 712 (8 mai 1312), mourut le juriste Aboû Yah'ya Aboû Bekr ben Aboû 'l-K'âsim ben Djemâ'a Hawwâri.

En 716 (25 mars 1316), le sultan donna l'ordre de faire des portes de bois et de placer des poutres transversales au *beyt* du Djâmi' Zitoûna ; elles y furent placées, telles qu'on les voit encore maintenant, en ramad'ân de la dite année, et la date en fut inscrite sur le jambage (? في قبجة) du *Bâb el-Bohoûr*.

La même année vit naître le savant cheykh et imâm Aboû 'Abd Allâh Moh'ammed ben 'Arafa Warghemi.

En présence du trouble qui régnait et des insurrections des Arabes, Aboû Yah'ya Zakariyyâ songea à abdiquer. Il s'attendait à voir arriver à Tunis même le sultan Aboû Bekr, dont les hautes qualités lui frappaient les yeux, et il se mit à réunir ses richesses et à vendre toutes les choses précieuses que renfermait la K'açba ; les livres même qu'avait réunis l'émir Aboû Zakariyyâ l'ancien et qui étaient ou des originaux ou des divans soigneusement choisis

---

(1) Cf. *Berbères*, (II, 437 et 440).

furent livrés aux libraires pour être vendus dans leurs boutiques. On prétend qu'il réunit ainsi plus de vingt quintaux d'or et deux sacs de grosses perles et de gros rubis. L'ordre de départ pour Gabès fut ensuite donné au commencement de 717 (15 mars 1317); mais il avait laissé des troupes pour protéger Tunis : mille cavaliers commandés par le k'â'id de la ville étaient répartis en trois groupes, l'un sur l'éperon (اَنْف) de la colline au sud de Tunis, l'autre à El-Ma'âwîn et le troisième [P. 52] sur la route de Bâdja. Lui-même avec environ un millier de cavaliers quitta Tunis après y avoir laissé Aboû 'l-H'asan ben Wânoûdîn et se rendit à Gabès, où il s'installa. En outre, dit-on, de vingt-quatre (sic) quintaux d'or, il y avait emmené ses femmes et tous ses enfants, sauf Moh'ammed, qu'il laissa dans la prison où il était enfermé.

Quand il eut quitté Tunis, le sultan Aboû Bekr sortit de Constantine en djomâda II 717 (1) et marcha sur cette capitale ; en route il reçut des députations d'Arabes, et trouva Bâdja sans défenseurs, car la garnison s'était repliée sur Tunis. Les lieutenants d'Aboû Yah'ya Zakariyyâ, qui avaient informé ce dernier de la marche d'Aboû Bekr, avaient reçu cette réponse : « Vous avez l'argent et les troupes ; je ratifie tout ce que vous ferez. » Or, ils trouvèrent que depuis son départ les rentrées avaient été de 150,000 dinars et qu'ils pouvaient disposer de 700 cavaliers. On tira de sa prison Moh'ammed, fils du sultan, on laissa Tunis à la garde d'Aboû 'l-H'asan ben Wânoûdîn, et le reste se dirigea sur K'ayrawân avec le

---

(1) M. de Slane (*Berbères*, II, 448) dit « dans le mois de djomâda [premier] 717 ».

fils du sultan Ibn el-Lih'yâni, Moh'ammed dit Aboû D'arba, qui était sans armes et monté sur une mule. Tous les cheykhs étaient avec lui, sauf toutefois Mawlâhem ben 'Omar ben Aboû 'l-Leyl, qui se rallia au sultan Aboû Bekr, parce qu'il était jaloux de la préférence accordée par le sultan Aboû Yah'ya Zakariyyâ à son frère H'amza. Il rejoignit Aboû Bekr un peu en deçà de Bâdja, et sur ses conseils ce prince marcha sur Tunis et vint camper dans les Parcs des Sindjars en cha'bân 717 (oct.-nov. 1317).

Moh'ammed Aboû D'arba et ses partisans avaient quitté Tunis quand ils furent rejoints par H'amza ben 'Omar ben Aboû 'l-Leyl, qui leur demanda où ils allaient : « D'abord à K'ayrawân, » répondit-on, « et de là nous informerons le sultan, qui est à Gabès, de la prise de Tunis par le prince de Constantine. — Le voilà, votre sultan ! » dit H'amza en désignant Aboû D'arba, puis il descendit de cheval et lui prêta serment de fidélité ; tout le monde en fit autant, et Almohades et Arabes le reconnurent unanimement, à la mi-cha'bân 717. Tout ce monde rebroussa chemin vers Tunis, et 'Omar écrivit de sa propre main à son frère Mawlâhem qu'il eût à se retirer avec son sultan. Mawlâhem en effet fit quitter à Aboû Bekr les Parcs des Sindjars, où ils avaient passé sept jours dans des réjouissances, et ce prince retourna à Constantine, tandis que Mawlâhem le quittait en arrivant aux limites de son pays.

H'amza aussi bien qu'Ibn el-Lih'yâni étaient en dehors de Tunis. Mais dans la *khotba* on associait les deux noms du père et du fils : après avoir prononcé le nom d'Aboû Yah'ya Zakariyyâ, le prédicateur ajoutait : « Sois aussi, grand Dieu ! satisfait de leur rejeton, du produit [P. 53] de cette noble race, El-Mostançir billâh, le Prince des Croyants Aboû 'Abd Allâh Moh'ammed. » A la mi-cha'bân de la dite année eut lieu à Tunis, sous le surnom d'El-Mostançir, l'intronisation d'Aboû 'Abd Allâh Moh'ammed, fils d'Aboû Yah'ya Zakariyyâ, fils du cheykh Aboû 'l-'Abbâs Ah'med, fils du cheykh Aboû 'Abd Allâh Moh'ammed Lih'yâni, fils du cheykh Aboû Moh'ammed 'Abd el-Wâh'id, fils du cheykh Aboû H'afç.

Quand son père Aboû Yah'ya Zakariyyâ apprit les événements qui se déroulaient à Tunis et la [seconde] défaite infligée à son fils par le sultan Aboû Bekr de Constantine, la gravité de la situation lui fit quitter Gabès, où il habitait, pour se réfugier à Tripoli avec ce qui lui restait de troupes et cinquante archers espagnols qui étaient montés. Il s'installa dans cette ville, où il se fit élever pour y tenir audience une construction nommée Et-T'ârima, dans laquelle on employa les carreaux de faïence vernis (1) et le marbre. Il fit prélever l'impôt (2), puis envoya son armée au secours de son fils, et avec elle son chambellan Aboû Zakariyyâ ben Ya'k'oûb et son vizir Ibn Yâsin, porteurs de sommes d'argent qui leur servirent à recruter des Arabes. Malgré l'adjonction de ces forces, Aboû D'arba, qui était à K'ayrawân, ne put résister à une nouvelle attaque du sultan Aboû Bekr : il dut fuir et se réfugier dans Mehdiyya, où il se

---

(1) A بازيبج , B بالجلزي , C بالثريج , D بالجليز ; je lis بالزليج .

(2) A واجبا , B C وجبا , D واحيا ; la leçon de B C est adoptée dans la traduction, de même que dans les *Berbères* (II. 451).

fortifia ; quant au chambellan, il s'enfuit avec une partie des vaincus jusqu'à Tripoli auprès d'Aboû Yah'ya Zakariyyâ. Ce prince fit alors demander aux chrétiens six bâtiments, qui lui furent accordés, et sur lesquels il s'embarqua avec ses femmes, ses enfants, sa fortune et son chambellan Aboû Zakariyyâ ben Ya'k'oûb, en laissant pour défendre Tripoli son allié et parent Aboû 'Abd Allâh Moh'ammed ben Aboû Bekr ben Aboû Amrân. Celui-ci y resta jusqu'à ce que, répondant à l'appel des Ko'oûb, il fut placé à leur tête et tenta avec eux plusieurs incursions contre le sultan Aboû Bekr, ainsi qu'il sera dit plus loin. Quant à Aboû [Yah'ya] Zakariyyâ, il cingla sur Alexandrie, où il débarqua dans les états de Moh'ammed ben K'alâoûn, qui le fit venir dans sa capitale et qui, après l'avoir reçu en grande pompe, lui accorda une forte pension et des fiefs considérables. Ce prince, toujours traité de même jusqu'à sa mort, survenue en 728 (16 nov. 1327), avait régné à Tunis six ans et quatre mois.

Quand l'émir Aboû 'Abd Allâh Moh'ammed (1) Aboû D'arbâ devint maître de Tunis, il put décider la population à élever des murailles d'enceinte autour des faubourgs, et ce travail fut commencé. Ensuite H'amza ben 'Omar ben Aboû 'l-Leyl lui réclama de quoi équiper un millier de cavaliers à raison de trente dinars par homme sans parler d'autres demandes, si bien qu'il le dépouilla entièrement.

En çafar 718 (2), le sultan Aboû Bekr leva des troupes [P. 54] avec lesquelles il marcha contre Tu-

---

(1) A, Moh'ammed Aboû D'arba ; B D, Moh'ammed ben Aboû D'arba; C, Moh'ammed ben D'Arba.

(2) D seul lit, à tort, 728.

nis après avoir nommé chambellan Aboû 'Abd Allâh Moh'ammed ben el-K'âloûn et vice-chambellan, Aboû 'l-H'asan ben 'Omar. Arrivé à Laribus, il fut rejoint par une troupe de Hawwâra, dont le chef Soleymân ben Djâmi' lui apprit qu'Aboû D'arba avait quitté Bâdja et fuyait le combat (1). Cette nouvelle fit avancer Aboû Bekr à marches forcées ; il fut rejoint par Mawlôhem ben 'Omar ben Aboû 'l-Leyl, qui vint de nouveau faire sa soumission, puis continua la poursuite d'Aboû D'arba. Les fonctionnaires et les cheykhs [de K'ayrawân] étant alors venus lui prêter serment de fidélité (2), il renonça à poursuivre son ennemi et reprit le chemin de Tunis. Moh'ammed ben el-Fellâk', à qui [Aboû D'arba] avait confié la défense de cette ville, fit sortir ses archers dans la plaine (3), et y livra un combat qui dura une heure ; la ville fut alors emportée d'assaut, et tous les faubourgs furent livrés au pillage. Cet événement eut lieu le jeudi 7 rebî' II 718 ; le sultan y fit son entrée le lendemain vendredi et se fit de nouveau prêter serment de fidélité. Aboû D'arba avait régné à Tunis neuf mois et demi.

Celui qui l'y remplaça fut le Prince des Croyants

---

(1) B C D disent au contraire عازما على اللقاء « pour marcher contre lui ». A lit تحازما من اللقاء qui est probablement la bonne leçon, d'autant plus qu'elle est d'accord avec ce que dit Ibn Khaldoûn اجفل من باجة بعد ان نزلها معتزما على اللقاء (texte, I, 501, ad f.).
— Nos dictionnaires ne donnent pas la 6ᵉ forme de حزم.

(2) B a été l'objet d'un grattage et d'une correction marginale donnant ce sens : « ... les cheykhs étant venus le trouver, le prièrent de s'en retourner ; après avoir d'abord refusé, il renonça, etc. »

(3) Au lieu de ساحته de D, lisez avec A B C et Ibn Khaldoûn ساحتها.

El-Motewakkel-'ala'llâh Aboû Bekr, fils de l'émir Aboû Zakariyyâ Yah'ya, fils du sultan Aboû Ish'âk' Ibrâhim, fils de l'émir Aboû Zakariyyâ Yah'ya ben Aboû Moh'ammed 'Abd el-Wâh'id ben Aboû H'afç ; il avait pour mère une chrétienne du nom de Amlah' en-Nâs, et était né à Constantine en cha'bân 692.

Le lundi 18 rebi' II 718 fut nommé k'âd'i à Tunis le cheykh, juriste et imâm Aboû 'Abd Allâh Moh'ammed ben el-Ghammâz ; le sultan lui ayant fait offrir ces fonctions : « Combien donc, » dit-il, « a-t-il appelé de gens qui ont refusé ? »

En ramad'ân 729 (juillet 1329), mourut le vertueux et savant cheykh et mufti, imâm et prédicateur du Djâmi' Zitoûna, Aboû Moûsa Hâroûn H'imyari (1). Au cours de sa maladie, il se fit suppléer comme khat'ib par le cheykh Ibn 'Abd es-Selâm ; mais le grand k'âd'i Ibn 'Abd er-Refi' l'ayant appris, destitua ce dernier et le remplaça par Aboû 'Abd Allâh Moh'ammed ben Moh'ammed ben 'Abd es-Settâr. Ibn 'Abd es-Selâm ayant demandé s'il était indigne de ce poste : « Non, » dit le grand k'âd'i, « mais les Tunisiens ne nomment à la grande mosquée que leurs compatriotes. » Mais après la mort d'Aboû Moûsa, Ibn 'Abd es-Selâm resta maître de la situation, le temps passa et il devint k'âd'i à Tunis, tandis qu'Ibn 'Abd es-Settâr continua de rester prédicateur [P. 55] jusqu'à sa mort, arrivée en 749 (1er avril 1348) ; il était professeur à la medresat El-Ma'-

---

(1) A B C le font mourir en 726 ; il faut probablement lire avec B Djedmiwi, nom qui paraît être aussi écrit, bien qu'incorrectement, dans A C. C'est vraisemblablement l'imâm du Djâmi' Zitoûna nommé Hâroûn ben Moûsa Toûnesi par le *Bostân* (Cat. d'Alger, n° 1737, f°, fol. 147), qui place sa mort en 724, de même qu'Ah'med Baba (ms. 1738 du Cat. d'Alger, fol. 137).

rad' (1), et l'on dit qu'Ibn 'Abd es-Selâm avait été son élève. [Ibn 'Abd es-Settâr] était imbu de la crainte de Dieu et était d'une grande simplicité : après avoir dit le vendredi la *khotba* avec les vêtements qu'il portait pour la prière, il revêtait le lendemain une grossière tunique *(djobba),* plaçait des ordures sur le dos de son âne et le poussait devant lui jusqu'au jardin dont il vivait et qu'il cultivait de ses mains. Il s'adonna à l'agriculture à la suite d'un rêve qu'il fit pendant qu'il se rendait en pèlerinage à la Mekke : le jour du jugement dernier était arrivé et comme on appelait tous les hommes à la porte du paradis : « J'arrivai, dit-il, avec d'autres qui purent entrer tandis qu'on me repoussa : Tu ne fais pas partie, me fut-il dit, de ce groupe. — Et qui le compose ? — Ce sont les agriculteurs. » Je fis alors le serment, continuait-il, de me faire agriculteur dès mon retour dans ma patrie ».

En cha'bân 727, mourut à Tunis le chambellan Moh'ammed ben 'Abd el-'Azîz, connu sous le nom de Mizwâr (2). Le sultan appela alors de Bougie Moh'ammed ben [Aboû] 'l-H'oseyn ben Seyyid en-Nâs, qui arriva dans la capitale en moh'arrem 728 (16 nov. 1327) et qui fut promu chambellan. Le sultan Aboû Bekr, ayant dû se réfugier à Bougie à la suite de la défaite qu'il avait subie (3), résolut d'envoyer une ambassade au prince [mérinide] du Maghreb Aboû Sa'îd pour lui montrer les dangers de la puissance des descendants de Yaghmorâsen ben

---

(1) A, Medresat ech-Chemmâ'în ; D, Medresat el-Mofrid'.
(2) Voir *Berbères*, II, 466.
(3) A Er-Riyâs, du côté de Mermâdjenna (*Berbères*, II, 471). C'est à ce dernier ouvrage qu'il faut se reporter pour comprendre la suite des événements.

Zeyyân, et il désigna pour cette mission, d'après le conseil de son vizir Moh'ammed ben el-H'oseyn, son fils l'émir Aboû Zakariyyâ. Celui-ci s'embarqua avec le cheykh Ibn Tâferâdjîn, et les lettres qu'il remit de la part de son père à Aboû Sa'îd décidèrent aussitôt celui-ci à se porter avec son fils Aboû 'l-H'asan au secours d'Aboû Bekr. Le jour même de l'arrivée d'Aboû Zakariyyâ auprès d'Aboû Sa'îd, celui-ci lui dit : « Je le jure, nous apprécions fort tes intentions et ta venue ; pour vous aider, j'en atteste le ciel, je prodiguerai mon or, mes troupes et mes propres efforts ; j'irai à la tête de mon armée assiéger Tlemcen, mais à la condition que ton père soit à côté de moi. » La députation enchantée souscrivit à cette condition et se retira. En conséquence, Aboû Sa'îd se mit en marche contre Tlemcen en 730 (25 oct. 1329), et il était arrivé à la Moloûya quand il apprit positivement qu'en redjeb de la dite année le sultan Aboû Bekr avait reconquis Tunis, en avait expulsé les Zenâta et leur prince, et s'y était pour la sixième fois fait renouveler le serment de fidélité, tout cela à la suite d'événements trop longs à raconter. Alors Aboû Sa'îd renvoya au prince Hafçide Aboû Zakariyyâ et le vizir Ibn Tâferâdjîn après les avoir comblés de précieux cadeaux. Les envoyés se rembarquèrent à Ghassâsa en compagnie d'Ibrâhîm ben H'âtem [P. 56] Maghrebi (2) et du k'âd'i Aboû 'Abd Allâh ben 'Abd er-Rezzâk', députés par le prince Mérinide pour adresser une demande en mariage, tandis qu'Aboû Sa'îd regagnait sa capitale. La de-

---

(1) A نجاسة, B C غاسة, D ساغاسة ; sur la lecture غساسة voir la Table géographique des *Berbères*.

(2) D'après les *Berbères* (ii, 473), Ibrâhîm ben Aboû H'âtem 'Azefi.

mande de la main de Fât'ima [fille d'Aboû Bekr] pour l'émir Aboû 'l-H'asan fut agréée, et l'ambassadeur se rembarqua avec elle et des cheykhs almohades ; cette flotte arriva à Ghassâsa au moment de la mort du sultan Aboû Sa'îd. La succession de celui-ci échut à Aboû 'l-H'asan, qui reçut sa fiancée et célébra le mariage. Désireux de tirer vengeance des ennemis de son beau-père, ce prince marcha contre Tlemcen en 738 *(sic)* ; mais la nouvelle que son frère Aboû 'Ali, gouverneur de Sedjelmessè, s'était soustrait à son autorité, le força à marcher contre ce prince, qu'il assiégea et fit prisonnier, après quoi il rentra dans la capitale.

Le 5 moh'arrem 731, mourut le k'âd'i Aboû 'Ali 'Omar ben Moh'ammed ben Ibrâhim ben 'Abd es-Seyyid Hâchemi, qui était préposé aux mariages. Entre lui et le grand k'âd'i Ibn 'Abd er-Refi régnait une animosité provenant de compétition pour le premier rang et aggravée par des discussions sur leurs mérites respectifs à la situation de k'âd'i, si bien que cela était devenu de l'hostilité. Aboû 'Ali, consulté sur la légalité d'un mariage contracté entre tributaires et attesté par des musulmans, se prononça pour l'affirmative, tandis que le grand k'âd'i, qui l'apprit, décida la négative ; mais Aboû 'Ali envoya aux témoins instrumentaires de Tunis l'ordre de donner leur attestation dans les cas de ce genre, en même temps qu'il rédigeait un traité concernant la validité des jugements à prononcer entre tributaires et des attestations à fournir contre eux, ainsi que de leur mariage, sous le titre *Idrâk eç-çawâb fi ankih'at ahl el-kitâb.* De son côté le grand k'âd'i rédigea un traité pour soutenir son opinion. Ibn 'Arafa raconte avoir dit un jour à Ibn 'Abd es-Selâm, qui a rapporté ces faits : « Et quelle est ton opinion ? — Je tiens pour la négative, car [les tributaires] n'observent pas [la loi musulmane] dans leurs mariages. » — « Pour moi, disait Ibn 'Arafa, je tiens la chose pour permise, car nous ne les poursuivons pas à raison de faits permis par la loi et nous ne sommes pas lésés par leurs manières d'agir différentes. » Tel est le récit que fait Es-Selâwi.

En 732 (4 oct. 1331), l'émir 'Abd el-Wâh'id, fils du sultan Aboû Yah'ya Zakariyyà ben el-Lih'yâni et frère d'Aboû D'arba, entra à Tunis et s'en empara, avec l'aide des Debbâb et d'Ibn Mekki. Il était revenu d'Orient après la mort de son père, et son nom ayant commencé à se répandre chez les diverses populations, H'amza ben 'Omar profita de la circonstance que les troupes d'Ifrîkiyya étaient occupées contre Bougie pour appeler ce prince et lui prêter serment de fidélité ; puis il l'emmena à Tunis, où 'Abd el-Wâh'id s'installa avec son chambellan ['Abd el-Melik] ben Mekki. Mais cette nouvelle parvint au sultan, qui était alors près de Mesîla et qui venait de détruire le fort des Benoû 'Abd el-Wâh'id élevé contre [P. 57] Bougie ; il retourna vers la capitale en se faisant précéder d'une avant-garde composée de guerriers choisis et commandée par l'un de ses intimes, Moh'ammed Bat'erni (1). Ibn Lih'yâni et les siens s'empressèrent de quitter Tunis quinze jours après s'y être installés, et Bat'erni y fit son entrée, suivi bientôt par le sultan, qui arriva pen-

---

(1) Cette lecture est celle d'A B C D ; dans Ibn Khaldoûn (ii, 476 ; et. iii, 409), Bot'oui البطوى.

dant les fêtes de la Rupture du jeûne de 732, et à qui l'on prêta pour la septième fois le serment de fidélité. Ainsi qu'on l'a dit :

[T'awîl] L'endroit où elle jette son bâton marque sa demeure, de même que le voyageur, à son retour s'installe auprès d'une source (1).

Le jeudi 13 reb'I 733, on se saisit à Tunis de Moh'ammed ben Aboù 'l-H'oseyn ben Seyyid en-Nâs, qui fut mis à mort, après quoi son cadavre fut crucifié et livré au feu ; mais de ses richesses rien ne fut mis au jour. On dit qu'il dut cette fin à des imprudences de langage transformées par le soupçon en trahison. Ce fut Moh'ammed ben el-H'akim qui présida à son supplice (2). D'après Ibn el-Khat'îb, le feu respecta complètement sa main droite, qui fut à plusieurs reprises rejetée dans le brasier, mais toujours sans succès ; c'est un fait absolument authentique, que l'on explique ou par les aumônes qu'elle avait répandues ou par ce qu'elle avait écrit de choses conciliant la faveur divine. Il fut remplacé dans ses fonctions de chambellan par le secrétaire Aboù 'l-K'âsim ben 'Abd el-'Azîz Ghassâni.

En ramad'ân 733 (mai-juin 1333), mourut le savant cheykh et juriste Aboù Ish'âk' ben 'Abd er-Refi, grand k'âd'i de Tunis et appartenant à une des bonnes familles de cette ville. Il fut enterré dans un édifice qu'il avait destiné à cet usage, près de la grande mosquée du palais supérieur, et en face duquel il avait installé une école à l'usage des enfants. Né en reb' I 637, il vécut 95 ans, dont il passa trente comme k'âd'i soit à Teboursouk soit à Gabès ; il fut

---

(1) La mesure exige la lecture فالقت qui est celle d'A B C.
(2) *Berbères*, II, 478 et 480.

ensuite promu en la même qualité à Tunis ; il occupa cette charge à cinq reprises, la première fois en djomâda I 699. Il était versé dans les contrats et les jugements, rendait des décisions pénétrantes, ne se laissait pas influencer par les princes, était sévère et d'une réputation intacte. Parmi ses ouvrages figurent le *Mouſid el-h'okkâm*, le *Er-Redd 'ala' 'l-motanaççer* (1), l'*Ikhtiçâr adjwibat Ibn Rochd*, les *Réponses* à des questions colligées par le k'âd'i Aboû Bekr T'ort'ouchi. Celui qui lui succéda comme grand k'âd'i fut son suppléant, le juriste Aboû 'Ali 'Omar ben K'addâh' Hawwâri, muſti bien au courant des décisions du rite malékite et versé dans la science des *oçoûl*. Il avait été deux fois k'âd'i des mariages [P. 58] à Tunis et avait professé à la Chemmâ'iyya. Il ne resta pas en charge longtemps, car il mourut en 734 (11 sept. 1333). « Je tiens d'un homme sûr, raconte Ibn 'Arafa, qu'après la mort à Tunis du k'âd'i Ibn K'addâh', on s'entretint dans l'entourage du sultan Aboû Yah'ya de cette charge de k'âd'i, et quelqu'un prononça le nom du cheykh Ibn 'Abd es-Selâm ; mais l'un des grands objectant que sa raideur le leur rendrait insupportable, on convint de le mettre à l'épreuve. On aposta pour le sonder un Almohade de ses voisins nommé Ibn Ibrâhîm : « Ces gens, lui dit-il, s'opposent à ta nomination parce que tes décisions sont trop sévères. — Je sais, répondit le savant, qu'il y a des coutumes et je les appliquerai » (2). Ce fut ainsi que, nommé en 734, il resta en place

---

(1) C lit البصر .

(2) انا اعرف العوائد وامشيها pourrait signifier aussi « je sais qu'il est d'usage de faire certains dons, et je m'y conformerai ».

jusqu'à ce qu'il mourut en 749, ainsi qu'il sera dit. Le cheykh Berzeli, après avoir rapporté cette anecdote dans son livre, dit que ce savant ne parla peut-être ainsi que par la crainte de voir nommer quelqu'un qui aurait pu ne pas convenir pour l'une ou l'autre raison, et que sa réponse écarta ce péril.

Ibn 'Abd es-Selâm était une tête de colonne de la science et parvint au degré de respect dont il était digne. Il a commenté Ibn el-H'âdjib dans un traité célèbre en comparaison duquel tout autre commentaire joue le rôle du sourcil par rapport à l'œil (1). Il était à la fois k'âd'i, prédicateur, professeur et mufti. Il enseignait à la Chemmâ'iyya, et la sœur du sultan Aboù Yah'ya ayant construit le collège 'Onk' el-Djemel obtint de son frère l'autorisation pour le grand k'âd'i Ibn 'Abd es-Selâm de professer dans cet établissement, de sorte que la semaine le savant se partageait entre les deux collèges. Mais ensuite la princesse alléguant la négligence (du savant), le remplaça par le juriste Aboù 'Abd Allâh Moh'ammed ben Selâma.

En 735 (31 août 1334), on acheva la construction de la tour neuve à Râs et-T'âbiya ; elle coûta 50,000 dinars dont une partie provenant du trésor public (mâl el-'omoûm).

La même année, le sultan Aboù Yah'ya Aboù Bekr marcha contre Gafça, dont s'était rendu maître un des grands de cette ville, Yah'ya ben Moh'ammed ben 'Ali ben 'Abd el-Djelil ben El-'âbid Cheridi. Le sultan, après l'avoir inutilement assiégée plusieurs jours, bien qu'il se servît de mangonneaux, com-

(1) Jeu de mots sur le nom du savant, *h'âdjib* signifiant aussi *sourcil*.

mença à couper les palmiers et à arracher les arbres des environs, ce qui força la ville à se rendre ; elle obtint d'ailleurs quartier (1). En reb' II de cette année, Ibn 'Abd el-Djelîl se rendit auprès du sultan, qui le fit mener [P. 59] à Tunis et l'y installa, lui et d'autres chefs des Benoû 'l-'Abid. Le reste se réfugia auprès d'Ibn Mekki à Gabès. Les habitants de la ville se soumirent au sultan, qui se montra très indulgent pour eux et leur fit la faveur de les confier au gouvernement de son fils Aboû 'l-'Abbâs Ah'med, à qui il les recommanda, et qu'il nomma également gouverneur de Constantine et de son territoire, en lui donnant pour chambellan Aboû 'l-K'âsim ben 'Ottoû (2), l'un des cheykhs almohades. Lui-même regagna ensuite sa capitale, où il rentra en ramad'ân de la même année.

Ensuite il donna le gouvernement de Sousse et du littoral, avec résidence en cette ville, à ses deux fils Aboû Fâris 'Azzoûz et Aboû 'l-Bak'â Khâlid, en leur assignant comme chambellan Moh'ammed ben T'âhir. Mais celui-ci mourut bientôt, et le sultan rappela de Bougie Moh'ammed ben Farh'oûn, car il avait confiance en son fils [Aboû Zakariyyâ] et dans le choix qu'il pourrait faire d'un chambellan. Ed

---

(1) Le nom du personnage qui s'empara de Gafça est défiguré dans A B C, où il paraît être Kheyr ben Medyen ben 'Alî. — استبد بشوارها (traduit à la page préc., l. 5 ad f., par « dont s'était rendu maître ») est la leçon de B C D (A lit بامرها) et du passage correspondant dans l'éd. de Boulak d'Ibn Khaldoûn ; M. de Slane s'imprime dans son édition (I, 530, l. 5) بشورها ; cf. Supplément de Dozy, s. v. شوار ; Harîrî, p. 264.

(2) B seul lit 'Ottoû, comme Ibn Khaldoûn (III, 3) ; les autres écrivent 'Otboû, et ce nom revient plus loin, tantôt sous l'une de ces formes, tantôt sous l'autre.

735 il envoya donc Ibn Farh'oûn pour servir de chambellan aux deux princes, trop jeunes encore [pour n'être pas inexpérimentés]. Mais ce ministre fut ensuite rappelé par Aboû Zakariyyâ à Bougie.

Ces deux princes restèrent à Sousse jusqu'à la disgrâce dont le sultan frappa son général Moh'ammed ben el-H'akim (1). Il enleva alors le gouvernement de Mehdiyya à Moh'ammed ben ed-Dekdâk (2) qui y avait été nommé par son parent Ibn el-H'akim quand celui-ci l'avait reconquise sur Ibn 'Abd el-Ghaffâr, ainsi qu'il sera dit. L'ancien ministre, qui avait voulu s'en faire un lieu de retraite, y avait nommé son parent et y avait formé un dépôt d'armes et de vivres, mais ces précautions ne lui servirent de rien. Le sultan alors nomma son fils Aboû 'l-Bak'â Khâlid à Mehdiyya, et Aboû Fâris resta seul gouverneur de Sousse. On verra plus loin la suite de leur histoire.

Vers le milieu de 735 (1er sept. 1334), le sultan mérinide Aboû 'l-H'asan marcha de Fez contre Tlemcen pour venger son allié Aboû Yah'ya Aboû Bekr et punir Aboû Tâchefîn (3). Il conquit cette ville de vive force le 27 ramad'ân 737 ; dans la cour même du palais, Aboû Tâchefîn accompagné de ses fidèles lutta courageusement et vit tuer ses deux fils 'Othmân et Mas'oûd, son vizir Moûsa ben 'Ali et plusieurs de ses principaux compagnons ; criblé de blessures et incapable de combattre plus longtemps, il fut fait prisonnier, et comme on le condui-

---

(1) B D lisent, à tort, ben 'Abd el-H'akim.
(2) Ce nom est ainsi orthographié dans A B C D ; dans les *Berbères* (III, IV), ben er-Rekrâk, et dans l'éd. de Boulak dº, ben ez-Zekzâk.
(3) A B D Ibn Tâchefîn ; C Tâchefîn ; voir les *Berbères*, III, III.

sait au sultan, le fils de celui-ci, 'Abd er-Rah'mân ben Aboû 'l-H'asan, le rencontra et lui fit trancher la tête. Ibn Tâferâdjîn, qui était arrivé en qualité d'ambassadeur du sultan Aboû Yah'ya pour renouveler le traité, fut témoin de cette bataille et chargé par le sultan [P. 60] Aboû 'l-H'asan de porter à son maître le récit de cet heureux événement. Il rentra à Tunis dix-sept jours après la bataille et remplit de joie le cœur d'Aboû Yah'ya Aboû Bekr, qui se voyait vengé par cette victoire et par la mort de son ennemi. On dit que dans cet assaut de Tlemcen 80,000 morts, tant d'un parti que de l'autre, restèrent sur le terrain.

Le 20 djomâda II 736, mourut à Tunis le juriste et *h'âfiz'* Aboû 'Abd Allâh Moh'ammed ben 'Abd Allâh ben Râchid Bekri Gafçi, commentateur d'Ibn-el-H'âdjib. Il était originaire de Gafça et y fut élevé ; il y commença ses études, puis alla à Tunis suivre les leçons d'Ibn el-Ghammâz ; de là il se rendit en Orient, où il rencontra des maîtres distingués, tels que Nâçir ed-Dîn ben el-Mounîr Abyâri, Chihâb ed-Dîn K'arâfi, Tak'i ed-Dîn ben Dak'ik' el-'Id, Chems ed-Dîn Içfahâni, etc. ; il acquit ainsi de profondes connaissances dans les sciences de raisonnement, et accomplit aussi le pèlerinage ainsi que la visite aux lieux saints. A son retour d'Orient il devint k'âd'i à Gafça ; mais poursuivi par l'envie et en proie à des critiques méchantes, il subit maintes traverses, et devint k'âd'i dans l'île méridionale (1) ; ensuite il fut destitué et vécut dans l'obscurité. Le k'âd'i Aboû Ish'âk' ben 'Abd er-Refi' le pour-

---

(1) Ce nom revient encore plus loin ; je suppose qu'il désigne l'île de Djerba, mais je n'ai pas retrouvé cette dénomination ailleurs.

suivait de sa haine et ne le laissait percer nulle part, à tel point qu'il l'empêcha de faire des sermons moraux dans la grande mosquée du Palais supérieur, le menaçant, s'il y pénétrait, de lui casser les jambes. « Je voudrais, » disait Ibn Râchid, « avoir avec lui une séance de controverse pour montrer où est la vérité et faire voir lequel de nous deux en sait le plus ! » Parmi ses ouvrages on compte le *Talkhiç el-mah'çoûl*, la *Nokhbat er-râh'il fi charh' el-h'açil*, le *El-fâ'ik' fi 'l-ah'kâm wa'lwethâ'ik'*, en huit volumes, le *Ech-chihâb et-thâk'ib fi charh' Ibn el-h'âdjib*, en huit volumes, le *El-medheb fi d'abt' mesâ'il el-medheb*, en six volumes, la *Toh'fat el-lebib fi 'khtiçâr Ibn el-khat'ib*, en quatre volumes, les *El-medhâhib es-sonniyya fi 'ilm el-'arabiyya*, la *El-martabat el-'olyâ fi tefsir er-roûyâ*, etc..

« J'assistais, » raconte Ibn 'Arafa, « à ses funérailles, et le destin voulut que le juriste Ibn el-H'abbâb se trouvât dans le cimetière appuyé contre la muraille d'un cimetière voisin, de l'autre côté de laquelle s'appuyaient aussi le k'âd'i Ibn 'Abd es-Selâm et le mufti Ibn Hároûn. Ibn el-H'abbâb entama l'éloge d'Ibn Râchid et vanta ses mérites et sa science comme il convenait, puis ajouta : « Il suffit à son mérite d'avoir le premier commenté le *Djâmi' el-ommahât* [P. 61] d'Ibn el-H'âdjib ; mais ensuite ces voleurs, » — en désignant ceux à qui il tournait le dos, — « sont venus, et chacun d'eux, voulant à son tour faire un commentaire, a pillé le défunt sans qui ni l'un ni l'autre n'auraient su par où passer ni où aller. »

Le 29 djomâda II 737, mourut à Tunis le juriste et chroniqueur Aboû Moh'ammed 'Abd Allâh ben Moh'ammed ben Aboû 'l-K'âsim ben 'Ali ben 'Abd el-Berr Tenoûkhi, qui était imâm au Djâmi' Zitoûna et prédicateur à la grande mosquée de la K'açba. C'était un homme juste et de conduite droite, qui s'appliqua à l'histoire et aux récits : il résuma le *Supplément* de Sam'âni, condensa la chronique de Gharnât'i et rédigea, dans la manière de celles de T'abari, des annales qui sont très bien faites et qui, en six volumes, vont, année par année, de la mission de Mahomet jusqu'au temps où vivait l'auteur. Il se tenait pour lire *(riwâya)* les *Séances* de H'arîri dans la *douéra* du Djâmi' ez-Zitoûna. C'est de cet exemple que s'autorisa Ibn 'Arafa, ainsi qu'il le raconte dans son *Résumé juridique,* pour faire de même, d'autant plus que les *Séances* renferment plus d'un passage blâmable. Voici ce que raconte Aboû Moh'ammed 'Abd el-Wâh'id Gharyâni : « Quand le k'âd'i 'Îsa Ghobrini succéda à Ibn 'Arafa dans les fonctions d'imâm du Djâmi' ez-Zitoûna, il me demanda si je savais sur quoi reposait l'habitude de frapper le heurtoir (النّقّارة التي تهزّ) de la *douéra* de la mosquée pour annoncer le début *(ik'âma)* de la prière : « Mon père, lui dis-je, m'a dit tenir du dit 'Abd Allâh ben 'Abd el-Berr son maître que le plus souvent celui-ci, quand il venait à la mosquée, s'asseyait près d'une étable qui fait face à la porte des funérailles, et dès que le *moueddhin* l'y voyait il annonçait le début de la prière ; plus rarement, si par exemple il avait quelque livre à expliquer, il s'asseyait dans la *douéra,* de sorte qu'alors le *moueddhin* pouvait ignorer sa présence. C'est pourquoi tu vois les serviteurs attachés à la mosquée frapper le heurtoir pour annoncer la présence de l'imâm, mais cela ne se fait qu'exceptionnellement, et non régulièrement. » Il jugea mon explication bonne et pensa qu'il fallait supprimer cette pratique, ajoutant qu'il n'avait pas jusque là vu le moyen de le faire. Les choses restèrent en l'état jusqu'à sa mort, mais Aboû 'l-K'âsim Berzeli, qui lui succéda comme imâm de la mosquée, rétablit le [frappement du] heurtoir pour imiter la manière de faire de son maître Ibn 'Arafa. Depuis qu'il est mort, les imâms de notre temps ont les uns respecté cet usage, par exemple Aboû 'l-H'asan ben Moh'ammed Lihyâni, les autres non. »

En 738 (30 juil. 1337), le général Makhloûf ben el-Kemmâd s'empara à la suite d'un siège très rigoureux de K'achtîl, dans l'île de Djerba, et l'enleva ainsi aux chrétiens.

En 739 (20 juil. 1338), [P. 62] Moh'ammed ben el-H'akim (1) s'empara de Mehdiyya sur Ibn 'Abd el-Ghaffâr (2), qui s'y était installé depuis plusieurs années.

Le mercredi 15 dhoû 'l-h'iddja de la dite année, mourut à Constantine le prince de cette ville l'émir Aboû 'Abd Allâh Moh'ammed, fils du sultan Aboû Yah'ya Aboû Bekr, d'une maladie qui lui coupa l'appétit. Il avait près de trente ans et laissait sept enfants mâles. L'un d'eux, Aboû 'l-'Abbâs Ah'med, qui n'avait que onze ans, alla trouver son grand père le khalife et sultan Aboû Yah'ya, et lui demanda de leur accorder, à lui et à ses frères, Constantine; ce prince lui fit très bon accueil, invoqua sur lui les bénédictions du ciel et, se rendant à son désir, nomma l'aîné des frères, Aboû Zeyd 'Abd er-Rah'mân, successeur de son père, mais en lui donnant comme

---

(1) B C D, ben 'Abd el-H'akim.
(2) A D, 'Abd el-Ghaffâr.

surveillant, à cause de son jeune âge, l'affranchi Nebîl ; le khalife d'ailleurs ne cessa de se tenir au courant de ce qui les concernait.

Le juriste et k'âd'i Aboû 'l-'Abbâs Ah'med ben Moh'ammed a rapporté du glorieux émir Aboû 'Abd Allâh Moh'ammed, fils du khalife Aboû Yah'ya, deux vers blâmant le vin dans les termes que voici :

[Kâmil]. Déjà chez un page le vin ne peut être qu'une chose suspecte, mais chez un grand, c'est la fin de tout. Il fait à première vue soupçonner l'intelligence d'un homme, et veuille Dieu le maudire à jamais ! (1)

Dans la nuit du 25 au 26 ramad'ân 740, mourut le vertueux cheykh Aboû 'Abd Allâh Moh'ammed, fils du vertueux cheykh Aboû 'Ali H'asan K'orachi Zobeydi.

En 741 (27 juin 1340), eut lieu la honteuse défaite infligée aux musulmans par les chrétiens (2) : le camp du sultan mérinide Aboû 'l-H'asan fut enlevé avec tout ce qu'il renfermait, les femmes mêmes eurent à se défendre contre les assaillants et furent massacrées, puis les chrétiens pénétrant jusqu'aux femmes du prince tuèrent et dépouillèrent entre autres 'A'icha, fille de son oncle Aboû Yah'ya ben Ya'k'oûb, et Fât'ima, fille du sultan Aboû Yah'ya Aboû Bekr.

La nuit du jeudi 5 djomâda I 742, mourut le vertueux cheykh et imâm Aboû 'l-H'asan 'Ali ben Montaçir Çadafi, qui fut enterré au Djebel el-Djellâz. Sur cet homme de bien et de science, l'autorité d'un prince ne pouvait rien, et l'accomplissement de ses

---

(1) Lisez وللمعالى avec A B C au second hémistiche ; B, au troisième hémistiche, lit تجرى .

(2) Il s'agit de la victoire remportée à Tarifa par les Espagnols (*Berbères*, IV, 233).

devoirs envers Dieu était à l'abri de tout reproche. Voici en quels termes il écrivit au k'âd'i Ibn 'Abd es-Selâm: « Plût à Dieu, ô Moh'ammed, que ta mère ne t'eût pas enfanté! qu'une fois né [P. 63] tu n'eusses pas parlé! que parlant tu n'eusses rien appris! » — Comme il assistait un jour au prélèvement des droits de marché (maks), il écrivit sur une feuille de papier: « Que celui qui se nourrit du produit des droits de marché réfléchisse à ce que sera sa fin! » Puis il la plia et l'envoya au khalife, qui la lut et qui, après avoir demandé ce que cela voulait dire, fit abolir cet impôt (1). — Ayant appris qu'une femme roûmi était arrivée à un haut rang à la cour (2) et était recherchée en mariage par un émir, il écrivit au khalife: « J'ai appris ce qui se passe. Si vous avez voulu fortifier l'islâm, c'est bien; sinon nous quitterons les lieux où vous commandez, car c'est apostasier que de faire pareille chose et d'en protéger l'auteur. » Alors, dit le cheykh Bat'erni, le khalife fit dire sur le champ au k'âd'i Ibn 'Abd es-Selâm: « Tu vas sans désemparer prononcer la décision conforme à la loi. Jamais je n'ai entendu pareille chose! » Il fit en même temps comparaître cette femme par devant le k'âd'i, qui prononça contre elle. — En 690, il accomplit le pèlerinage de compagnie avec le cheykh Ibn Djemâ'a. — D'après le récit qu'il en a fait lui-même, il eut un songe où il entendit que dans une réunion on faisait une proclamation à son

---

(1) L'établissement de tout impôt autre que ceux qu'a prévus la loi religieuse est réprouvé par les croyants orthodoxes.

(2) وكانت فى الحجاب العلي , c'est-à-dire probablement en qualité de concubine du prince.

sujet disant « un tel est le mandataire vertueux et craignant Dieu, » et en se réveillant il pensa qu'il s'agissait d'une situation de témoin instrumentaire *(adel)*. En effet, Ibn 'Abd er-Refi' le nomma en cette qualité à Tunis ; mais le saint homme ne se faisait pas payer pour cela et se bornait à recevoir des aumônes et une part de *zekât*. — Le cheykh Ibn 'Arafa rapporte qu'il lui a entendu dire : « Le prophète Khid'r (sur qui soit le salut !) vient chaque jour s'asseoir dans la *mak'çoûra* orientale du Djâmi' ez-Zitoûna dès le début de l'appel à la prière du *z'ohr* et ne sort que quand de nombreux fidèles sont réunis. » En d'autres termes, il vit Khid'r maintes et maintes fois.

En 742 (17 juin 1341), fut achevée la construction du collège *'Onk' el-Djemel*.

Au début de l'année 744 (26 mai 1343), mourut le chambellan Aboû 'l-K'âsim ben 'Abd el-'Aziz Ghassâni, à qui le sultan donna comme successeur le cheykh de la capitale [grand cheykh des Almohades] Aboû Moh'ammed 'Abd Allâh ben Tâferâdjin.

En 745 (15 mai 1344), le sultan Aboû Yah'ya Aboû Bekr marcha sur Tawzer, où il pénétra ; il pardonna au cheykh de cette ville Aboû Bekr ben Yemloûl, et il en confia l'administration à son propre fils, l'émir Aboû 'l-'Abbâs Ah'med, gouverneur de Gafça. Après avoir procédé à son installation et lui avoir donné pleins pouvoirs, il put, consolidé par ce succès, regagner sa capitale.

En çafar 745, mourut au Kaire le cheykh, imâm, h'âfiz', grammairien et exégète Athîr ed-Dîn Aboû Yah'ya Moh'ammed ben Yoûsof ben 'Ali ben H'ayyân Andalosi, qui était l'un des principaux savants versés dans l'exégèse koranique et la connaissance de la langue arabe. Il quitta l'Espagne pour aller se fixer en Égypte, où il se livra à l'enseignement, [P. 61] mais où il apprit aussi ; il embrassa le rite châfi'ite et composa sur diverses sciences plus de cinquante ouvrages, parmi lesquels le *El-Bah'r el-moh'it' ft tefsir el-K'or'ân*, dont Eç-Çfâk'osi a extrait ce qui touche à la syntaxe désinentielle. Il avait du talent pour écrire en vers ainsi qu'en prose. Voici des vers de lui :

[T'awîl]. Mes ennemis sont pour moi de généreux bienfaiteurs ; veuille le Dieu clément ne pas me priver d'eux! Leur zèle à chercher mes défaillances me les a fait éviter, leur envie m'a fait grimper aux sommets.

Et encore :

[Basît']. N'attends, homme sensé, rien de bon de personne, car le mal est inné et le bien n'est qu'un accident ; ne t'imagine pas qu'on te fasse du bien pour toi-même, car il y a toujours une arrière-pensée mauvaise (1).

Le jour de Mina 746, Aboû Yah'ya Aboû Bekr reçut Aboû 'l-Fad'l ben 'Abd Allâh ben Aboû Medyen, secrétaire du sultan mérinide Aboû 'l-H'asan, Aboû 'Abd Allâh Moh'ammed ben Soleymân Sat'i, juriste chargé des *fetwas* à la cour de ce prince, et l'affranchi 'Anber l'eunuque, envoyés par leur maître pour demander la main de la fille du sultan Aboû Yah'ya pour l'émir mérinide Aboû 'l-H'asan et remplacer ainsi Fât'ima, la sœur de cette princesse qui avait péri dans l'affaire de Tarifa.

Au commencement de 747 (24 avr. 1346), le vizir Aboû 'l-'Abbâs ben Tâferâdjîn se mit à la tête d'un corps d'armée pour percevoir l'impôt chez les Haw-

---

(1) A et B présentent plusieurs variantes.

wâra, mais il fut attaqué par Soh'aym, des Awlâd el-K'oûs, qui commença par le poursuivre de très près, pour ensuite tomber au bon moment sur lui avec tous les siens. Les troupes d'Ibn Tâferâdjîn se dispersèrent, et ce chef lui-même, à la suite d'une chute de son cheval, fut tué; on put cependant rapporter son corps à Tunis pour l'y inhumer (1).

Le dimanche 11 rebî' I de la dite année, mourut à Bougie, dont il était gouverneur, l'émir Aboû Zakariyyâ, fils du sultan Aboû Yah'ya, laissant son fils Aboû 'Abd Allâh Moh'ammed sous la tutelle de son affranchi Fârih', renégat qui avait autrefois appartenu à Ibn Seyyid en-Nâs (2). Mais pendant que Fârih' restait auprès du fils de son patron en attendant les ordres du sultan, l'ancien chambellan Aboû 'l-K'âsim ben 'Alennâs courut annoncer à la cour ce qui se passait, et le sultan attribua le gouvernement de Bougie à Aboû H'afç, l'un de ses fils cadets alors à Tunis, et l'envoya dans sa nouvelle résidence avec ses officiers et ses intimes, en outre d'Aboû 'l-K'âsim ben 'Alennâs. Arrivé à Bougie à l'improviste, Aboû H'afç écouta les avis de quelques drôles de son entourage immédiat et déploya beaucoup de cruauté et de violence. Ces procédés effrayèrent le peuple, qui d'un commun accord souleva peu de jours après un tumulte [P. 65] où tout le monde courut aux armes : on assiégea le nouveau venu

---

(1) Cf. *Berbères*, III, 19.

(2) A B C, من العلوج فاتم ; corrigez D, d'après Ibn Khaldoûn (texte, I, 544), en من معلوجي ابن . Tout ce paragraphe, depuis *le dimanche* jusqu'à *gouvernement de Bougie*, se retrouve textuellement dans les *Berbères*, pp. 544 et 545 du texte arabe, tome I.

dans la K'açba, où il s'était réfugié, aux cris de: « Vive l'émir, fils de notre ancien maître ! » Puis on en escalada les murailles, on envahit la demeure d'Aboû H'afç, et on l'en expulsa, après avoir livré au pillage tout ce qui lui appartenait. La foule se précipita ensuite à la demeure de l'émir Aboû 'Abd Allâh Moh'ammed, fils de l'ancien gouverneur, qui se préparait à aller rejoindre son grand'père le khalife à la suite de la permission que lui en avait donnée son oncle ; il fut proclamé gouverneur dans la maison même qu'il habitait en ville et conduit le lendemain au palais de la K'açba, où on lui remit le pouvoir. L'affranchi Fârih' prit alors la direction des affaires avec le titre de chambellan, et la situation resta établie sur ce pied. Quant à Aboû H'afç, il rentra dans la capitale à la fin de djomâda I, c'est-à-dire un mois après sa nomination au gouvernement de Bougie.

Le sultan envoya aux Bougiotes le cheykh almohade Aboû 'Abd Allâh ben Soleymân, que l'on comptait parmi les gens d'une vertu exceptionnelle, et qui avait pour mission de régler la situation et de calmer les esprits ; en même temps que lui il envoya un acte nommant comme gouverneur son petit-fils le dit Moh'ammed, de sorte que tout fut réglé à la satisfaction des habitants.

En reb!' I 747 (juin-juillet 1346), fut dressé l'acte par lequel Aboû 'l-H'asan le Mérinide constituait la dot de la princesse 'Azzoûna, fille d'Aboû Yah'ya Aboû Bekr : elle se composait de 15,000 dinars en monnaie d'or et en deux cents esclaves noirs. La fiancée se rendit par terre au Maghreb et partit en djomâda II de cette année de compagnie avec son frère germain l'émir El-Fad'l, gouverneur de Bône.

La nuit du (mardi au) mercredi 2 redjeb de la dite année, mourut à Tunis le sultan et khalife Aboû Yah'ya Aboû Bekr : il était âgé de 55 ans moins un mois et fut enterré dans la K'açba dans le mausolée de son aïeul le cheykh Aboû Moh'ammed 'Abd el-Wâh'id. Le récit bien connu de sa mort est ainsi fait dans le livre d'Ibn el-Khât'ib : Le sultan était en partie de plaisir dans son grand jardin quand il reçut, selon l'usage (1) de la cour, l'avis écrit de l'apparition du croissant de redjeb : « Il n'y a, » répéta-t-il à deux reprises, » de Dieu qu'Allâh ; voilà redjeb qui commence ! » Alors il se leva, se purifia et fit un acte de sincère contrition, puis il parcourut les marchés à cheval et en montrant son visage, tandis qu'(ordinairement) il se laissait peu voir, et distribua de nombreuses aumônes. Mais alors une démangeaison à l'épaule lui étant survenue, une de ses sœurs par qui il se fit examiner y reconnut un bouton de rougeole ; l'inflammation se développa et amena la fièvre, au cours de laquelle le prince s'occupa jusqu'à ses derniers moments des soins de son inhumation et du cortège funèbre. — D'après ce que rapporte Ibn Khaldoûn dans le *Terdjomân el-iber*, il mourut subitement la nuit du 2 redjeb ; tous les habitants sortirent de leurs lits et se précipitèrent pour avoir des nouvelles du côté du palais, [P. 66] autour duquel ils rôdèrent jusqu'au matin, *on les aurait dit ivres, mais ils ne l'étaient pas* (Koran, XXII, 2) ; ce ne fut qu'alors qu'on connut le dénoûment fatal. Ce prince avait régné à Tunis, de-

---

(1) A B et K'ayrawâni (texte, p. 136) lisent عادة قصر . — Il s'agit du parc d'Aboû Fehr, d'après ce dernier auteur.

puis son premier avènement, vingt-neuf ans dix mois et vingt-cinq jours, et il mourut à cinquante-cinq ans moins un mois.

Il eut pour successeur son fils l'émir Aboû H'afç 'Omar ben Aboû Yah'ya Aboû Bekr ben Aboû Zakariyyâ ben Aboû Ish'âk' Ibrâhîm ben Aboû Zakariyyâ Yah'ya ben Aboû Moh'ammed 'Abd el-Wâh'id ben Aboû H'afç. Le nouveau prince était né d'une concubine nommée H'abbâb le samedi 15 djomâda I 723, et fut proclamé khalife le mercredi 2 redjeb 747 (20 oct. 1346). En effet, sitôt que son père fut mort, il prit possession du palais, dont il fit garder toutes les issues, et faisant appeler le k'âd'i Ibn 'Abd es-Selâm et le k'âd'i des mariages El-Adjemi (1), il leur dit de lui prêter serment de fidélité (تبايعاني). « Mais, » objectèrent-ils, « nous avons donné notre témoignage que ton frère Ah'med, gouverneur de Gafça, était reconnu comme héritier présomptif; rends-nous l'acte qui en a été dressé, et après l'avoir déchiré, nous attesterons que cette qualité t'appartient. » Ibn 'Arafa raconte ceci : « Toute la population s'était précipitée dans le grand pavillon, qui était comble. Ibn Tâferâdjîn, après avoir défendu de laisser sortir personne, leva la séance en disant aux deux k'âd'is : « Pour nous, allons nous occuper de l'enterrement du prince, et ensuite nous nous retrouverons. » Il fit alors appeler les chefs Almohades et quelques chefs de la ville, et il leur présenta l'émir 'Omar, à qui ils prêtèrent serment. Ni les deux k'âd'is ni leurs compagnons ne se doutaient de rien quand leur attention fut éveillée par le bruit des tambours, des trompettes

---

(1) A لاجى, B لاثين, C لاحسن, D ابى حسن.

et des acclamations : « C'est, » leur répondit-on, « la population qui acclame le nouveau sultan 'Omar. » Alors celui-ci appela les deux k'âd'is et leurs compagnons, qui se rendirent compte de la situation et constatèrent que tout le monde avait prêté le serment de fidélité. Un acte fut dressé en conséquence, où il fut déclaré que petits et grands avaient choisi l'émir 'Omar à l'exclusion de l'héritier désigné. Tel fut le résultat de l'habile manœuvre d'Ibn Tâferâdjin.

Le sultan (sic) Khâlid, fils du prince défunt, qui était venu de Mehdiyya rendre visite à son père, était alors au jardin de Râs et-T'âbiya ; il apprit pendant la nuit ce qui s'était passé et s'enfuit aussitôt avec un petit nombre de ses serviteurs. Les Awlâd Mendil et les Kh'r'ab le suivirent tout comme s'ils étaient ses partisans, mais le lendemain matin ils s'emparèrent de sa personne et le livrèrent à son frère l'émir Aboû H'afç. Celui-ci l'emprisonna et affermit ainsi sur sa tête le pouvoir, qu'il exerça sous le surnom d'En-Nâçir.

[P. 67]. Mais dès que l'émir Aboû 'l-'Abbâs Ah'med, gouverneur de Gafça, eut appris la mort de son père et l'avènement de son frère, il s'empressa de marcher sur Tunis à la tête des Arabes ses partisans, et fut rejoint à K'ayrawân par son frère Aboû Fâris 'Abd el-'Azîz, gouverneur du canton de Sousse, qui reconnut son autorité. De son côté Aboû H'afç rassembla ses forces, et à la nouvelle lune de cha'bân il quitta Tunis à la tête de son armée. Le cheykh Aboû Moh'ammed ben Tâferâdjin, prévenu de l'intention qu'avait son maître de lui ôter la vie, prépara sa fuite, et au moment où les deux armées se trouvèrent en présence il retourna à Tunis en prétextant quelque affaire, et de là gagna le Maghreb du côté du gouvernement de Constantine. La nouvelle de la fuite du chambellan jeta le désordre dans les troupes d'Aboû H'afç, qui se replia sur Bâdja, tandis que ses troupes l'abandonnant allaient grossir celles de son frère Aboû 'l-'Abbâs. Celui-ci marcha sur Tunis, dont il prit possession et où le serment de fidélité lui fut prêté le samedi 9 ramad'ân de la dite année ; il était alors campé dans le jardin de Râs et-T'âbiya. Fils d'une concubine d'origine chrétienne nommée Sa'd es-So'oûd, le nouveau souverain prit le surnom d'El-Mo'tamid 'ala'llâh ; il rendit à la liberté son frère Khâlid et s'installa au palais sept jours après avoir pris possession de la ville. Mais alors Aboû H'afç 'Omar quitta Bâdja et se présenta devant Tunis le samedi matin 16 ramad'ân : il posta ses cavaliers et ses fantassins devant chacune des portes, dont on brisa les serrures et qu'on ouvrit ainsi, grâce à l'appui de la populace. Le soleil n'était pas bien haut à l'horizon qu'il s'était rendu maître de la ville : il fit exécuter son frère l'émir Ah'med, dont la tête fut (promenée) sur une pique, et fit couper les mains à ses deux autres frères Khâlid et 'Abd el-'Azîz (1) : celui-ci mourut sur le champ, mais celui-là eut à subir en outre l'amputation des pieds. Ce jour-là on massacra tant dans la ville que dans le faubourg plus de quatre-vingts guerriers arabes qui étaient venus à Tunis avec l'émir Aboû 'l-'Abbâs Ah'med, notamment Aboû 'l-Hawl ben H'amza ben 'Omar ben Aboû 'l-Leyl. Aboû 'l-'Abbâs

---

(1) Appelé 'Azzoûz dans les *Berbères*, III, 25 ; *suprà*, pp. 107 et 121.

Ah'med disparut ainsi après un règne de sept jours, et le pouvoir à Tunis se trouva acquis définitivement à Aboû H'afç 'Omar.

Mais alors l'émir mérinide Aboû 'l-Hasan 'Ali fut mis au courant de ce qui se passait et de l'exécution d'Aboû 'l-'Abbâs Ah'med, dont il avait su la qualité d'héritier présomptif par une lettre que lui avait envoyée le père de ce prince, lettre en marge de laquelle il avait lui-même apposé sa signature pour ainsi affirmer son adhésion ; ce consentement lui avait été demandé par le chambellan Aboû 'l-K'àsim ben 'Ottoû lors de son ambassade. Le sultan fut blessé [P. 68] de la conduite indigne d'Omar à l'égard de ses frères et du mépris qu'il témoignait pour un acte auquel lui prince Mérinide avait donné l'appui de sa signature, et il résolut de marcher contre l'Ifrîk'iyya, décision que fortifia encore l'arrivée du vizir Ibn Tâfrâdjîn. Quand fut terminée la fête des Victimes de l'année 747, il investit son fils Aboû 'Inân du gouvernement du Maghreb moyen, [c'est-à-dire] de Tlemcen et de ses dépendances, et lui-même, partant de la banlieue de cette dernière ville, s'avança en çafar 748 (mai-juin 1347) vers l'Ifrîk'iyya à la tête d'une formidable armée.

Les fils de H'amza ben 'Omar ben Aboû 'l-Leyl, qui commandaient aux Arabes nomades et qui étaient les principaux des Ko'oûb, lui envoyèrent alors leur frère Khâlid pour lui demander de tirer vengeance de la mort de leur frère Aboû 'l-Hawl. Les habitants des régions extrêmes de l'Ifrîk'iyya vinrent également lui faire leur soumission, et l'on vit arriver ensemble à Oran Ibn Mekki, chef de Gabès, Ibn Yemloûl, chef de Tawzer, Ibn el-'Abid, chef de Gafça, Mawlâhem ben Aboû 'Inân, chef d'El-H'âmma, et Ibn el-Khalaf, chef de Neft'a. En même temps que leur propre soumission, dictée par l'amour autant que par la crainte, ils apportèrent celle d'Ibn Thâbit, chef de Tripoli, que la distance seule avait empêché de se joindre à eux. Immédiatement après eux se présenta le chef du Zâb Yoûsof ben Mançoûr ben Mozni en compagnie des cheykhs des Dawâwida (1) et du chef de ceux-ci Ya'k'oûb ben 'Ali, qui rencontrèrent le sultan chez les Benoû 'l-H'asan dans le territoire de Bougie. Tous furent honorablement accueillis, reçurent des cadeaux et furent confirmés dans leurs gouvernements respectifs ; les habitants du Djerid (2) s'en retournèrent accompagnés d'un corps de troupes confié à l'un des vizirs, Mas'oûd ben Ibrâhîm Irsâwi, et qui devait tenir garnison dans cette région et y prélever les impôts.

A la suite de mouvements du sultan menaçants pour Bougie, le chef qui commandait dans cette ville, l'émîr Aboû 'Abd Allâh Moh'ammed ben Aboû Zakariyyâ, vint lui apporter sa soumission : il fut envoyé avec ses frères dans le Maghreb, et la ville de Nedroma lui fut assignée comme résidence. De là le sultan s'avança vers Constantine, d'où les fils de l'émîr Aboû 'Abd Allâh Moh'ammed, ayant à leur tête leur aîné Aboû Zeyd, vinrent aussi se soumettre au conquérant ; celui-ci accepta leurs offres et les envoya au Maghreb, en leur assignant la résidence

---

(1) A B C D, الزواودة , orthographe qu'on retrouve maintes fois.

(2) Cette leçon الجريد paraît meilleure que celle d'Ibn Khaldoûn (III, 28) الجزائر « Alger ». Ce dernier lit ensuite Irniyâni le nom écrit ici Irsâwi.

d'Oudjda et leur concédant le produit des impôts de cette ville. A Constantine il installa ses lieutenants et fonctionnaires, et rendit à la liberté les princes H'afçides qui y étaient emprisonnés.

Les fils de H'amza ben 'Omar et les cheykhs de leur tribu, c'est-à-dire des Ko'oûb, lui apportèrent alors la nouvelle qu'Aboû H'afç 'Omar et les Awlâd Mohalhel venaient de quitter précipitamment Tunis. Conformément à leur conseil de les attaquer avant qu'ils pussent se jeter dans le désert, le sultan Aboû 'l-H'asan lança à leur poursuite une forte troupe commandée par le vizir H'ammoû 'Aseri (1) qu'accompagnaient les fils d'Aboû 'l-Leyl. Il fit également marcher sur Tunis des troupes que commandait Yah'ya ben Soleymân, des Benoû 'Asker, qui était accompagné d'Ah'med ben Mekki.

[P. 69]. L'armée commandée par H'ammoû atteignit Aboû H'afç et les siens sur le territoire d'El-H'âmma, dans la région de Gabès, au lieu dit El-Mobâraka, non loin du Djebel es-Sebâ'. La lutte s'engagea le matin et les fuyards se défendirent quelque peu ; mais bientôt ils se débandèrent, et l'on s'empara de l'émir Aboû 'Omar et de son affranchi Z'âfir. H'ammoû, à qui ils furent amenés, les fit égorger après les avoir tenus emprisonnés jusqu'au soir, et envoya leurs têtes au sultan Mérinide, qu'il rejoignit à Bâdja ; quant à la masse, elle s'enfuit à Gabès. 'Abd el-Mélik ben Mekki s'empara de quelques personnages de la cour, entre autres d'Aboû 'l-K'âsim ben 'Ottoû (2), de Çakhr ben Moûsa et d''Ali

---

(1) Ce mot 'Aseri figure dans D seul ; Ibn Khaldoûn, III, 29, lit Acheri.

(2) D orthographie 'Obboû, ainsi qu'il le fait ordinairement.

ben Mançoûr, qu'il envoya au sultan et à qui celui-ci fit couper les pieds et les mains alternés. L'exécution de l'émir 'Omar eut lieu le mercredi 17 djomâda I 748 ; il avait régné à Tunis dix mois et vingt-cinq jours, dont sept jours reviennent à son frère Aboû 'l-Abbâs Ah'med.

Le souverain de Tunis et de cette région fut à partir de là le sultan Aboû 'l-H'asan, fils du sultan Aboû Sa'îd 'Othmân ben Aboû Yoûsof Ya'k'oûb ben 'Abd el-H'ak'k' le Mérinide, qui fit son entrée dans la capitale le 8 djomâda II 748 en compagnie du cheykh Aboû Moh'ammed 'Abd Allâh ben Tâferâdjîn, qui lui donna son cheval sellé et bridé et pénétra avec lui dans les lieux les plus secrets du palais et des demeures princières. Ils en firent le tour, puis pénétrèrent dans les parcs avoisinants, connus sous le nom de Râs et-T'âbiya, et après une promenade dans les jardins, le prince regagna son camp. Il installa dans la K'açba de Tunis une garnison commandée par Yah'ya ben Soleymân et renvoya ensuite au Maghreb les gouverneurs de ce pays (qu'il avait emmenés). Quelque temps après il visita K'ayrawân et y alla voir les hommes pieux et les savants de la ville. Il passa ensuite à Sousse et à Mehdiyya et y examina les souvenirs laissés par les princes Obeydites et Çanhâdjites ; il passa par le château d'El-Djem et les parcs de Monastir, et de là regagna Tunis à la nouvelle lune de ramad'ân de cette année.

Son autorité étant bien assise en Ifrîk'iyya, il interdit aux Arabes [l'entrée] des villes (1) dont ils

---

(1) منع العرب من الأمصار est l'expression qu'a aussi employée Ibn Khaldoûn ; M. de Slane a traduit, peut-être avec raison, « en leur ôtant les villes qu'ils détenaient... » (*Berbères*, III, 31).

étaient devenus les maîtres grâce aux fiefs qui leur avaient été concédés. Cette mesure irrita les nomades, qui cherchèrent les occasions de lui nuire et qui, au cours d'une incursion tentée par eux dans les environs de Tunis, enlevèrent des pâturages de cette région les chameaux de charge du sultan. Ils en vinrent alors à redouter sa colère, et à la rupture du jeûne, Khâlid ben H'amza et son frère Ah'med, des Awlâd Aboù 'l-Leyl, ainsi que Khalîfa ben 'Abd Allâh ben Meskîn et Khalîfa ben Aboù Zeyd ben H'akîm se rendirent auprès du sultan, mais sans trop compter sur sa bienveillance, et ils poussèrent par dessous main 'Abd el-Wâh'id ben el-Lih'yâni à se révolter. [P. 70] Mais le prince, qui apprit ce qui se tramait, les fit arrêter tous les quatre et les confronta avec 'Abd el-Wâh'id. Leurs dénégations n'empêchèrent pas leur fourberie d'être reconnue, et le prince, après leur avoir adressé de vifs reproches, les retint prisonniers. Il fit aussitôt dresser son camp sous les murs de la ville avec l'intention d'attaquer les Arabes ; mais il y eut des retards provenant de la nécessité de faire la paie et de réunir les vivres nécessaires (1). Alors les contribules des prisonniers, apprenant ce qui se passait, allèrent de côté et d'autre lever des troupes et examinèrent à qui ils pourraient confier le pouvoir. Or, les Awlâd Mohalhel, qui étaient leurs égaux et leurs rivaux, ayant conscience qu'ils devaient renoncer à rentrer en grâce auprès du sultan, à cause du dévoûment qu'ils avaient mis à

---

(1) Le texte d'A B C est écourté ; en le rapprochant de celui de D, de celui des *Berbères* (texte, I, p. 553, l. 13), ainsi que de celui de l'éd. Boulak (VI, p. 359, l. 19), je crois qu'il faut lire وعسكر هو بساحة الحضرة اثر اعتقالهم لغزوهم وتلوم ليث لاعطيات وازاحة العلل.

soutenir le sultan Aboû H'afç 'Omar, s'étaient enfoncés dans la région des sables. Ils y furent rejoints par Fetlta (1) ben H'amza, par sa mère et par les femmes de leur famille, qui, au nom de l'esprit de corps, réclamèrent leur patronage. Les Awlâd Mohalhel y consentirent, et dans une conférence qui eut lieu à K'ast'iliya, après s'être payé le prix du sang pour leurs meurtres réciproques, les deux groupes s'entendirent pour le choix d'un nouveau prince. Ils emmenèrent de Tawzer, où il était tailleur, Ah'med ben 'Othmân, fils d'Aboû Debboûs, le dernier khalife descendant d''Abd el-Mou'min (2), et lui confièrent le pouvoir en se jurant les uns aux autres de se soutenir jusqu'à la mort.

Le sultan Aboû 'l-H'asan, qui marcha contre eux, leur livra bataille au col en deçà de K'ayrawân, et ses ennemis battus s'enfuirent en désordre jusqu'à cette ville. Mais le 2 moh'arrem 749 (2 avril 1348), ils revinrent décidés à vaincre ou à mourir, et leurs efforts combinés rompirent les lignes du sultan, dont l'armée de plus de 30,000 cavaliers ne put empêcher la mise à sac du camp. Le sultan lui-même put s'enfuir avec une poignée d'hommes et se fortifia dans K'ayrawân, où il fut serré de très près.

Ibn Tâferâdjin n'avait pas trouvé auprès du sultan Aboû 'l-H'asan la situation dont il avait joui auprès d'Aboû Yah'ya Aboû Bekr, car le nouveau prince s'occupait lui-même de gérer les affaires. Le ministre en conçut du dépit, ce qui permit aux Arabes de nouer une intrigue avec lui, et pendant le siège ils

---

(1) A D, ici et plus bas, lisent « K'oteyba ».
(2) Sur ses antécédents, voir Berbères, III, 33.

demandèrent qu'il leur fût envoyé pour traiter de leur soumission. Il se rendit auprès d'eux avec l'autorisation du sultan, et ils le nommèrent chambellan d'Ah'med ben Aboû Debboûs, puis l'envoyèrent combattre la garnison de la K'açba de Tunis ; mais ce fut en vain qu'il l'assiégea et dressa contre elle ses mangonneaux. Il songea alors à se tirer sain et sauf du désordre général, mais il apprit bientôt que le sultan avait pu sortir de K'ayrawân et gagner Sousse. Grâce en effet à de fortes sommes que ce prince avait fait promettre par dessous main aux Awlâd Mohalhel et aux H'akîm, la discorde s'était mise parmi les Arabes, et Fetîta ben H'amza, sous prétexte de soumission, était entré à K'ayrawân pour l'y rencontrer. Le prince l'avait accueilli et avait rendu à la liberté les deux frères de l'Arabe, Khâlid et Ah'med, mais sans se fier aux promesses qu'on lui faisait. Puis Moh'ammed ben T'âlib, des Awlâd Mohalhel, accompagné de quelques partisans, arriva jusqu'à lui, et le prince partant de nuit avec eux et son armée, arriva le matin à Sousse, d'où il s'embarqua pour Tunis.

Ibn Tâferâdjîn, qui en fut prévenu, [P. 71] quitta furtivement ses partisans et s'embarqua pour Alexandrie en rebî' II, de sorte que ces gens, se trouvant privés de leur chef, furent jetés dans la confusion et s'enfuirent en désordre de Tunis. Rentré dans sa capitale, le sultan remit les fortifications en état et les entoura d'un fossé. Ah'med ben 'Othmân et les Awlâd Aboû 'l-Leyl firent alors des démonstrations menaçantes et mirent le siège devant cette ville, qui put cependant repousser leurs attaques, de sorte que le sultan resta vainqueur des Awlâd Mohalhel. Ce résultat fut cause que les Awlåd Aboû 'l-Leyl se tinrent tranquilles, et le sultan traita alors avec eux de leur soumission. Leur chef 'Omar (1) se rendit auprès de lui en cha'bån de cette année et fut retenu jusqu'à ce que ses partisans eussent livré Ibn Aboû Debboûs à Aboû 'l-H'asan. Ils firent, pour prouver leur soumission, ce qu'on leur demandait, et le sultan ayant ainsi obtenu satisfaction tint son adversaire emprisonné jusqu'à ce que lui-même retournât au Maghreb. Ibn Aboû Debboûs se retira alors en Espagne.

Aboû 'l-H'asan s'installa à Tunis, où il reçut la visite d'Ah'med ben Mekki. Ce fut 'Abd el-Wâh'id [ben]el-Lih'yâni qu'il investit du gouvernement des frontières orientales, comprenant Tripoli, Gabès, Sfax et Djerba, mais cet officier périt de la grande peste noire à son arrivée en ces lieux, où le sultan l'avait fait accompagner par Ibn Mekki. [Aboû 'l-K'âsim] ben 'Ottoû fut envoyé en K'ast'iliya, dont l'administration lui fut confiée. Aboû 'l-H'asan, réalisant les décrets divins, maria son fils Aboû 'l-Fad'l à la fille d' 'Omar ben H'amza.

A la suite du désastre éprouvé par Aboû 'l-H'asan à K'ayrawân, les Benoû Merin tout déguenillés regagnèrent le Maghreb à pied et se présentèrent à Aboû 'Inân. Le bruit se répandit qu'Aboû 'l-H'asan avait trouvé la mort devant K'ayrawân, et il fut dressé de son décès un acte auquel souscrivirent nombre des nouveaux arrivés d'entre les Mérinides, de sorte que l'émir Aboû 'Inân revendiqua la souveraineté et se fit reconnaître à Tlemcen au commen-

---

(1) 'Omar ben H'amza, selon B ; H'amza ben 'Omar, selon Ibn Khaldoûn, III, 36.

cement de l'année 749 (1ᵉʳ avril 1348). Le nouveau prince partit ensuite pour Fez, en laissant à Tlemcen en qualité de gouverneur l"Abd el-wâdite 'Oth'mân ben Yah'ya ben Moh'ammed ben Djerrâr, lequel, sitôt son maître parti, se fit reconnaître à son tour comme souverain, et rétablit ainsi le pouvoir des 'Abd el-wâdites à Tlemcen. Mais il y avait à Tunis, avec le sultan Aboù 'l-H'asan, une troupe d"Abd el-wâdites, qui, à la suite des événements dont K'ayrawân fut le théâtre, prit à Tunis une délibération tendant à proclamer 'Othmân ben 'Abd er-Rah'mân ben Yah'ya ben Yaghmorâsen ben Zeyyân. Ils se rendirent alors à Tlemcen, dont les habitants se soulevèrent contre l'usurpateur 'Othmân ben Yah'ya. Celui-ci put, en rendant la ville, obtenir la vie sauve; mais 'Othmân ben 'Abd er-Rah'mân, [P. 72] après avoir fait son entrée dans la capitale le dernier jour de djomâda II, fit arrêter son adversaire et le retint prisonnier jusqu'à sa mort [en ramad'ân 749] (1).

Lors de son arrivée en Ifrîk'iyya, Aboù 'l-H'asan, bien qu'ayant destitué les princes de Bougie et de Constantine et les ayant envoyés au Maghreb, ne toucha pas à la situation de l'émir de Bône, Aboù 'l-'Abbâs el-Fad'l, qu'il croyait d'humeur pacifique et que son mariage avec la sœur du dit Fad'l lui avait fait connaître depuis longtemps. Mais à la suite des revers qui atteignirent le sultan, l'émir El-Fad'l envoya un message écrit aux Constantinois, après quoi il se dirigea vers leur ville qu'il assiégea et où il pénétra au petit jour le vendredi 1ᵉʳ moh'arrem 749 (31 mars 1348). Mais quand il voulut entrer dans la K'aç-

---

(1) Voir *Berbères*, III, 410 et 423.

ba les portes se fermèrent devant lui et les murailles se couvrirent de défenseurs. Il se rendit alors dans la grande mosquée de la ville et y fit la prière du vendredi, que n'y avait encore faite aucun prince H'afçide ; puis les occupants de la K'açba, sur la promesse de pardon qu'il leur fit adresser, en ouvrirent les portes, et il y pénétra vers la fin de l'après-midi de ce même jour. Il fit main basse sur des richesses considérables qui y étaient déposées, et qui étaient constituées par les présents apportés à Aboû 'l-H'asan par les diverses députations, ainsi que sur les produits des impôts déposés dans le même endroit. Après y avoir séjourné trois mois, il marcha sur Bougie, dont il devint maître grâce au soulèvement des habitants contre les Mérinides, et la renommée commença à célébrer son nom. Aussi forma-t-il le projet de se rendre dans la capitale, où Aboû 'l-H'asan résidait alors (1).

De son côté l'émir Aboû 'Inân, quand il sut à n'en pouvoir douter que son père n'était pas mort, se prit à redouter le châtiment que méritait sa conduite, et il renvoya les ex-princes de Bougie et de Constantine chacun dans son ancien siège, songeant ainsi à augmenter les difficultés contre lesquelles luttait son père et faisant ses intermédiaires de ces deux princes, aux termes des traités qu'il passa avec eux. En conséquence l'un et l'autre regagnèrent leurs villes respectives, qui se soumirent à eux. El-Fad'l s'embarqua à Bougie pour Bône à la suite du pardon que lui accorda l'émir Aboû 'Abd Allâh [Moh'ammed ben Aboû Zakariyyâ] quand l'usurpateur, appréhendé sans difficulté, fut amené devant son

---

(1) Voir *Berbères*, III, 36 et 38.

vainqueur, en chawwâl 749. A son retour à Bône, El-Fad'l y trouva qu'un de ses parents avait tenté de prendre sa place, mais sans y réussir complètement, et il put rentrer dans son palais ; quant aux places frontières occidentales, chaque gouverneur y agissait d'une manière indépendante (1).

En la dite année mourut le *h'âfiz'* 'Abd el-Moheymen H'ad'remi, originaire de Ceuta et fixé à Tunis, qui était un guide éprouvé dans la science des *traditions* et dont les citations, tant pour cet ordre de connaissances que pour ses autorités, faisaient preuve ; il est auteur de plusieurs *arba'în* (recueil de quarante traditions). Il ouvrit des cours à Tunis sous la dynastie mérinide, et comme (un jour) il professait dans le salon même du sultan Aboû 'l-H'asan, celui qui lisait le recueil de Moslim, et qui était le cheykh Ibn 'Arafa, prononça « tradition de Mâlik ben Mik'wal » [P. 73], et fut corrigé ou par Ibn el-Moheymen ou par le juriste Ibn eç-Çabbâgh, qui dit que ce deuxième nom se prononçait Mak'wil ; mais le lecteur entêté répéta de nouveau Mik'wal. « En voilà un, » dit le sultan en riant et se tournant vers 'Abd el-Moheymen, « qui n'a pas suivi ton cours. — Cela ne change pas, » repartit le savant, « ce qu'a créé Dieu. Nawawi, dans le *Kitâb el-eymân*, vocalise des deux manières, mais c'est la prononciation que n'a pas employée le lecteur qui est la plus élégante (2). » Mais ce dernier maintint sa lecture. Voici un extrait des vers d'Ibn H'ayyân sur ce savant :

[Khafîf]. Il n'y a de savant en Occident qu"Abd el-Moheymen. Voilà dans la science comme nous sommes : je vais de pair avec lui comme il va de pair avec moi !

---

(1) Voir *Berbères*, III, 38 et 40 ; IV, 230.

(2) B lit الصحيح « qui est la vraie ».

En la même année mourut à Tunis le cheykh Aboû 'Abd Allâh Moh'ammed ben Yah'ya ben 'Omar Mo'âfiri connu sous le nom d'Ibn el-H'abbâb, dont Ibn 'Arafa, qui fut son élève, vante l'habileté d'enseignement et la précision. « Bien qu'ayant entendu dire, » raconte Ibn 'Arafa, « qu'Ibn 'Abd es-Selâm avait été son élève, j'avais peine à le croire, jusqu'au jour où j'eus entre les mains, après la mort de ce dernier, la liste de ses livres. Parmi ceux-ci je tombai sur l'*Ikhtiçâr el-me'âlim*, d'Ibn el-H'abbâb, où le feuillet de garde portait, de la main d'Ibn 'Abd es-Selâm, une annotation d'après laquelle celui-ci avait demandé à Ibn el-H'abbâb de l'autoriser, comme ayant suivi ses cours, à professer sur ce traité ; au-dessous figurait un autographe d'Ibn el-H'abbâb ainsi conçu: « Ce que dit notre disciple le juriste Moh'ammed ben 'Abd es-Selâm est vrai, etc. » — Un jour, raconte-t-on, il arriva chez des lettrés de ses amis qui finissaient de manger un chevreau rôti : « Plus de chevreau, Ibn el-H'abbâb ! » cria l'un. — « Ni de bon pain blanc avec beaucoup de mie, » ajouta un second. — « Il n'en reste que les os, » cria un troisième. — « C'est votre nourriture, c'est bien la vôtre, » glissa aussitôt le nouveau venu, qui comprit leur intention. — « Épargne-nous cela, » s'écria le quatrième, « les chiens seuls s'en nourrissent ! » — « A la mort d'Ibn el-H'abbâb, raconte Ibn 'Arafa, j'assistai moi sixième à son enterrement. Le même jour était mort Es-Sokoûti, et l'espace manquait à la foule qui se pressait autour du brancard sur lequel on l'emportait, tandis qu'Ibn el-H'abbâb n'avait guère autant de notoriété aux yeux de la masse. »

En la même année mourut l'imâm du Djâmi' ez-

Zitoûna, le juriste et professeur Aboû 'Abd Allâh Moh'ammed ben 'Abd es-Settâr Temîmi.

Le 28 redjeb de la dite année mourut le cheykh savant et connu, le grand k'âd'i Moh'ammed ben 'Abd es-Selâm ben Yoûsof Hawwâri ; son fils l'avait précédé de trois jours dans la tombe, et tous deux furent inhumés à El-Djellâz. [P. 74] Celui qu'on citait pour le remplacer en qualité de grand k'âd'i était le juriste et mufti Aboû 'Abd Allâh Moh'ammed ben Moh'ammed ben Hâroûn Kenâni, qui fut frustré de cette situation par la nomination du k'âd'i préposé aux mariages, Aboû 'Abd Allâh Moh'ammed Adjemi. On raconte qu'Ibn 'Abd er-Refi' s'engagea formellement vis-à-vis d'Ibn Tâsekirt (1), qui avait de l'influence à la cour mérinide : « Je te nommerai *adel* à Tunis, » lui dit-il, « si de ton côté tu t'emploies à me faire nommer k'âd'i. » Ibn Tâsekirt agit en conséquence, si bien que la condition se réalisa ainsi que le prix qui y était attaché, car El-Adjemi, k'âd'i des mariages, devint grand k'âd'i, et Ibn Tâsekirt s'employa pour faire donner le poste ainsi devenu vacant à Ibn 'Abd er-Refi'. El-Adjemi mourut au bout de peu de temps, et comme on proposait de nommer Hâroûn, Ibn Tâsekirt objecta que la coutume était de nommer grand k'âd'i le k'âd'i des mariages. Cet avis, parce qu'il était émis par quelqu'un appartenant à la noblesse de Tunis, prévalut, et c'est ainsi que, grâce à lui, Ibn 'Abd er-Refi' devint grand k'âd'i.

Ibn Hâroûn resta mufti depuis le jour où il fut nommé à cette place jusqu'à ce qu'il mourut, en 750, le même jour que sa femme ; on creusa pour les

---

(1) Ce nom est orthographié tantôt par un *sîn*, tantôt par un *çâd*.

époux deux fosses côte à côte, et le sultan Aboû 'l-H'asan assista à l'inhumation. Es-Sat'i (1) lui demanda par lequel des deux il fallait commencer : « Peu importe, » dit le prince.

En cette même année 749, les Arabes se révoltèrent contre le sultan Aboû 'l-H'asan et rappelèrent de Bône Aboû 'l-'Abbâs el-Fad'l pour le pousser à revendiquer ses droits et le trône de ses ancêtres. Se rendant à leur appel, ce prince alla les trouver à la fin de 749, et les alliés mirent le siège devant Tunis, puis le levèrent pour le reprendre au commencement de 750 et le lever de nouveau à la fin de la campagne d'été. Aboû 'l-Kâsim ben 'Ottoû, chef du Djerîd, à la suite de l'appel qui lui fut envoyé (2) à Tawzer, siège de son gouvernement, reconnut l'autorité d'El-Fad'l, et invita les populations du Djerîd à faire de même. Il fut suivi dans cette voie par les Benoû Mekki, si bien que l'Ifrîk'iyya tout entière échappa à Aboû 'l-H'asan. En présence de ce changement et craignant d'ailleurs la prolongation des troubles et les suites dangereuses du soulèvement (3), ce prince s'embarqua à Tunis pour le Maghreb au commencement de chawwâl 750, laissant à son fils [Aboû 'l]-Fad'l le soin de gouverner Tunis. Cinq

---

(1) Ce nom, dont j'ignore la prononciation exacte, désigne probablement le juriste cité p. 116. On retrouve dans Makkari le nom de Moh'ammed ben Soleymân ben 'Ali السطي (éd. de Boulak, III, 127, l. 8, ad f.).

(2) B D, واستدعاهم ; A C et Ibn Khaldoûn, واستدعوا ابا القاسم ; ابو القاسم.

(3) Je traduis d'après A C D توارث الفوضى و مضرة ; A B C et Ibn Khaldoûn lisent, au lieu du dernier mot, ومعرات ; sur ces événements, voir *Berbères*, III, 41 ; IV, 285.

jours après son départ, la nécessité de faire de l'eau le fit relâcher à Bougie, mais le prince de cette ville voulut l'empêcher de débarquer, et envoya sur tout le littoral de son territoire des ordres dans le même sens. Alors les voyageurs prirent de force l'eau qui leur manquait, puis remirent à la voile ; mais l'élément perfide dispersa la flotte, et le vaisseau monté par le sultan [P. 75] alla se briser sur un point du littoral de Bougie. Cramponné à un rocher peu éloigné de la côte, ce prince vit les vagues enlever plusieurs savants, El-Mat'ar et Ibn eç-Çabbâgh entre autres, et lui-même était près de périr quand par la volonté divine un vaisseau le recueillit. Le retour du calme lui permit d'atteindre Alger, qui s'était antérieurement soumise à lui et où il demeura quelque temps pour y reprendre haleine.

Le cheykh Aboû 'Abd Allâh Obolli était un juriste maghrébin qui, seul de ceux de sa classe, se cacha pour ne pas s'embarquer à Tunis avec le sultan Aboû 'l-H'asan. « La raison en fut, raconte-t-il, que je vis en songe quelqu'un qui me répéta à deux reprises : « Les vaisseaux ! les vaisseaux ! *(el-foulk ! el-foulk !)*. » Ne comprenant pas, lors de mon réveil, ce que cela voulait dire, je racontai ce rêve à notre camarade Ibn Rid'wân, qui en parla au sultan : « Cela signifie peut-être, » dit celui-ci, « qu'il faut faire le trajet par mer, » et sa résolution n'en fut que plus affermie. On sait ce qui arriva. » — « Quant à moi, » raconte le cheykh Ibn el-K'açcâr, « je dis à El-Obolli que le sens de ces mots était simplement que *foulk* est le pluriel irrégulier de *foulk* » (1).

Quand Aboû 'l-'Abbâs el-Fad'l, qui était dans le

---

(1) Le mot *foulk* signifie aussi bien *vaisseau* que *vaisseaux*.

Djerîd, apprit l'embarquement d'Aboû 'l-H'asan, il accourut à marches forcées à Tunis, où il assiégea le fils de ce dernier et ses partisans, et s'empara de la ville. Les habitants se joignirent à lui, et le jour de Mina ils se portèrent tous devant la K'açba, d'où ils tirèrent l'émir Aboû 'l-Fad'l ben Aboû 'l-H'asan le Mérinide sous la promesse que toute la K'açba serait sauve; ce prince se rendit dans la demeure d'Aboû 'l-Leyl ben H'amza avec tous ceux qui avaient obtenu un sauf-conduit, puis il rejoignit son père à Alger.

Aboû 'l-H'asan, après avoir laissé un gouverneur à Alger, s'était mis en route pour le Maghreb quand il rencontra une armée envoyée contre lui par son fils Aboû 'Inân. Il essuya une défaite et son fils En-Nâçir fut tué, de sorte qu'il se dirigea sur Sedjelmesse. Mais Aboû 'Inân le poursuivant encore de ce côté à la tête de forces auxquelles il ne pouvait tenir tête, Aboû 'l-H'asan sortit de cette ville, où son fils pénétra et où, après l'avoir mise au pillage, il nomma un des siens comme gouverneur. Comme Aboû 'l-H'asan, en 751 (11 mars 1350), se dirigeait vers Merrâkech, Aboû 'Inân quitta Fez après avoir eu soin d'envoyer son camp *(mah'alla)* à Merrâkech, et le choc entre les deux armées eut lieu à la fin de ç̣afar de cette année. Aboû 'l-H'asan fut vaincu, mais les plus vaillants guerriers mérinides furent, en parvenant jusqu'à lui, saisis de honte et de respect, et ils se retirèrent. [Il put alors fuir, mais] une chute de son cheval le jeta par terre, et comme l'animal [P. 76] caracolait auprès de lui, l'intervention d'Aboû Dinâr [Soleymân ben 'Ali], cheykh des Dawâwida, qui prit sa défense, lui permit de se remettre en selle et de se réfugier auprès du *djond* des Hintâta, dont le chef 'Abd el-'Azîz ben Moh'ammed ben 'Ali, qui l'accompagnait et chez qui il descendit, lui accorda sa protection, et les grands de cette tribu lui jurèrent fidélité jusqu'à la mort. Mais Aboû 'Inân étant aussitôt arrivé et ayant établi son camp sur la montagne des Hintâta, Aboû'l-H'asan demanda à son fils de l'épargner et de lui envoyer son chambellan Moh'ammed ben Aboû 'Omar (1). Celui-ci en effet alla le trouver, et s'efforça de disculper Aboû 'Inân et d'obtenir son pardon. Le père se laissa toucher et reconnut par écrit à son fils la qualité d'héritier présomptif. Mais au cours de ces événements il tomba malade et se trouva livré aux soins de ses officiers et de ses courtisans ; comme il venait d'être saigné, il procéda aux ablutions purificatrices et se mouilla le bras, où se produisit une enflure qui entraîna la mort de ce prince, peu après son arrivée, le 23 rebi' II 752. Ses officiers en envoyèrent la nouvelle à son fils Aboû 'Inân, alors dans la plaine de Merrâkech, et lui portèrent le cadavre placé sur un brancard. Ce prince tout affligé se porta nu pieds et nu tête au devant du cortège et embrassa le brancard en prononçant des formules de soumission à la volonté divine ; en outre il témoigna sa satisfaction aux arrivants par l'accueil honorable qu'il leur fit. Il fit inhumer le cadavre à Merrâkech, puis le transporta à Châla [près Salé], lieu de sépulture de ses ancêtres, lorsqu'il se rendit à Fez.

Pour en revenir à Tunis, celui qui y régna après qu'Aboû 'l-Fad'l ben Aboû 'l-H'asan le Mérinide eut

---

(1) 'Amr, d'après les *Berbères*, IV, 291 ; III, 49.

quitté la K'açba avec un sauf-conduit (1), fut Aboû 'l-'Abbâs el-Fad'l, fils du sultan Aboû Yah'ya Aboû Bekr, fils de l'émir Aboû Zakariyyâ Yah'ya, fils du sultan Aboû Ish'âk' Ibrâhîm, descendant des émirs légitimes. Fils d'une esclave chrétienne nommée 'At'f, il était très bel homme, et calligraphe hors ligne (2), et avait un très vif penchant pour ceux qui savaient l'amuser. Né en ramad'ân 721, il fut proclamé à Tunis le 29 dhoû 'l-k'a'da 750 (8 fév. 1350) sous le surnom d'El-Motawakkel. Il prit comme chambellan Ah'med ben Moh'ammed ben 'Ottoû pour suppléer son oncle Aboû 'l-K'âsim, jusqu'à ce que celui-ci arrivât du Djerîd ; il confia le soin des troupes et des opérations militaires à Moh'ammed ben ech-Chawwâch, tandis que son ami et compagnon d'exil Aboû 'l-Leyl Fetita ben H'amza s'empara de toutes les autres affaires pour les diriger à sa guise. Cela finit par mécontenter El-Fad'l, qui fut poussé par ses intimes à se débarrasser de lui et à le remplacer par le frère de ce favori, Khâlid ben H'amza. Il fit savoir ses intentions à Aboû 'l-K'âsim ben 'Ottoû, dont il avait fait son chambellan, et lui confia le soin de les réaliser. Ce dernier étant, pour obéir à cet appel, arrivé de Sousse par mer, vit son amitié recherchée par Khâlid ben H'amza, [P. 77] qui se posa en rival de son frère après lui avoir engagé sa foi. Mais Fetita ben H'amza sut déjouer les projets de ses adversai-

---

(1) Sur ces événements, voir les *Berbères*, IV, 286 et s.

(2) و احسنهم خطّ est la leçon d'A C ; B omet le dernier mot, que D écrit خطّا .

res (1), et l'autorité qu'il reprit sur le sultan lui permit de faire envoyer par celui-ci Moh'ammed ben Chawwâch, chef des affaires militaires, en disgrâce comme commandant des troupes à Bône. La mésintelligence éclata alors entre les deux frères Fetita et Khâlid, et peu s'en fallut que la rupture ne fût complète : ils rassemblaient déjà leurs partisans et faisaient des levées quand leur frère aîné 'Omar ben H'amza, ainsi que le cheykh Aboû Moh'ammed 'Abd Allâh ben Tâferâdjîn revinrent de pèlerinage. [Or, voici ce qui s'était passé]. Quand Ibn Tâferâdjîn se fut établi à Alexandrie, le sultan Aboû 'l-H'asan avait députe au prince régnant en Égypte pour le faire mettre en jugement ; mais l'émir qui exerçait alors le pouvoir le prit sous sa protection, et l'ancien ministre partit d'Égypte pour accomplir le devoir [du pèlerinage]. Il se rencontra dans les oratoires des lieux sacrés avec 'Omar ben H'amza, qui se trouva remplir le même devoir à cette époque, vers la fin de 750. Ils convinrent de retourner en Ifrîk'iyya pour y combattre de concert le prince régnant, et ce fut à leur arrivée qu'ils trouvèrent Khâlid et Fetita tout prêts à se battre. Mais le *h'âdj* 'Omar leur ayant fait signe avec son manteau (2), ils se réconcilièrent, et tous s'entendirent pour tendre de commun accord un

---

(1) M. de Slane (II, 42) traduit : « Alors ce ministre... annula les engagements pris envers Aboû 'l-Leil et lui opposa comme rival Khâled ibn Hamza, dont il s'était assuré l'appui. Aboû 'l-Leil parvint à traverser la nomination de son frère en gagnant de nouveau la faveur du sultan ». Il lit فارصهم (cf. *Supplément* Dozy, s. v.).
On peut, semble-t-il, lire فاوضهم avec C D et l'éd. Boulak (VI, 361, l. 7), et établir ce texte بعد أن نفذ عهده و فاوضهم (نبذ D seul) اليه.

(2) A C lisent برأيه « leur ayant fait connaître son plan ».

piège au sultan. On envoya donc à El-Fad'l son ami Fetita pour tenter une réconciliation et lui porter leur demande à tous les trois de reprendre comme chambellan Ibn Tâferâdjîn, qui avait eu cette charge auprès de son père et qui avait été premier ministre, et de destituer Ibn 'Ottoû. Le prince refusa tout d'abord, puis accepta, et comme les tribus des conjurés étaient campées sous les murs de Tunis, on lui demanda d'aller jusqu'à elles pour sceller définitivement les conventions intervenues. Il consentit, et une fois hors de la ville, il fut entouré par la foule des nomades et emmené vers leurs tentes. Grâce à eux, Ibn Tâferâdjîn put ainsi entrer à Tunis le 11 djomâda I 751. Le sultan Aboû 'l-'Abbâs el-Fad'l, alors âgé de vingt-neuf ans et huit mois, avait régné à Tunis cinq mois et douze jours.

On intronisa à sa place son frère l'émir Aboû Ish'âk' Ibrâhîm, fils du sultan Aboû Yah'ya Aboû Bekr et descendant des émirs légitimes, qui était né en rebi' I 737 d'une esclave nommée K'orb er-Rid'â, et à qui l'on prêta serment de fidélité le 11 djomâda I 751. En effet, Aboû Moh'ammed ben Tâferâdjîn étant entré dans Tunis après qu'on se fut emparé du sultan Aboû 'l-'Abbâs el-Fad'l, se rendit à la demeure d'Aboû Ish'âk' Ibrâhîm, à la mère de qui [P. 78] il souscrivit tous les actes et engagements de nature à la satisfaire, puis il emmena ce prince au palais, l'installa sur le trône khalifat, et l'on procéda à la double intronisation privée et publique. Le nouveau sultan, qui n'était pas encore pubère, reçut les Benoû Ka'b, qui vinrent lui apporter leur soumission; il fit emprisonner son frère El-Fad'l, qui fut mis à sa disposition, et pendant la nuit l'ex-souverain fut étranglé dans sa prison. Le chambellan Aboû 'l-K'âsim ben 'Ottoû parvint à s'enfuir, mais peu de temps après il fut découvert et fait prisonnier ; il fut mis à la torture et périt dans les souffrances. Les gouverneurs des divers districts reçurent et exécutèrent l'ordre de faire prêter serment à leurs administrés. Ibn Yemloûl, gouverneur de Tawzer, envoya son adhésion avec le produit des impôts et les cadeaux (habituels), et les gouverneurs de Gafça et de Neft'a firent de même ; mais Ibn Mekki agit autrement et commença à susciter des difficultés à Ibn Tâferâdjin, dont il voyait avec déplaisir la tutelle dans laquelle il tenait le sultan et l'accaparement de toute l'administration ; les résultats en furent ce qu'on verra plus loin.

Aboû Moh'ammed 'Abd Allâh ben Tâferâdjin s'attribua donc la complète direction du royaume d'Ibrâhim, qui fut surnommé El-Mostançir billâh (1). Les habitants de Tunis n'eurent pas à se plaindre de l'administration d'Ibn Tâferâdjin, à qui cependant il faut reprocher de n'avoir pu assez faire sentir son autorité ni aux Arabes ni pour [la sécurité] des routes, et d'avoir élevé les impôts prélevés sur les navigateurs. Il entretenait avec Aboû 'Inân, sultan du Maghreb, un commerce par cadeaux qu'interrompit le refus opposé par la fille du khalife Aboû Yah'ya Aboû Bekr à la demande en mariage de ce prince, refus qu'elle basa sur le bruit parvenu jusqu'à ses

---

(1) C D et Kayrawâni texte, p. 140 ; A B lisent El-Montaçir ; Ibn Khaldoûn ne donne pas le surnom de ce prince ; les monnaies frappées à son nom portent l'orthographe que nous avons adoptée (*Catalogue des monnaies musulmanes de la Bibliothèque nationale, Espagne et Afrique,* n° 966).

oreilles qu'un tremblement nerveux le rendait impropre à l'acte sexuel.

En 752 (28 fév. 1351), le prince de Constantine Aboû Zeyd 'Abd er-Rah'mân, fils d'Aboû 'Abd Allâh Moh'ammed, fils du sultan Aboû Yah'ya Aboû Bekr, expédia de cette ville contre Tunis une armée dont l'équipement lui avait coûté fort cher et qui était commandée par son affranchi le général Meymoûn. Ibn Tâferâdjîn, quand il eut vent de la chose, expédia de Tunis des troupes commandées par Felita ben H'amza. Mais dans la rencontre qui eut lieu sur le territoire des Hawwâra la fortune se déclara contre les Awlâd Aboû 'l-Leyl : Felita périt et les fuyards regagnèrent Tunis, tandis que les troupes ennemies envahirent le pays et y poussèrent leurs pillages jusqu'à Obba (1) avant de rentrer à Constantine. Ce fut Khâlid ben H'amza, frère de Felita, qui remplaça celui-ci comme chef des Awlâd Aboû 'l-Leyl.

Pendant que ces événements se passaient, Ah'med ben Mekki écrivit de Gabès à Aboû Zeyd pour lui annoncer qu'il viendrait se joindre à lui, et en effet, à la fin de l'hiver [P. 79] il se dirigea de son côté avec les Awlâd Mohalhel. Le prince se porta à sa rencontre et le nomma son chambellan et généralissime ; en çafar 753, les troupes quittèrent Constantine pour se mettre en campagne. Ibn Tâferâdjîn leva une armée très bien équipée qu'il confia au sultan Aboû Ish'âk' Ibrâhîm ; son propre fils Moh'ammed devait diriger les opérations militaires, et il attribua les fonctions de chambellan au juriste Aboû 'Abd

---

(1) Non loin de Laribus (Bekri, p. 130) ; c'est ainsi qu'il faut lire avec A B et Ibn Khaldoûn, au lieu de الدرية de C D.

Allâh [Moh'ammed] ben Nizâr. Dans la bataille qui fut livrée à Mermâdjenna, les lignes d'Aboû Ish'âk' furent enfoncées et ses troupes, qui se débandèrent, furent l'objet d'une poursuite qui se prolongea jusqu'au soir. Le sultan s'enferma dans Tunis avec son chambellan Aboû Moh'ammed ben Tâferâdjîn ; les ennemis les y assiégèrent pendant plusieurs jours, mais sans résultat, puis se retirèrent. On apprit alors qu'Aboû 'Inân, sultan du Maghreb extrême, après avoir conquis le Maghreb central, s'avançait vers l'Est et était arrivé à El-Mediyya (Médéa).

L'émir de Bougie, Aboû 'Abd Allâh Moh'ammed, avait marché, d'après les instructions secrètes d'Ibn Tâferâdjîn, contre Constantine quand cette ville avait été laissée à elle-même et avait commencé à assiéger la garnison ; puis la nouvelle arriva qu'il avait regagné Bougie pour éviter la rencontre des Mérinides. Aboû Zeyd alors songea à retourner promptement à Constantine ; mais sur la demande d'Ibn Mekki et des Awlâd Mohalhel, qui le prièrent de leur laisser un de ses frères autour de qui ils pussent se grouper, il leur donna comme chef son frère Aboû 'l-'Abbâs Ah'med. Ce prince resta auprès d'eux, ainsi que son frère germain Aboû Yah'ya Zakariyyâ, jusqu'aux événements qui seront dits plus loin. Quant à Aboû Zeyd, il regagna Constantine pour y attendre l'arrivée des troupes mérinides.

De son côté Aboû 'Inân, après avoir conquis le Maghreb central, ce qui serait trop long à raconter, et être entré à Tlemcen, envoya des troupes pour conquérir les places frontières et étendre les limites de l'empire. C'est ainsi qu'Alger, Milyâna et Médéa furent conquises. Aboû 'Abd Allâh Moh'ammed, seigneur de Bougie, fit main basse sur [les 'Abd el-wâdites] Aboû Thâbit et les siens, qui s'étaient enfuis de son côté, et les emmena à Bougie : Aboû 'Inân en effet lui avait fait demander de ne pas leur laisser le chemin libre. Il se porta à la rencontre de ce dernier prince en traînant avec lui ses prisonniers, et le trouva en dehors de Médéa. Le Mérinide, après lui avoir exprimé sa reconnaissance, retourna à Tlemcen en emmenant les captifs et fit son entrée dans cette ville en grande pompe : Aboû Thâbit ez-Za'îm (le prétendant) et son vizir étaient montés sur des chameaux. Le lendemain il les fit emmener dans la campagne et les fit massacrer l'un et l'autre à coups de lances. Quant à Aboû Zeyyân Moh'ammed, fils du sultan Aboû Sa'îd 'Othmân, il le fit jeter en prison et l'y oublia. Ainsi finit pour la seconde fois la domination des 'Abd el-wâdites à Tlemcen.

Aboû 'Inân fit ensuite insinuer par ses agents à Moh'ammed, émir de Bougie, qu'il serait préférable [P. 80] pour lui de renoncer à cette ville (1) pour trouver auprès de ce sultan une plus haute situation, en acceptant par contre la ville de Miknâsa (Mequinez). Il y consentit la mort dans l'âme, et Miknâsa lui fut concédée à titre de fief, mais retirée au bout de peu de jours, et il reçut l'ordre de se rendre au Maghreb. Bougie fut confiée aux soins d''Omar ben 'Ali, fils du vizir Ibn Aboû Wat'tâs.

Dans les premiers mois de 755 (26 janv. 1354), Aboû 'Inân nomma gouverneur de Bougie et de son

---

(1) Il faut certainement, malgré A B C D, lire من بجاية ; on trouve dans Ibn Khaldoûn deux versions quelque peu différentes (iii, 47; iv, 295).

territoire son vizir 'Abd Allâh ben 'Ali ben Sa'îd, qui, ayant reçu l'ordre de rejoindre son poste, fit son entrée dans cette ville. Ce gouverneur alla ensuite assiéger Constantine, mais sans succès, et rentra à Bougie.

Le 10 rebi' II de la dite année (5 mai 1354), les chrétiens s'emparèrent par trahison de Tripoli (1). Certains d'entre eux s'étaient donnés pour des marchands, et Ibn Thâbit, gouverneur de la ville, les avait accueillis comme tels. Vers le matin [ceux qui étaient restés dehors] dressèrent des échelles, escaladèrent les murailles et se rendirent maîtres de la ville. Le gouverneur s'enfuit, mais tomba entre les mains des Arabes, qui l'exécutèrent, lui et son frère, pour tirer vengeance du sang des leurs qu'ils avaient répandu. Les chrétiens restèrent maîtres absolus de la ville pendant environ quatre mois; ils la quittèrent le 12 cha'bân de la dite année après en avoir tout enlevé pour le transporter à Gênes, leur patrie, et n'y laissant que le vide absolu. Dans l'entretemps les Arabes avaient pu massacrer comme ils l'entendaient les musulmans [sédentaires], jusqu'au moment où Ibn Mekki, seigneur de Gabès, s'entremit en faveur de la malheureuse ville, et se vit demander par les [chrétiens] 50,000 pièces d'or pur. Il fit demander au sultan Aboû 'Inân de les lui prêter en gardant le mérite de cette bonne œuvre, mais l'ennemi refusant d'attendre, il réunit tout ce qu'il possédait, et il obtint le complément de la somme des habitants de Gabès, d'El-H'amma et du Djerîd à titre de pure cha-

_____
(1) Ibn Khaldoûn, III, 51-52, ne donne pas la date précise de cet évènement.

rité. Les chrétiens alors lui livrèrent Tripoli, où il établit son autorité. Ensuite Aboû 'Inân lui fit porter la somme demandée par le khat'îb Aboû 'Abd Allâh ben Merzoûk' et par Aboû 'Abd Allâh Moh'ammed, petit-fils d'Aboû 'Ali 'Omar ben Seyyid en-Nâs, en l'invitant à restituer aux donateurs ce qu'ils avaient avancé et ajoutant qu'il lui en laissait tout le mérite; mais comme ceux-ci s'y refusaient, la somme fut consignée entre les mains d'Ibn Mekki pour être affectée à ce remboursement (1). Aboû 'Inân donna le gouvernement de Tripoli à Ah'med ben Mekki, et celui de Gabès et de Djerba à son frère 'Abd el-Melik.

En 755 (26 janv. 1354), le prix des vivres augmenta considérablement à Tunis, à ce point que le k'afîz de blé valut onze dinars d'or, et l'orge, la moitié de ce prix.

En 755, mourut l'imâm du Djâmi' ez-Zitoûna le cheykh Aboû Ish'âk' Ibrâhîm Bestli ; il fut remplacé dans ces fonctions par le grand cheykh de Tunis, Aboû 'Abd Allâh Moh'ammed ben 'Arafa Warghemi.

[P. 81]. En 757 (2), (5 janv. 1356) le vizir 'Abd Allâh ben 'Ali ben Sa'îd, gouverneur de Bougie, marcha contre Constantine, dont il commença et poursuivit le siège malgré la résistance qu'elle lui opposa, si bien qu'Aboû Zeyd, qui commandait dans cette ville, chercha le moyen, pour échapper aux rigueurs du siège, de fuir dans le désert ou ailleurs.

---

(1) Le récit d'Ibn Khaldoûn (III, 52) n'est pas complètement identique.

(2) A B C lisent 759, date qui ne paraît pas admissible ; voir Ibn Khaldoûn (III, 55), où l'ordre chronologique des faits laisse également beaucoup à désirer.

A la suite de la brouille survenue entre Khâlid ben H'amza et le cheykh Aboù Moh'ammed ben T'aferâdjîn, celui-ci s'adressa à la famille rivale, les Awlâd Mohalhel, qui se rendirent à la demande d'appui qu'il leur adressa. Khâlid alors opéra sa jonction avec le sultan Aboù 'l-'Abbâs Ah'med et ils allèrent de concert mettre le siège devant Tunis, en la dite année [756?], mais la résistance que fit cette ville les força à se retirer. Aussitôt après cela, Aboù Zeyd fit demander à son frère Aboù 'l-'Abbâs de lui envoyer de l'aide pour le débloquer et faire lever le siège aux Mérinides. Aboù 'l-'Abbâs consentit à sa demande et marcha à son secours avec Khâlid et les siens, si bien qu'Aboù Zeyd délivré put avec celui-ci mettre à son tour le siège devant Tunis. Un conseil préalablement réuni pour désigner celui qui resterait à Constantine avait, sur l'avis du mizwâr le général Nebil, choisi pour cette mission son frère Aboù 'l-'Abbâs, qui entra dans cette ville pour y exercer les fonctions de gouverneur. Mais Aboù Zeyd, dont les Arabes se dispersèrent, ne put parvenir à s'installer à Tunis et se retira à Bône. Cependant son plus vif désir était de retourner à Constantine, dont les habitants au contraire tenaient beaucoup à leur gouverneur son frère Aboù 'l-'Abbâs Ah'med, à cause de sa piété et de sa sagesse. En conséquence, ce dernier ne bougea pas, et à la suite de la consultation qu'il eut avec les assiégés, il fut dressé un acte auquel plusieurs des adels et des grands de la ville apposèrent leurs signatures, aux termes duquel l'émir Aboù Zeyd ne pouvait défendre la ville ni en administrer les affaires à cause de son insuffisance; au contraire, y était-il dit, l'émir le plus apte à la défendre et par suite à occuper le trône était son frère Aboû 'l-'Abbâs Ah'med. Aussi l'intronisation de celui-ci se fit-elle en cha'bân 756 (1). Aboû Zeyd perdit alors tout espoir de recouvrer Constantine, dont son frère était le maître incontesté, et d'autre part n'osa pas se réinstaller dans sa résidence de Bône. Il fit alors offrir à Ibn Tâferâdjin d'aller résider à Tunis et de céder Bône à son oncle le sultan Aboû Ish'âk', et cette proposition ayant été acceptée, il se rendit dans la capitale en compagnie de ceux de ses intimes qui avaient jusqu'alors partagé sa fortune ; on lui assigna plusieurs demeures et de larges revenus, et il se mit ainsi sous la surveillance de ceux qu'il avait autrefois combattus. Quant à Aboû 'l-'Abbâs, il exerça le pouvoir à Constantine, y revendiquant les attributions de la royauté (2) et participant aux travaux de défense.

Vers la fin de l'année 757, le bruit se répandit dans le camp des assiégeants qu'Aboû 'Inân venait de succomber, alors qu'il était simplement malade. L'origine de cette rumeur remontait à ce fait, que le vizir 'Abd Allâh ben 'Ali s'était éloigné [P. 82] de Constantine pour aller camper au Wâdi 'l-K'ot'n (3), où un cavalier lui apporta une lettre d'Aboû 'Inân qui lui enjoignait de retourner à Bougie, de sorte qu'il livra aux flammes les mangonneaux et les autres engins trop lourds avant de se retirer. Quand Aboû 'l-'Abbâs apprit ce qui se passait, il équipa un

---

(1) Ibn Khaldoûn (III, 55 donne ici la date de 755 ; cf. p. 113, n. 2.

(2) D ونوب زعماء ; lisez وقرون زعماء الملوك qui est la leçon de B, plus ou moins défigurée dans A C.

(3) Ibn Khaldoûn (III, 56 ; cf. IV, 311) place le lieu de la bataille à Beni-Bâourâr.

corps de troupes après s'être entendu avec les Benoû
Yoûsof et des habitants de cet endroit; une attaque nocturne fut organisée, en dhoû 'l-h'iddja 757, (déc. 1356)
contre le camp mérinide. Les assaillants se livrèrent
au pillage, mirent la cavalerie en fuite et tuèrent
[deux] des fils de Moûsa ben Ibrâhîm ; le vizir lui-
même fut blessé et s'enfuit vers le Maghreb. Aboû
'Inân venait de se relever de maladie quand ces événements parvinrent à sa connaissance entre le 10 et
le 13 dhoû 'l-'h'iddja (ayyâm et-techrik') ; il fut saisi
de colère et de chagrin, et se mit en marche sur
Constantine. En apprenant son départ, Aboû 'l-'Abbâs envoya à Tunis son frère Aboû Yah'ya Zakariyyâ pour réclamer du secours de leur oncle le sultan Aboû Ish'âk', mais il était trop tard. Aboû 'Inân
en se mettant en marche se fit précéder par son
avant-garde, que commandait le vizir Fâris ben
Meymoûn, lequel commença le siège de Constantine
dès le 20 redjeb 758 (10 juillet 1357) et le poussa
très vigoureusement. Comme Aboû 'l-'Abbâs ne s'é-
loignait des murailles que pour procéder aux ablutions exigées pour la prière, un archer de l'armée
assiégeante l'aperçut et lui décocha une flèche qui
pénétra obliquement sous son cou dans les plis du
turban ; la frayeur de ses troupes fut grande, mais
Dieu le sauva. Puis eut lieu l'arrivée d'Aboû 'Inân
qui, traînant tout un monde à sa suite, vint camper
devant Constantine le 12 cha'bân de la dite année.
Avant même de s'installer, il fit le tour de la ville
sous un déguisement et se convainquit de l'impossi-
bilité de s'en emparer, ce qui le rendit soucieux toute
la nuit. Mais de leur côté les Constantinois, effrayés
du grand nombre des nouveaux venus, se glissèrent

secrètement et les uns après les autres jusqu'à lui. Le sultan Aboû 'l-'Abbâs Ah'med gagna d'abord la K'açba pour s'y défendre, puis demanda à traiter en stipulant pour lui-même la vie sauve et un pardon complet pour les Constantinois. Aboû 'Inân ayant signé cet engagement en promettant par les serments les plus sacrés de le tenir, le sultan Ah'med sortit avec un certain nombre d'hommes, mais alla tout seul trouver de nuit son adversaire, puis se rendit aux tentes préparées à son intention dans le voisinage. Peu de jours après, le vainqueur, changeant d'idée et contrairement à sa parole, l'embarqua pour le Maghreb et l'installa sous bonne garde à Ceuta ; il embarqua également pour la même destination les principaux de Constantine.

A la suite de sa conquête de cette ville, il envoya à Aboû Moh'ammed ben Tâferâdjîn des messagers chargés de réclamer sa soumission et son départ de Tunis; mais ce chef les renvoya [P. 83] et continua lui-même de rester à Tunis après avoir envoyé en campagne le sultan Aboû Ish'âk' Ibrâhîm et les Awlâd Aboû'l-Leyl, ainsi que des troupes bien équipées et pourvues d'auxiliaires *(djond)*. Aboû 'Inân décida alors de l'attaquer, et les Awlâd Mohalhel, qui vinrent le trouver, le poussèrent dans le même sens, de sorte qu'il envoya à la fois contre Tunis une flotte commandée par le *k'â'id* Aboû 'Abd Allâh Moh'ammed el-Ah'mar et une armée de terre que commandait Yah'ya ben Rah'h'où et qui était renforcée par les Awlâd Mohalhel. La flotte arriva la première devant Tunis et se rendit maîtresse de cette ville au bout d'un jour, ou même moins, de combat, et Ibn Tâferâdjîn se retira à Mehdiyya. Cette conquête des Mérinides eut lieu en ramad'ân 758 (août-sept. 1357), et Ibn Rah'h'oû, qui était arrivé sur les lieux, entra ensuite dans la ville pour y faire exécuter les ordres du sultan. Mais il en sortit bientôt, la laissant sous la garde d'Ibn el-Ah'mar et de la flotte, pour répondre à l'appel que lui adressaient les Awlâd Mohalhel, à l'effet d'attaquer inopinément les Awlâd Aboû 'l-Leyl et le sultan Aboû Ish'âk'. Ce dernier se tenait dans le Djerîd avec Khâlid ben H'amza, mais avait laissé ses enfants et ses bagages à Mehdiyya sous la garde du cheykh 'Abd Allâh ben Tâferâdjîn.

Le sultan [mérinide] avait fait partir avec son armée de terre le juriste versé dans les traditions, le *khat'îb* Ibn Merzoûk' chargé de demander la main de la fille du sultan Aboû Yah'ya Aboû Bekr. Cet envoyé s'aboucha avec la mère de la princesse, qui le renvoya au lendemain pour traiter ce sujet en présence du k'âd'i et d'autres personnes. Mais quand le lendemain il retourna au rendez-vous, elle se tint cachée, car cette demande du sultan Aboû 'Inân lui était désagréable, de sorte qu'il ne la rencontra pas.

Dans l'intervalle Aboû 'Inân avait reçu à son camp près de Constantine la prestation de serment de Yah'ya ben Yemloûl et d''Ali ben el-Khalaf, chef de Neft'a; Ibn Mekki vint également renouveler ses promesses de fidélité, et le chef riyâh'ide Ya'k'oûb ben 'Ali lui rendit aussi visite ; à tous il donna dans la ville une hospitalité exceptionnelle (1). Mais ensuite Ya'k'oûb se mit en révolte ouverte à cause de la perfidie d'Aboû 'Inân, qui se montrait hostile aux

---

(1) Le texte d'A B C, où on lit le nom du chef des Riyâh' « Ya'k'oûb ben Meri », est plus bref et paraît corrompu ; nous avons suivi D et Ibn Khaldoûn (IV, 313 et 314).

Arabes, leur réclamait des ôtages et les empêchait de prélever des contributions de guerre. Il gagna donc la région des sables, où le sultan voulut le poursuivre, mais sans succès, de sorte que ce prince, se tournant contre les forts et les campements de son ennemi dans le Tell et le Sahara, y porta la ruine et le pillage. Il retourna ensuite à Constantine, d'où il partit pour se rendre à Tunis ; mais aussitôt Aboû Ish'âk' et ses partisans quittèrent le Djerîd pour se porter à sa rencontre et arrivèrent ainsi jusqu'à la banlieue de Tébessa. Alors les chefs mérinides s'entendirent pour quitter le sultan, afin de ne pas [P. 84] s'exposer en Ifrîk'iyya aux mêmes mécomptes qu'autrefois, et ils se débandèrent pour gagner secrètement le Maghreb. Lorsque le camp eut commencé à se vider, ceux qui restaient se mirent à réclamer à grands cris le Maghreb, et quand le sultan sut ce que cela voulait dire, il donna l'ordre du retour, *tandis que les Arabes filaient sur ses traces* (1). Quand Aboû Moh'ammed ben Tâferâdjin, abrité dans son refuge de Mehdiyya, connut ce qui se passait, il se rendit à Tunis, et les Mérinides qui s'y trouvaient, prévenus de son approche et menacés par un soulèvement des habitants, s'embarquèrent en toute hâte pour le Maghreb, si bien qu'Ibn Tâferâdjin rentra dans la ville après une absence de soixante-dix jours.

Quand le sultan Aboû Ish'âk' connut ces événements, il se mit en marche vers sa capitale et y fit son entrée le 4 dhoû 'l-h'iddja 758, non sans avoir

___

(1) Au lieu de ces mots, A B C, d'accord avec Ibn Khaldoûn (IV, 313), disent : « Il [avait] nommé au gouvernement de Constantine le chef mérinide Mançoûr ben el-H'âdjj Khalloûf Beyâni [ou Yabâni] et l'avait installé en 758 dans la K'açba de cette ville. »

d'abord envoyé Aboû Zeyd à la tête des troupes du *djond* et d'Arabes pour poursuivre les Mérinides et assiéger Constantine. Aboû Zeyd continua la poursuite jusqu'aux limites du territoire, puis revint attaquer Constantine pendant plusieurs jours. Mais à la suite de la résistance de cette ville, il retourna dans la capitale, d'où il ne sortit plus jusqu'à l'époque de sa mort.

A son retour à Fez, à la nouvelle lune de dhoû 'l-h'iddja de la dite année, Aboû 'Inân punit la plupart de ses guerriers pour avoir refusé de l'accompagner à Tunis. Le lendemain de son arrivée, il fit emprisonner quatre-vingt-quatorze cheykhs mérinides et fit exécuter son vizir Fâris ben Meymoûn (1) et plusieurs chefs du *djond*. Il fit subir un interrogatoire au juriste Aboû 'Abd Allâh ben Merzoûk' : « Pourquoi, » lui dit-il, « n'as-tu pas mis la main sur la [fille du sultan Aboû Yah'ya] lorsque tu es allé la demander en mariage pour moi ? — Une princesse que cherche à épouser un sultan, » répondit le juriste, « comment donc aurais-je mis la main sur elle ? » Cette affaire valut à Ibn Merzoûk' un emprisonnement de six mois.

En djomâda 759, Aboû Ish'âk' entreprit l'expédition qui lui valut, au mois de cha'bân, la conquête de Mehdiyya. Antérieurement il avait donné le gouvernement de cette ville à son frère l'émir Aboû Yah'ya Zakariyyâ, dont il avait nommé chambellan, avec pleins pouvoirs, Ah'med ben Khalaf, partisan dévoué d'Ibn Tàferàdjîn. Cet état de choses, postérieur à la retraite du sultan Aboû 'Inân, dura un an

(1) A B C, Fâris ben 'Ali ben Wedrân [ou Werdân]. Dans Ibn Khaldoûn, on lit Fâris ben Meymoûn ben Wedrâr.

ou moins, puis devint odieux à Aboû Yah'ya, qui dressa à Ah'med ben Khalaf une embûche nocturne, où ce ministre périt. Le prince fit alors prier Aboû 'l-'Abbâs Ah'med ben Mekki, prince de Djerba et de Gabès, de remplir auprès de lui les fonctions de chambellan, car il n'ignorait pas l'animosité de celui à qui il s'adressait contre Ibn Tâferâdjîn. Ibn Mekki se rendit auprès de lui, et ils adressèrent aussitôt à Aboû 'Inân des pigeons porteurs de ces nouvelles, ainsi que des messagers lui annonçant qu'ils reconnaissaient son autorité [P. 85] et imploraient son secours. Mais les révoltés durent fuir devant l'armée qu'Ibn Tâferâdjîn envoya contre eux, et tandis qu'Aboû Yah'ya Zakariyyâ s'enfermait dans Gabès, ces troupes conquirent Mehdiyya, dont Ibn Tâferâdjîn confia l'administration à Moh'ammed ben ed-Dekdâk (1). Aboû Yah'ya, d'abord installé à Gabès, participa avec Ibn Mekki à une expédition contre Tunis, puis ce prince se retira chez les Dawâwida et reçut l'hospitalité chez Ya'k'oûb ben 'Ali, dont il devint l'allié par son mariage avec la nièce de ce chef, fille de son frère Sa'îd ; il séjourna chez ce peuple jusqu'au jour où il entreprit une expédition contre Tunis, sous le règne du sultan Aboû 'l-'Abbâs ; il en sera parlé plus loin.

A la fin de 759, mourut le sultan Aboû 'Inân, qui était arrivé à l'âge de trente ans, dont il avait régné dix. Il eut pour successeur son fils Moh'ammed es-Sa'îd, sous la tutelle du vizir et meurtrier du prince défunt, El-H'asan ben 'Omar Boûdoûdi (2).

---

(1) B C, الشكشك ; A السكساك ; Ibn Khaldoûn (texte, I, 589, المجكجاك.

(2) B C, Berdoûdi. Sur ces événements, voir *Berbères* (III, 66; IV, 317).

Mais Mançoûr ben Soleymân ben Mançoûr (1) ben 'Abd el-H'ak'k' se révolta contre Sa'îd, assiégea la nouvelle Fez, siège du gouvernement, et fut reconnu par toutes les provinces. Il fit (2) venir de Ceuta, où il était emprisonné, le sultan de Constantine Aboû 'l-'Abbâs et lui permit, en redjeb 760 (juin 1359), de retourner dans son pays.

La même année, Aboû Ish'âk', qui régnait à Tunis, fit une expédition contre Constantine, qu'occupaient les Mérinides et l'attaqua pendant un certain temps, puis se dirigea sur Bougie ; les habitants de cette ville se soulevèrent contre l'officier Mérinide qui y commandait, Yah'ya ben Meymoûn ben Maçmoûd (3). On l'enchaîna et on l'envoya par mer à Tunis, où il fut jeté en prison. Aboû Ish'âk' fit son entrée à Bougie en 761 (23 nov. 1359) et y exerça une autorité absolue pendant cinq ans, période pendant laquelle il fut soutenu de Tunis par son chambellan et tuteur Aboû Moh'ammed ben Tâferâdjîn. Il en sortit à la suite d'un traité de paix qui la rendit à son ancien maître, le neveu d'Aboû Ish'âk', c'est-à-dire l'émîr Aboû 'Abd Allâh Moh'ammed fils d'Aboû Zakariyyâ fils du sultan Aboû Yah'ya Aboû Bekr, qui ne réussit [à rentrer dans la ville] qu'après plusieurs tentatives. Aboû Ish'âk' se rendit par terre à Tunis (4).

En la même année [760], l'émîr Aboû Sâlim, fils du sultan mérinide Aboû 'l-H'asan, quitta secrètement Grenade pour aller à Séville demander au roi

---

(1) B C ajoutent « ben 'Abd el-Wâh'id ». Voir *Berbères* (iv. 325).
(2) A B C ajoutent « par l'intermédiaire de leur (A!lit sa) sœur ».
(3) B, Yah'ya ben Mançoûr ben Eç-Çamoûd ; voir *ibid.* (iii, 62).
(4) En ramad'ân 765 (*ibid.*, iii, 69).

chrétien de l'aider à reconquérir le royaume de ses pères : il venait en effet d'apprendre la mort de son frère Aboû 'Inân et les troubles qui désolaient sa patrie, et avait perdu tout espoir d'être soutenu par le prince [musulman] d'Espagne. Le prince chrétien compatissant à ses chagrins fit équiper un vaisseau de sa flotte pour les transporter, lui et ses partisans, sur le littoral maghrébin. [P. 86] Ils débarquèrent au Djebel eç-Çafîh'a (1), sur la route de Ceuta, en même temps qu'arrivait le sultan Aboû 'l-'Abbâs, qui venait de sortir de la prison où il avait été renfermé dans cette ville. Ce fut sur cette route que naquit Aboû Ish'âk' Ibrâhîm, fils d'Aboû 'l-'Abbâs. Aboû Sâlim, quand il rencontra Aboû 'l-'Abbâs, n'avait guère avec lui qu'une huitaine d'Espagnols, et il lui demanda de lui prêter son aide, s'engageant par contre, s'il réussissait, à restaurer Aboû 'l-'Abbâs sur le trône de Constantine. Ce dernier, qui s'arrêta [quelque temps] avec lui, avait, entre autres compagnons, le k'â'id Bechîr. Puis Aboû Sâlim, dont [l'arrivée et] la situation s'ébruitèrent, vit venir à lui les tribus montagnardes (2).

Mançoûr ben Soleymân, qui s'était insurgé, avait envoyé une armée commandée par ses deux frères 'Isa et T'alh'a pour combattre l'émir Aboû Sâlim, et les hostilités s'engagèrent ; mais les troupes d'Ibn Soleymân abandonnèrent son parti pour faire cause commune avec Aboû Sâlim. H'asan ben 'Omar Boûdoûdi quitta également le parti de Moh'ammed es-Sa'îd ben Aboû

---

(1) Cette montagne, dit M. de Slane, est probablement celle qui s'élève au sud de Tétouan (*Not. et extr. des mss.*, xix, 1ᵉ p. p. XXXVI).

(2) Voir *Berbères*, iv, 328.

'Inân à Fez et reconnut l'autorité d'Aboû Sâlim, de sorte que celui-ci se trouva maître du Maghreb tout entier et put faire son entrée dans la Ville neuve de Fez le vendredi 15 cha'bân 760. Il accorda sa faveur particulière (1) au khat'îb de son père, le savant Aboû 'Abd Allâh Moh'ammed ben Ah'med ben Merzoûk', et confia le sceau et le secrétariat privé au juriste et h'âfiz' Aboû Zeyd 'Abd er-Rah'mân ben Khaldoûn, l'auteur du *Terdjomân el-'iber*, qui avait quitté l'armée de Mançoûr ben Soleymân quand il avait vu décliner la fortune de celui-ci et briller l'étoile d'Aboû Sâlim, et qui se trouva ainsi récompensé.

Quand Aboû Sâlim se fut installé à Fez, où il avait à côté de lui Aboû 'l-'Abbâs Ah'med, il donna l'ordre de rendre à la liberté l'émir de Bougie, Aboû 'Abd Allâh Moh'ammed. En 761 (23 nov. 1359), il se dirigea sur Tlemcen et entra dans la ville, où il séjourna quelque temps ; ce fut à cette époque qu'Aboû 'l-'Abbâs alla rendre visite à (la tombe de) Sîdi Aboû Medyen et s'engagea par serment à ne rendre le mal que par le bien.

Aboû Sâlim écrivit ensuite à Mançoûr ben el-H'âddj Khalloûf, qu'Aboû 'Inân avait placé à Constantine en qualité de gouverneur, de quitter cette ville et de la céder à Aboû 'l-'Abbâs, qu'il avait envoyé à cette destination en lui faisant rendre des marques de respect, et qui entra dans la dite ville en ramad'ân de cette année.

Aboû Yah'ya Zakariyyâ était toujours resté à Tu-

---

(1) Pour le sens que nous donnons au mot ambigu اصطفى, comparez les détails que fournit l'autobiographie d'Ibn Khaldoûn (*Not. et extr. des mss.*, t. XIX, 1re p, p. XXXVIII et s.).

nis depuis le jour où son frère Aboû 'l-'Abbâs l'avait envoyé solliciter l'aide de leur oncle le sultan Aboû Ish'âk'. Aussi la réinstallation d'Aboû 'l-'Abbâs à Constantine [P. 87] fut-elle cause qu''Abd Allâh ben Tâferâdjîn, craignant que sa colère ne se manifestât par des hostilités et désireux de se créer une sauvegarde en la personne de Zakariyyâ, fit interner celui-ci dans la K'açba de Tunis, en ayant soin d'ailleurs de lui faire rendre tous les honneurs. Aboû 'l-'Abbâs commença par entamer des négociations pour la paix et obtint la mise en liberté de son frère. La paix fut d'ailleurs conclue entre eux. Zakariyyâ, revenu à Constantine, fut mis par Aboû 'l-'Abbâs à la tête de l'armée et marcha sur Bône, qu'il conquit en 762 (1); le souverain l'installa avec des troupes dans cette ville, dont il le nomma gouverneur et qui devint la limite du territoire confié à ses soins. La situation de cette ville ne changea plus désormais.

Dans la nuit du (lundi au) mardi 17 dhoû 'l-k'a'da de la dite année, 'Omar ben 'Abd Allâh ben 'Ali se révolta dans la Ville neuve de Fez contre Aboû Sâlim et reconnut l'autorité de Tâchefîn el-Mawsoûs, fils du sultan mérinide Aboû 'l-H'asan. Aboû Sâlim partit de l'ancienne Fez pour le combattre, mais son armée l'abandonna et s'enfuit à la Ville neuve; lui-même dut prendre la fuite, mais il fut poursuivi et tué, et sa tête fut rapportée à la Ville neuve.

Le peuple réclama ensuite avec vivacité auprès d'Omar ben 'Abd Allâh contre le choix qu'il avait fait de Tâchefîn, prince inintelligent, et ce chef envoya des messagers à l'émir Moh'ammed ben 'Abd

---

(1) Cette date, que donne également Ibn Khaldoûn (III, 63), a été transformée dans B, à l'aide d'un grattage, en 763 31 oct. 1361.

er-Rah'mân, petit-fils du sultan Aboû 'l-H'asan, lequel s'était réfugié en pays chrétien pour échapper à son oncle le sultan Aboû Sâlim, et il fit reconnaître l'autorité de ce nouveau prince à la mi-çafar 763 (mi-décembre 1361); quant à Tâchefîn, il le déposa et le relégua, lui et son harem, dans son hôtel.

En la même année 763 (31 oct. 1361), les habitants de Djerba, exaspérés contre les manières d'agir d'Ibn Mekki, firent parvenir secrètement leurs doléances au chambellan Aboû Moh'ammed ben Tâferâdjîn, qui leur envoya des troupes commandées par son fils Aboû 'Abd Allâh Moh'ammed. Ah'med ben Mekki se trouvant alors à Tripoli, Aboû 'Abd Allâh débarqua ses troupes dans l'île, assiégea le fort d'El-K'achtil, qu'il finit par emporter d'assaut, et se rendit maître de toute l'île. Il y fit reconnaître l'autorité du souverain de Tunis, et après y avoir installé comme gouverneur son secrétaire Moh'ammed ben Aboû 'l-K'âsim ben Aboû 'l-'Oyoûn, il regagna la capitale.

Au commencement de 766 (28 sept. 1364), mourut à Tunis le chambellan Aboû Moh'ammed ben 'Abd Allâh ben Tâferâdjîn, qui fut inhumé dans le collège fondé par lui, qui se trouve au pont d'Ibn Sâkin, en deçà du Bâb es-Soweyk'a. Le khalife Aboû Ish'âk' assista à la cérémonie jusqu'à la mise au tombeau. A partir de la mort de son ministre il exerça librement le pouvoir et la réalité du gouvernement passa entre ses mains.

Lorsque le sultan Aboû Ish'âk' Ibrâhim, en 765, quitta Bougie par terre, comme nous l'avons dit, il fit route par Constantine et reçut dans cette ville l'hospitalité [P. 88] d'Aboû 'l-'Abbâs, fils de son frère et émir de cette ville; puis après s'y être reposé quelques jours avec sa famille et ses serviteurs, il reprit sa marche vers sa capitale (1). Après son arrivée à Tunis et quelque temps avant la mort du chambellan Aboû Moh'ammed, il devint son gendre par suite du mariage qu'il contracta avec sa fille. Aboû 'Abd Allâh Moh'ammed, fils du défunt, était, au moment où son père mourut, en tournée pour prélever les impôts et pacifier le pays, et cet événement eut pour effet d'exciter ses appréhensions : il renvoya son corps de troupes à Tunis et partit de compagnie avec les H'akim, tribu Soleymite, dans la direction des places fortes d'Ifrîk'iyya qui passaient pour leur être acquises, Djerba et Mehdiyya par exemple. Mais les gouverneurs de ces villes refusèrent de l'accueillir. D'autre part le sultan lui ayant envoyé toutes les lettres de sauvegarde qu'il pouvait souhaiter, de réfractaire qu'il était il revint à l'obéissance, et il regagna la capitale. Il reçut du souverain un très bon accueil et fut nommé chambellan ; mais il conçut bientôt de la mauvaise humeur parce que le sultan, qui avait pris l'habitude depuis la mort d'Ibn Tâferâdjîn de traiter les affaires lui-même, se mettait en contact avec le peuple sans plus employer d'intermédiaires. La discorde se mit donc entre eux, la calomnie s'en mêla, si bien que le fils d'Ibn Tâferâdjîn gagna sous un déguisement Constantine, où il s'installa chez le sultan Aboû 'l-'Abbâs, et lui souffla le désir de conquérir Tunis. Ce prince, qui lui fit un excellent accueil, promit de tenter l'affaire avec lui sitôt qu'il aurait réglé le conflit pendant au sujet de Bougie entre lui-même et son cousin, prince en cette ville.

---

(1) Ces premières lignes de l'alinéa sont placées dans A B C plus haut (au premier tiers de notre p. 160).

A la suite de la fuite du fils d'Ibn Tâferâdjin, Ibrâhîm prit comme chambellan Ah'med ben Ibrâhîm Mâlak'i (1), mais exerça lui-même l'autorité et confina celui-ci dans l'exercice de ses fonctions sans le laisser en contact avec le peuple.

En la dite année, à la suite de la mort du grand k'âd'i, le juriste 'Omar ben 'Abd er-Refi', on parla à l'audience royale de la nomination de son successeur, en présence du cheykh Ibn 'Arafa, imâm de la grande mosquée. « Il est d'habitude, » dit l'un des assistants, « que le k'âd'i des mariages, » — poste alors occupé par le cheykh Ibn H'aydera, — « devienne grand k'âd'i ». — C'est à Dieu, » dit Ibn 'Arafa, « à favoriser telles ou telles de ses créatures ; la meilleure nomination serait celle d'Ibn el-Kat't'ân, qui habite Sousse. — Je ne prendrai, » dit le sultan, « quelqu'un de la province, comme lui, que si Tunis ne renferme personne qui convienne. » Le prince choisit Moh'ammed ben Khalaf Allâh Neft'i, qui avait quitté sa ville de Neft'a pour venir demeurer auprès du sultan, par suite de la colère qui l'animait contre le gouverneur de cette ville, 'Abd Allâh ben 'Ali ben el-Khalaf (2). Le sultan lui avait témoigné la satisfaction qu'il ressentait de sa venue ; il l'avait ensuite nommé k'â'id des troupes chargées de maintenir le Djerid, où le zèle que mit ce chef à remplir ses devoirs lui valut l'opposition des habitants, qui à plusieurs reprises envoyèrent directement leurs impôts [P. 89] au sultan, et d'autres fois soudoyèrent les Arabes pour attaquer son armée. Quant à Ibn el-

---

(1) B C écrivent Yâlak'i, variante aussi signalée par M. de Slane, qui a adopté la lecture Bâlak'i.

(2) *Berbères*, III, 149.

Mâlak'i, il redoutait la faveur (1) dont le sultan honorait ce chef, et il ne cessa pas de tâcher de l'indisposer contre lui jusqu'au jour où la mort du prince lui permit de s'emparer de son adversaire, ainsi qu'il sera dit plus loin.

En 767 (18 sept. 1365), Aboû 'l-'Abbâs Ah'med quitta Constantine et marcha sur Bougie, pour répondre à l'appel des habitants de celle-ci, qui se plaignaient des procédés injustes de leur prince Aboû 'Abd Allâh. Ce dernier prit la fuite, serré de près par un guerrier désireux de s'emparer de sa personne, mais qui ne le put qu'en le frappant d'un coup mortel. Le sultan Ah'med fit son entrée à Bougie le 19 cha'bân de la dite année.

Postérieurement à la conquête de cette ville, les secrétaires d'Aboû 'Abd Allâh, ainsi que le chambellan de ce prince, le juriste et vizir Aboû Zeyd 'Abd er-Rah'mân ben Khaldoûn, se rendirent auprès de lui ; il leur fit un généreux accueil et leur pardonna (2).

Le 13 djomâda I de la dite année, mourut le grand k'âd'i de Grenade, le juriste et notaire (البوثق) Aboû 'l-K'âsim ben Selmoûn ben 'Ali ben 'Abd Allâh Kinâni, originaire de Baëza, né et élevé à Grenade, connu sous le nom d'Ibn Selmoûn et auteur du traité de jugements intitulé : *El-'Akd el-monaz'z'em li'l-h'okkâm fî mâ yadjri beyna aydihim min el-wath'â'ik' wa'l-ah'kâm* (3).

Ensuite Aboû 'l-'Abbâs Ah'med quitta Bougie

---

(1) A B C يقضي au lieu de يغض de D.

(2) Cf *Berbères*, I, p. XLV ; III, 74 ; *Not. et Extr*, XIX, 1ʳᵉ p., p. XLVIII.

(3) Cet ouvrage a été publié au Kaire en 1302 hég.

pour assiéger Tedellis (1), qu'il emporta et où il s'empara des fonctionnaires 'Abd el-wâdites qui s'y trouvaient. Toutes les places frontières occidentales relevèrent alors de son autorité, de même qu'elles avaient relevé de celle de son aïeul l'émir Aboû Zakariyyâ II, et jusqu'à son expédition contre Tunis, dont il sera parlé, il fit diverses allées et venues entre Bougie et Constantine.

Après avoir conquis Bougie, il confia à Aboû Yah'ya Zakariyyâ le commandement de troupes destinées à se joindre aux Awlâd Mohalhel, qui étaient venus le trouver avec Aboû 'Abd Allâh Moh'ammed, fils du chambellan Aboû Moh'ammed 'Abd Allâh ben Tâferâdjin, et ces forces réunies, où figurait [le fils d']Ibn Tâferâdjin, assiégèrent Tunis pendant quelques jours, mais sans succès ; elles se retirèrent après avoir conclu une trêve avec le prince de cette ville. Aboû Yah'ya rentra dans son gouvernement de Bône, et [le fils d']Ibn Tâferâdjin alla retrouver Aboû 'l-'Abbâs.

En 769 (28 août 1367), le sultan Ibrâhîm confia à son fils Aboû 'l-Bak'â Khâlid un corps de troupes sous la surveillance de Moh'ammed ben Râfi', chef maghrâwi qui figurait dans le *djond*, et qui devait être le chef effectif de l'expédition ; il fit accompagner son fils par Mançoûr ben H'amza, leur donnant l'ordre de ravager les environs de Bône et d'y prélever les impôts. [P. 90] Mais Aboû Yah'ya, qui commandait à Bône, fit soutenir par ses troupes les habitants de la campagne, et l'on parvint à repousser les envahisseurs, qui durent faire volte face.

---

(1) B C D, Tunis ; A, Tébessa ; aucune de ces deux lectures n'est acceptable, et j'ai corrigé en Tedellis d'après Ibn Khaldoûn (III, 76).

Lors de leur retour à Tunis, le sultan manifesta son mécontentement à Moh'ammed ben Râfi', qui commandait cette troupe, et ce chef se retira avec les siens dans la région qu'ils occupaient à Toudjoubba (1) dans le canton de Tunis. Ensuite le sultan, se rendant à ses sollicitations, le rappela, puis s'assura de sa personne et le jeta en prison. Mais à peine cela s'était-il fait que le sultan lui-même mourut subitement une nuit de redjeb 770 (fév. 1369) : il avait passé la soirée à causer et avait fini par s'endormir, mais il était mort quand un serviteur voulut l'éveiller. Son règne à Tunis avait été de dix-huit ans et dix mois et demi ; il laissa cinq fils et onze filles.

Cette mort subite décontenança tout d'abord les familiers du palais ; mais ils reprirent bientôt conscience d'eux-mêmes et s'entendirent pour reconnaître l'autorité du fils aîné du défunt. En conséquence on prêta serment de fidélité à l'émir Aboû 'l-Bak'â Khâlid ben Aboû Ish'âk' Ibrâhim ben Aboû Yah'ya Aboû Bekr, descendant des khalifes légitimes, en redjeb 770, le lendemain matin de la mort de son père. Ceux qui firent prêter ce serment au peuple furent son client et affranchi le renégat Mançoûr, et son chambellan Ah'med ben Ibrâhim Mâlak'i, en présence des Almohades, des juristes et de la foule. L'audience fut levée sitôt la cérémonie accomplie, et il se rendit aux funérailles suivies de l'inhumation de son père.

Ce furent son affranchi Mançoûr et Ibn el-Mâlak'i qui s'attribuèrent tout le pouvoir, et lui-même n'a-

---

(1) Ce nom, vocalisé dans D, est écrit avec les mêmes consonnes dans B ; dans C, la première lettre est dépourvue de points ; A lit تجنبت, et dans Ibn Khaldoûn l'orthographe est incertaine (texte, t. 589 ; trad. III, 78)

vait aucune autorité sur eux. Leur premier acte de gouvernement fut de se saisir du grand k'àd'i, le juriste Moh'ammed ben Khalaf Allâh, à qui El-Màlak'i en voulait, et de l'envoyer dans la prison où était déjà renfermé Moh'ammed ben Râfi' précité. Puis El-Màlak'i leur envoya par dessous main quelqu'un qui leur conseilla de s'évader, et ils préparèrent en effet leur fuite avec le traître : mais leur projet fut connu, et les deux prisonniers furent étranglés dans leur prison.

Moh'ammed ben Khalaf Allâh fut remplacé comme grand k'àd'i à Tunis par celui qui était alors k'àd'i des mariages, le savant juriste et h'*âfiz'* Aboû 'l-'Abbâs Ah'med ben H'aydera.

Vers 771 (5 août 1369), mourut le juriste et k'àd'i Aboû 'l-Berekât Moh'ammed ben Aboû Bekr, connu sous le nom d'Ibn el-H'àddj, qui avait été k'àd'i et *khat'îb* à Alméria et à Malaga, puis grand k'àd'i et *khat'îb* de la cour à Grenade. Quand il alla trouver le sultan Aboû 'Inân, [P. 91] celui-ci lui demanda son âge : « D'après Mâlik, » répondit Ibn el-H'àddj, « il n'est pas convenable qu'un homme dise son âge. » Le prince quitta ce sujet pour demander à son interlocuteur des renseignements sur ses voyages et sur l'époque à laquelle il s'était rendu à Bougie. Ibn el-H'àddj lui en ayant dit la date, il reprit sa question antérieure en ces termes : « Quel âge crois-tu que tu avais alors ? — Veux-tu donc m'attraper ? » repartit brusquement le savant, qui comprit l'arrière-pensée du sultan.

Le 4 dhoû 'l-h'iddja de la dite année, mourut à Tlemcen le très savant cheykh et chérif Aboû 'Abd Allâh Moh'ammed ben Ah'med H'asani, commentateur des *Djomel* d'El-Khoùndji (1); c'était un imâm qui savait raisonner et à l'intelligence solide. Ibn 'Arafa, qui le vit quand ce savant se rendit à Tunis, déclare qu'il reconnut en lui une science complète et des connaissances variées. Son fils rapporte qu'El-H'asani lui raconta avoir entendu en songe son père lui réciter ce vers :

[T'awîl]. Tu es pleinement et uniquement mon ami; en toi je vois mon intime, et les autres hommes sont des sots.

Pour en revenir aux affaires de Tunis, à la suite de l'avènement de l'émir Khâlid, Ibn el-Mâlak'i, l'affranchi Mançoùr et leurs adhérents mécontentèrent le peuple par leurs procédés blâmables et ils durent bientôt appeler Mançoùr ben H'amza, cheykh des Awlâd Aboù 'l-Leyl et des Benoù Ka'b en lui promettant qu'il partagerait avec eux l'exercice du pouvoir; mais ils ne lui tinrent pas parole, et la colère poussa ce chef à se rendre auprès du sultan Aboù 'l-'Abbâs Ah'med, qui se préparait à les attaquer et qu'il confirma dans ces dispositions; il lui offrit en outre son concours, qui fut accepté. Les habitants de K'ast'îliya (2) avaient déjà député à ce prince dans le même but; il leur envoya Aboù 'Abd Allâh, fils du chambellan Aboù Moh'ammed ben Tâferâdjîn, qui reçut leur soumission; Yah'ya ben Yemloùl, chef de Tawzer, et El-Khalaf ben el-Khalaf, chef de Neft'a, s'empressèrent de faire de même. Le sultan quitta alors Bougie à la tête de ses troupes, après avoir laissé le gouvernement de cette ville à son fils Aboù

---

(1) Ce commentaire d'un traité très connu de logique existe en manuscrit à la Bibliothèque-Musée d'Alger, n° 1388 du Catalogue imprimé.

(2) A B C D lisent, de même qu'Ibn Khaldoùn, Constantine; mais la correction de M. de Slane (III, 81) paraît nécessaire.

'Abd Allâh Moh'ammed, et pendant sa marche sur Tunis il reçut des députations de toute l'Ifrîk'iyya, qui lui offrait sa soumission. Il installa son camp dans la plaine près de Tunis, et pendant plusieurs jours il dirigea d'incessantes attaques contre la ville, puis il se jeta sur les fortifications, accompagné de son frère et de la plupart de ses intimes qui étaient à pied, et ils firent si bien qu'ils les escaladèrent du côté du parc de Râs et-T'âbiya ; les défenseurs des remparts leur cédèrent le terrain et s'enfuirent vers l'intérieur de la ville, tandis que dans la population effrayée chacun ne songeait qu'à soi ; quant aux officiers de la cour d'Aboû 'l-Bak'â, ils étaient en bon ordre près d'une porte de la K'açba, au Bâb el-Ghadr (1) ; mais en se voyant cernés ils firent demi-tour, gagnèrent le Bâb el-Djezîra, dont ils brisèrent les serrures pendant que les habitants les assaillaient de toutes parts, et ils purent non sans peine sortir de la ville en emmenant leur prince. [P. 92] L'armée *(djond)* les poursuivit et atteignit Ah'med ben el-Mâlak'i, qui fut tué et dont la tête fut envoyée au vainqueur ; l'émir Khâlid fut également pris et emprisonné ; quant au renégat Mançoûr, il put s'échapper.

Le sultan Ah'med fit son entrée dans la K'açba le samedi 18 rebi' II 772. Les demeures des courtisans furent livrées au pillage, en punition des extorsions par eux commises sur le peuple et des abus dont ils s'étaient rendus coupables, et les dévastations et l'incendie auxquels furent livrés leurs biens

---

(1) Ghadir des *Berbères* (III, 84) est une faute d'impression, et le mot arabe correspondant est écrit (texte, I, 591) comme dans notre traduction.

et leurs propriétés faillirent ne pas prendre fin. Aboû 'l-'Abbâs Ah'med envoya par mer l'émir Khâlid et son frère au (port qui dessert) Constantine ; mais une tempête s'éleva et brisa le vaisseau qui les portait, si bien qu'ils furent engloutis dans les flots. L'émir Khâlid avait régné un an et neuf mois et demi.

Son successeur à Tunis, Aboû 'l-'Abbâs Ah'med, fils du feu émir Aboû 'Abd Allâh Moh'ammed fils du sultan Aboû Yah'ya Aboû Bekr et descendant des khalifes légitimes, avait pour mère une esclave du nom de K'achwâl ; son intronisation eut lieu à Tunis le samedi 18 rebî' II 772 (9 nov. 1370) ; il avait vu le jour à Constantine en 729. A la suite de son entrée à Tunis il apaisa les troubles, remit les choses en bon ordre et fit disparaître du pays tous les germes de discorde. Au nombre de ceux dont il forma son entourage immédiat figurait Aboû 'Abd Allâh Moh'ammed fils d'Aboû 'l-'Abbâs Ah'med ben Tâferâdjîn Tinmelelî, dont l'autorité établissait les règles fondamentales du gouvernement et qu'on consultait sur la solution coutumière à donner aux cas douteux. Tel était son rôle, tandis que l'emploi de chambellan fut confié à son propre frère Aboû Zakariyyâ. Le prince fit d'abord d'Aboû 'Abd Allâh, fils du chambellan Aboû Moh'ammed (1) ben Tâferâdjîn, le chef de ses gardes, puis le nomma chambellan suppléant de son frère. Il donna des commandements à quatre *(sic)* des familiers qui l'avaient accompagné : au vizir Aboû Ish'âk' Ibrâhîm fils du

---

(1) A B C lisent « fils du chambellan 'Abd Allâh ben Tâferâdjîn ». Il faut probablement corriger D et lire « Aboû 'Abd Allâh Moh'ammed ben Tâferâdjîn ».

vizir Aboû 'l-H'asan 'Ali ben Ibrâhîm ben Aboû Hilâl 'Ayyâd Hintâti, à son frère germain El-H'âddj Aboû 'Abd Allâh Moh'ammed — l'Aboû Hilâl en question était chef (çâh'ib) de Bougie du temps (بعهد) du sultan El-Montaçir (1), — ainsi qu'au secrétaire Aboû Ish'âk' Ibrâhîm ben Aboû Moh'ammed 'Abd el-Kerîm ben Kemmâd, qui était un des grands de Constantine. Le premier qui, à Tunis, fut chargé d'écrire son paraphe fut le juriste Aboû Zakariyyâ ben Aboû Ish'âk' Ibrâhîm ben Wah'h'âd Koûmi K'osant'îni, qui était encore chargé de ce service quand la mort le surprit. Son successeur, le juriste Aboû 'Abd Allâh Moh'ammed ben K'âsim ben 'Abd er-Rah'mân ben el-H'adjar, [P. 93] appartenait à une noble et honnête famille de Constantine ; à une belle écriture il joignait la concision des expressions, et il continua ses fonctions de secrétaire jusqu'à la mort du khalife.

Le sultan [Aboû 'l-'Abbâs] Ah'med fonda à Tunis des œuvres de bienfaisance durables, entre autres la grande fontaine de la cité dans la Bat'h'a d'Ibn Merdoûm (2); l'enseignement quotidien des sept portions du Koran installé dans la Mak'çoûra à l'ouest du Djâmi' ez-Zîtoûna et assuré par une fondation perpétuelle ; la grande tour appelée K'art'îl el-Mah'h'âr, à l'est de K'amart de Carthage, et destinée à servir d'ouvrage défensif ; l'abolition du droit d'hospitalité dû par les bourgades de K'artâdjenna (Carthage) au sultan quand il allait de ce côté, sans parler d'autres bonnes œuvres tout à son honneur.

En 772 (26 juillet 1370), le très savant juriste et

---

(1) Leçon d'A B C D ; Ibn Khaldoûn III, 87, lit Mostançir.
(2) K'ayrawâni (texte, p. 132) dit « du cheykh Sidi Merdoûm ».

imâm Aboû 'Abd Allâh Moh'ammed ben 'Arafa fut nommé khat'îb au Djâmi' ez-Zîtoûna, et l'année d'après mufti au même établissement.

Quand l'ordre fut bien établi dans son royaume, le sultan Aboû 'l-'Abbâs Ah'med enleva aux Arabes les villes qu'ils avaient en leur possession (1). Cet acte de vigueur les indisposa et mécontenta Mançoûr ben H'amza, cheykh des Benoû Ka'b et des Awlâd Aboû 'l-Leyl, qui refusa de lui obéir plus longtemps. Il fut suivi dans sa rébellion par Aboû Ça'noûna Ah'med ben Moh'ammed ben 'Abd Allâh ben Meskîn, cheykh des H'akim, qui passa chez les Dawâwida pour réclamer du secours à l'émir Aboû Yah'ya Zakariyyâ, fils du sultan Aboû Yah'ya, à qui il prêta serment de fidélité. Les insurgés se mirent en marche contre Tunis, et furent rejoints par Mançoûr ben H'amza et les siens, qui reconnurent aussi l'autorité de ce prince. Yah'ya ben Yemloûl, à qui des cheykhs furent envoyés à cet effet, en fit autant. Des troupes que le sultan confia à son frère Aboû Yah'ya Zakariyyâ leur livrèrent une bataille où ce dernier fut battu, et les Arabes vinrent avec leur chef camper sous les murs de Tunis. [D'autre part] le sultan Aboû 'l-'Abbâs Ah'med ayant eu vent que son chambellan Aboû 'Abd Allâh Moh'ammed, fils du chambellan Aboû Moh'ammed ben Tâferâdjîn, était en pourparlers avec les Arabes au sujet de l'occupation de Tunis, se saisit de la personne du ministre et l'envoya par mer à Constantine, où il mourut emprisonné en 778 (21 mai 1376). Puis des messagers dépêchés par le sultan aux partisans de Mançoûr ben

_____

(1) Le texte porte ici انتزع ما بايدى العرب من الامصار (cf. p. 139).

H'amza excitèrent chez eux une mutinerie à la suite de laquelle ce chef dut de nouveau reconnaître l'autorité de ce prince, lui livrer son fils en otage et cesser d'obéir au prétendant Zakariyyâ. Il se retira chez les Dawâwida et resta soumis jusqu'à sa mort. Il fut tué par le fils de son frère Moh'ammed ben Felita, et l'autorité qu'il détenait fut après lui exercée par Çoûla ben Khâlid ben H'amza, qui reçut l'investiture du sultan.

En 773 (15 juillet 1371), le sultan donna le gouvernement de Constantine au k'â'id Bechir (1). [P. 91] La nuit du [lundi au] mardi 23 rebi' II 774 mourut le sultan de Fez 'Abd el-'Azîz ben Aboû 'l-H'asan d'une maladie chronique. Moh'ammed es-Sa'îd, qui lui succéda, était encore tout jeune, et son pouvoir dura jusqu'en 775 (23 juin 1373), date de l'attaque que dirigea contre lui l'émir Aboû 'l-'Abbâs Ah'med, fils de l'émir Aboû Sâlim. Aboû 'l-'Abbâs, dès son entrée à Fez, s'empressa, conformément à la recommandation que lui avait adressée Ibn el-Ah'mar, roi d'Espagne, de saisir et d'emprisonner Ibn el-Khat'îb Andalosi. Un envoyé d'Ibn el-Ah'mar vint bientôt féliciter le vainqueur de sa conquête. Ibn el-Khat'îb, qui fut étranglé dans sa prison, était un écrivain éloquent, historien, habile poète, versé dans l'astrologie judiciaire. J'ai ouï un maître raconter qu'entre autres vers composés par ce savant le jour de sa mort figurent ceux-ci :

[Sari']. Quand tu verras le brillant soleil du matin arrivé au moment qui sépare les deux prières de l'après-midi et du coucher du soleil, arrête-toi pour invoquer la pitié divine sur le sans-pareil du Maghreb, dont le meurtre eut lieu à ce moment (2).

---

(1) Ibn Khaldoûn parle plus longuement de ce Bechir (III, 35, 75, 89, 90).

(2) Il s'agit du célèbre ministre et chroniqueur à la biographie de qui Makkari a consacré la seconde partie de son ouvrage ; voir entre autres Berbères, IV, 333 et 411 ; Revue africaine, 1890, p. 259.

A la fin de rebî' I 778, mourut le grand k'âd'i de Tunis, le juriste et *h'âfiz'* Aboû 'l-'Abbâs Ah'med ben Moh'ammed ben K'âsim ben Moh'ammed ben H'aydera, qui fut enterré à El-Djellâz et qui eut pour successeur dans sa charge le juriste Aboû 'Ali H'asan ben Aboû 'l-K'âsim ben Bâdîs K'osant'îni.

En 779 (10 mai 1377), le k'â'id Bechîr, qui était préposé à Constantine, étant venu à mourir, pleine autorité dans cette ville fut donnée par le sultan à son fils Aboû Ish'âk' Ibrâhîm, qui s'y trouvait déjà, mais sous la tutelle du k'â'id Nebîl, qui faisait tout au nom de ce prince encore trop jeune (1).

En 779 (9 mai 1377), le sultan hafçide Aboû 'l-'Abbâs Ah'med quitta sa capitale à la tête de ses troupes et de ceux des Awlâd Mohalhel et des H'akîm qui se joignirent à lui, et se dirigea sur le Djerîd, où les cheykhs montraient une indépendance et commettaient des excès dont le bruit était arrivé jusqu'à lui. Arrivé d'abord à K'ayrawân, il en repartit pour Gafça, devant laquelle il mit le siège pendant trois jours (2) ; puis, pour venir à bout de la résistance de cette ville, il donna l'ordre de couper les palmiers des environs. Alors les habitants quittèrent leurs demeures les uns après les autres pour se rendre auprès de lui et abandonnèrent leur chef Ah'med ben el-'Abid et son fils Moh'ammed, qui avait accaparé toute l'autorité. Moh'ammed alla trouver le sultan et stipula avec lui les conditions de sa soumission et le montant du tribut qu'il lui verserait, puis retourna vers la ville, sous les murs de laquelle il

---

(1) Cf. *Berbères*, III, 89.

(2) Nous ajoutons ces trois derniers mots d'après A B C et Ibn Khaldoûn (III, 93).

rencontra (le frère du sultan), Aboû Yah'ya Zakariyyâ. Celui-ci l'envoya au souverain, tandis que lui-même pénétrait dans la K'açba et se rendait maître de la ville. Le sultan ayant ainsi à sa disposition Ah'med ben el-'Abid et son fils Moh'ammed (1), les fit emprisonner tous deux et s'empara de l'hôtel et des trésors de ce chef. [P. 95] Les grands de la ville vinrent alors apporter leur soumission au sultan.

Celui-ci confia le gouvernement de Gafça à son fils Aboû Bekr et se dirigea à marches forcées sur Tawzer. La nouvelle de la conquête de Gafça était promptement arrivée aux oreilles d'Ibn Yemloûl, qui avait aussitôt fait charger sur des bêtes de somme ses femmes et ses richesses les moins lourdes, et avait gagné le Zâb. Des pigeons envoyés par les habitants de Tawzer avaient prévenu le sultan, qui arriva pour en prendre possession et qui devint maître des trésors des Benoû Yemloûl, trésors tels qu'ils dépassaient toute description. Il installa dans cette ville son propre fils El-Mostançir (2) en qualité de gouverneur.

El-Khalaf ben el-Khalaf, prince de Neft'a, obéissant à l'appel du sultan, vint lui apporter sa soumission ; il fut confirmé dans son gouvernement et nommé chambellan d'El-Mostançir à Tawzer, où il fut installé par Aboû 'l-'Abbâs Ah'med.

Celui-ci, en regagnant sa capitale, eut à combattre des Arabes dissidents, qui l'attaquèrent et dont il resta vainqueur. Après son retour il reçut la visite de Çoûla ben Khâlid ben H'amza, qui avait préalablement obtenu un sauf-conduit et qui dut accepter les condi-

---

(1) Le texte porte : « Moh'ammed ben el-'Abid et son fils Ah'med ».
(2) Ainsi lisent B C D ; A et Ibn Khaldoûn lisent El-Montaçir.

tions qui lui furent imposées pour les tribus auxquelles il commandait. Mais le refus de celles-ci de les accepter quand il les leur fit connaître força le sultan de diriger une expédition contre elles ; en vain elles battirent en retraite devant lui, il les poursuivit, et à la suite de trois combats qu'il leur livra en trois jours, elles s'enfuirent à K'ayrawân.

El-Khalaf ben el-Khalaf, à la suite de sa nomination comme chambellan d'El-Mostançir, resta à Tawzer auprès de celui-ci et envoya quelqu'un pour le remplacer à Neft'a. Mais il fut dénoncé comme correspondant avec Ibn Yemloûl, et l'on saisit des lettres de la main de son secrétaire adressées à Ibn Yemloûl et à Ya'k'oûb ben 'Ali, cheykh des Dawâwida, et les engageant à se révolter. El-Mostançir s'assura de sa personne et l'emprisonna, puis envoya à Neft'a ses agents pour confisquer les biens du chambellan, et avisa son père des événements.

Quelque temps après, Aboù Bekr, désireux de rendre visite à son frère à Tawzer, quitta Gafça en la confiant aux soins de son chambellan le k'â'id 'Abd Allâh Toreyki. Mais quand il eut le dos tourné, l'un des principaux de la ville, Ah'med ben Aboù Zeyd, à qui se joignirent les hommes de désordre, leva l'étendard de la révolte et, appelant la population à l'imiter, il marcha sur la K'açba. Mais le k'â'id 'Abd Allâh, sans lui en permettre l'entrée, se mit en état de défense, et fit battre le rappel dans la K'açba ; les habitants des localités voisines, attirés par le son du tambour, furent introduits dans la citadelle par une porte qui donne sur la broussaille. Alors les adhérents du chef insurgé l'abandonnèrent peu à peu, et le k'â'id, ayant organisé une sortie, s'assura d'un grand nombre des auteurs des désordres et les emprisonna, ce qui ramena la tranquillité. Aboù Bekr aussitôt informé regagna Gafça, où il fit trancher la tête aux rebelles emprisonnés et lança une proclamation mettant hors la loi [P.96] Ibn Aboù Zeyd et son frère. Les recherches qu'on entreprit les firent découvrir l'un et l'autre déguisés en femmes ; on les amena à l'émir, qui leur fit couper la tête et les fit crucifier sur des troncs de palmier. De son côté, El-Mostançir fit mettre à mort dans sa prison Ibn el-Khalaf, qui lui était devenu suspect.

A la fin de çafar 781 (juin 1379), le juriste Aboù 'Ali H'asan ben Aboù 'l-K'àsim ben Bàdis K'osant'ìni fut, sur sa demande, relevé de sa charge (de grand k'àd'i) et nommé à Constantine, d'où il était, et le juriste Aboù 'Abd Allâh Moh'ammed ben 'Ali ben 'Abd er-Rah'mân Balawi el-K'at't'àn fut nommé grand k'àd'i à Tunis.

La même année mourut au Kaire le savant juriste et prédicateur Aboù 'Abd Allâh Moh'ammed ben Ah'med ben Merzoùk', à l'âge de près de soixante-dix ans ; il fut enterré entre Ibn el-K'àsim et Achhab.

En redjeb de la même année, le sultan quitta Tunis de compagnie avec les tribus arabes et poussa, en prenant quelque repos en route, jusqu'à K'ayrawàn, d'où il repartit après avoir bien pris toutes ses dispositions pour combattre 'Abd el-Melik ben Mekki, prince de Gabès. Il reçut la soumission empressée des cheykhs des Dhebbâb, Arabes de Gabès faisant partie des Benoù Soleym : notamment Khàlid ben Sebà' ben Ya'k'oùb, cheykh des Meh'âmid, et d'autres avec lui vinrent le confirmer dans son projet d'assiéger Gabès. Le sultan s'avança à marches forcées, mais en se faisant précéder auprès d'Ibn Mekki par des messagers, qui rapportèrent de la part de ce chef des promesses d'obéissance et de soumission. Dans le fait, Ibn Mekki fit charger ses bêtes de somme et emballer ses trésors, et alla se réfugier avec son fils Yah'ya et son petit-fils 'Abd el-Wahhâb (1) ben Mekki auprès des tribus des Dhebbâb. Le sultan, quand il apprit la chose, se précipita dans la ville, où il pénétra en dhoù 'l-k'a'da de la dite année, et prit possession des demeures et des palais du fuyard. Les habitants se soumirent, et il leur donna comme gouverneur quelqu'un de son entourage.

Aboû Bekr ben Thâbit, prince de Tripoli, avait envoyé pour annoncer sa soumission des messagers qui trouvèrent le sultan à proximité de Gabès. Après la conquête de cette ville, ce dernier envoya à Tripoli un de ses familiers chargé d'obtenir la réalisation de ces promesses, et entre les mains de qui fut prêté le serment de fidélité.

Quant à Ibn Mekki, il ne passa après sa fuite de Gabès qu'un petit nombre de jours chez les tribus arabes, car il fut frappé de mort subite. Son fils et son petit-fils, qui se dirigèrent sur Tripoli, n'obtinrent pas d'Ibn Thâbit l'autorisation d'y pénétrer et s'installèrent, sous la protection des Djawâri, sous-tribu des Dhebbâb, dans la bourgade de Zenzoûr, qui dépend de Tripoli (1).

Quand sa victoire fut complète, le sultan retourna à

---

(1) La leçon 'Abd el-Ouahed des *Berbères* (III, 101) est un *lapsus* ou une faute typographique; le texte arabe II, 606, lit 'Abd el-Wahhâb.

(1) A trois lieues ouest de cette ville. Sur les Djawâri, voyez *Berbères*, I, 160.

Tunis, où il fit son entrée le premier jour de 782 (7 avril 1380). Il y reçut les messagers qu'il avait envoyés à Ibn Thâbit, et qui lui rapportaient les cadeaux offerts par le seigneur de Tripoli. [P. 97] Il y reçut également les Awlâd Aboù 'l-Leyl, à qui il accorda le pardon qu'ils sollicitaient : leur cheykh Çoûla ben Khâlid ben H'amza, aussi bien qu'Aboù Ça'noûna, cheykh des H'akîm, qui l'avait précédé, lui livrèrent leurs fils en otages. A la suite de cette soumission, Mawla Aboù [Yah'ya] Zakariyyâ à la tête d'un corps de troupes alla lever les impôts chez les Hawwâra et fut accompagné jusqu'à parfait accomplissement de sa tâche par les Awlâd Aboù 'l-Leyl et leurs confédérés des H'akîm ; ce prince parcourut ensuite les diverses régions dont il avait l'administration. Quand il fut de retour à Tunis, ces Arabes se présentèrent avec lui au sultan et firent appuyer par lui leur demande d'être soutenus dans le Djerîd par le camp (*mah'alla*) pour prélever comme [il était autrefois] d'habitude les impôts qui leur étaient dus en raison des fiefs (*ik't'â*) à eux concédés. Le sultan [y consentit et] envoya avec eux son fils le vaillant Aboù Fâris 'Abd el-'Azîz, puis ils partirent avec leurs tribus. Mais quand ensuite ils eurent connaissance qu'Ibn Mozni et Ya'k'oûb ben 'Ali avaient fait demander du secours au sultan de Tlemcen, Aboù H'ammoû, l'esprit d'insubordination se réveilla chez les Awlâd Aboù 'l-Leyl : leur penchant les attira du côté de Ya'k'oûb ben 'Ali, et ils abandonnèrent Aboù Fâris après l'avoir déposé en lieu sûr dans le territoire de Gafça. Ces tribus se retirèrent alors dans le Zâb, mais leurs espérances ne se réalisèrent pas, car Ya'k'oûb et Ibn Mozni reçurent du prince de Tlemcen un messager porteur d'un refus à leur demande de secours. Cela fut cause qu'ils se repentirent de leur défection, et le cheykh des Dawâwida, les ayant engagés à se réconcilier avec le sultan, les fit accompagner par son fils Moh'ammed auprès de celui-ci, qui consentit à les recevoir.

Le 12 çafar 782, mourut le juriste, h'âfiz' et mufti Aboù Moh'ammed 'Abd Allâh Balawi Chebibi, qui fut inhumé dans la propriété (2) d'Aboù Moh'ammed 'Abd Allâh ben Aboù Zeyd, en face le tombeau de ce dernier, dans l'enceinte de K'ayrawân.

Le 12 dhoù 'l-k'a'da 785 mourut le maître, k'âd'i et imâm Aboù Bekr ben Djerir, k'âd'i de l'Espagne ; grammairien autorisé, maniant supérieurement le vers et la prose, il est l'auteur de divers ouvrages, entre autres le *Zemâm er-râ'id' fi 'ilm el-ferâ'id'*, le *El-Ighrâb fi 'l-i'râb*, un commentaire sur l'*Alfiyya* d'Ibn Mâlik, un *tacht'ir* sur la belle kaçîda *K'ifâ nabki* [d'Imr'ou 'l-K'ays]. Voici des vers de sa composition :

[Kâmil]. Quand j'ai commencé à blanchir, mes femmes ont dit qu'elles ne seraient satisfaites que quand je serais tout blanc. La peur qu'elles ne se détachent de moi m'a fait me teindre, et alors elles m'ont dit : C'est une tradition qu'Açbagh (impétueux) tient d'Achyab (gris) (2).

Vers la même époque mourut le grand k'âd'i de Tunis, le juriste Aboù 'Abd Allâh Moh'ammed ben 'Abd er-Rah'mân Balawi el-K'at't'ân, qui fut remplacé dans sa charge par le juriste Aboù Zeyd [P. 98] 'Abd er-Rah'mân Brechki, qui tomba malade peu de temps après et à qui l'on donna pour suppléant notre grand cheykh le juriste et savant Aboù Mehdi

---

(1) *Dâr*, c'est-à-dire dans la demeure d'un saint transformée en *zâwiya* et en lieu d'inhumation.

(1) Il y a là un jeu de mots intraduisible en français.

'Isa Ghobrini. Brechki mourut en 787 (12 fév. 1385), et le dit Aboû [Mehdi] 'Isa resta seul à exercer ses fonctions.

Le jeudi 11 djomâda II de la dite année mourut le vertueux cheykh Aboû 'Abd Allâh Moh'ammed ez-Z'erîf, qui fut inhumé dans la *zâwiya* qui porte son nom, sur le Djebel el-Mersa.

En 792 (20 déc. 1389), les chrétiens étant arrivés à Mehdiyya avec une flotte de cent bâtiments, soit gros vaisseaux soit corvettes, le sultan Ah'med envoya son fils Aboû Fâris 'Abd el-'Azîz et son frère Zakariyyâ avec une armée qui campa non loin de la ville. Aboû Fâris soutint divers combats contre les chrétiens, notamment le jour de leur arrivée, où, après plusieurs engagements, les musulmans feignirent de battre en retraite et abandonnèrent leur camp. L'ennemi en y pénétrant n'y trouva d'autre être vivant qu'un seul homme qui n'avait pas voulu se retirer et qui fut massacré. Mais pendant que les chrétiens étaient en train de piller les vivres et les effets, Aboû Fâris convoquant les fidèles rassembla les officiers et les hommes du *djond* restés avec eux, et se précipita à leur tête contre les pillards; il leur reprit le camp de vive force, et l'ardeur des Arabes s'en mêlant, l'ennemi dut fuir en laissant sur le terrain environ soixante-quinze morts. Le prince combattant de sa personne fit une charge qui le jeta dans le gros des chrétiens, et il ne s'en aperçut que quand il était entouré de toutes parts, car sa qualité était connue. Or les infidèles ont pour habitude dans les combats de ne pas faire descendre de cheval un roi ou un fils de roi qu'il leur arrive de faire prisonnier; on prit donc son cheval par la bride pour l'emmener. Il eut alors l'heureuse inspiration de détacher la bride, de sorte que l'animal se montra rétif ; puis il joua de l'éperon, et le cheval bondit à travers les guerriers dont il était entouré. C'est en vain qu'on lui lança des flèches et des javelots, qu'on se lança à cheval à sa poursuite ; le prince ne songea qu'à arriver jusqu'aux siens et fut, grâces à Dieu, sauvé. La discorde se mit ensuite parmi les chrétiens : comme les Génois voulaient surprendre traitreusement les Français, la flotte de ceux-ci se retira, et les Génois, se voyant impuissants à rien faire par leurs propres forces, se retirèrent à leur tour. Grâce à la protection divine, les musulmans purent constater l'inanité des efforts de l'ennemi, dont la campagne, dit Ibn el-Khat'îb, avait duré deux mois et demi. D'après le juriste et k'âd'i Ah'med K'aldjâni, qui parle d'après son oncle le vertueux cheykh, l'austère et modeste Aboù 'l-'Abbâs Ah'med, témoin oculaire des événements [P. 99] de Mehdiyya, les chrétiens débarquèrent dans cette ville à la mi-chawwâl 792 ; ils l'assiégèrent, dit-on, soixante jours (1).

En la dite année, le juriste et imâm Aboù 'Abd Allâh Moh'ammed ben 'Arafa Warghemi accomplit le pèlerinage en se faisant remplacer, pendant cette période, comme imâm et mufti du Djâmi' ez-Zitoûna, par son élève, alors grand k'âd'i, Aboù Mehdi 'Isa Ghobrini, et, comme *khat'îb* de la même mosquée, par le juriste et lecteur du Koran Aboù 'Abd Allâh Moh'ammed Bat'erni. Il fut de retour en djomâda I 793 (avril 1391).

---

(1) On trouve le récit de cette expédition au livre IV de la Chronique de Froissart. L'amiral J. de La Gravière a joint un plan de Mehdiyya à son livre : *Les Corsaires barbaresques et la marine de Soliman le Grand*, Paris, 1887.

En chawwâl 793, mourut de maladie, à Constantine, le prince de cette ville, Ibrâhîm fils du sultan Aboû 'l-'Abbâs Ah'med, qui y avait régné quatorze ans ; il avait trente-trois ans. Le gouverneur qui lui succéda fut son secrétaire, le juriste Ibrâhîm ben Yoûsof, petit-fils du k'â'id Ibrâhîm Ghomâri.

En la dite année, moururent à Tunis les deux vertueux cheykhs Aboû 'Abd Allâh Moh'ammed Bat'erni et 'Othmân Ghoronbâli ; tous deux furent enterrés au sommet du Djebel el-Fath', à El-Djellâz.

En 795 (17 nov. 1392), l'insurrection des habitants de Gafça fut cause que le sultan se mit à la tête d'une expédition et assiégea cette ville. Après avoir coupé beaucoup de palmiers et d'arbres des environs, il dut au bout de quelque temps, harcelé qu'il était par les Arabes, se retirer et rentrer à Tunis. Ce prince, quand son pouvoir fut solidement établi dans la capitale, avait laissé aux diverses parties du pays la liberté de s'administrer par elles-mêmes : seules Tripoli et Biskra dépendaient [directement] de lui et il les gouvernait par l'intermédiaire du cheykh de chacune de ces localités.

En çafar 796 (déc. 1393), l'émir Aboû Zeyyàn s'empara de Tlemcen au détriment de son frère Aboû Ya'k'oûb Yoûsof, fils du sultan Aboû H'ammoû. Aboû Ya'k'oûb s'enfuit chez les Benoû 'Amir, où Aboû Zeyyàn le fit tuer par ses émissaires.

Le mercredi 3 cha'bân 796, le khalife et sultan Aboû 'l-'Abbâs Ah'med mourut à Tunis d'une maladie dont il souffrait depuis longtemps et qui s'aggrava au cours de cette année ; on l'enterra dans la K'açba. Il était âgé de soixante-sept ans et avait régné à Tunis vingt-quatre ans et trois mois et demi.

Il eut pour successeur son fils, le Prince des croyants Aboû Fâris 'Abd el-'Azîz (1), fils du sultan Aboû 'l-'Abbâs Ah'med, fils de l'émir Aboû 'Abd Allâh Moh'ammed, fils du sultan Aboû Yah'ya Aboû Bekr, fils de l'émir [P. 100] Aboû Yah'ya Zakariyyâ, fils du sultan Aboû Ish'âk' Ibrâhîm, fils de l'émir Aboû Zakariyyâ, fils du cheykh Aboû Moh'ammed 'Abd el-Wâh'id ben Aboû H'afç. Il avait pour mère une concubine nommée Djawhara, qui était originaire des Meh'âmid, tribu arabe pillarde de Tripoli, et qui fut l'héroïne d'événements trop longs à raconter ici. Né à Constantine en 762 ou 763, il fut proclamé à Tunis le jour même de la mort de son père, du consentement de la population ; il maintint la bonne intelligence entre ses frères et s'appuya sur eux pour régner.

A la nouvelle lune de cha'bân, son père ayant déjà perdu connaissance et étant près de mourir, les enfants réunis s'entendirent pour cacher la véritable situation et dépêchèrent un émissaire à leur oncle Aboû Yah'ya Zakariyyâ, qui habitait alors dans le jardin formant actuellement le collège de Belh'alfâwin, à la porte de Soweyk'a, pour lui dire que le khalife son frère était toujours vivant, de sorte que Zakariyyâ arriva comme de coutume pour le voir. Mais à son entrée dans la K'açba la vue de ses neveux réunis lui fit soupçonner la mort du khalife, et il voulut retourner chez lui. Alors l'un d'eux s'avança vers lui et adjura les autres de le retenir jusqu'à ce qu'on eût avisé ; le plus ardent à soutenir cet avis

---

(1) Ibn Khaldoûn l'appelle Aboû Fâris 'Azzoûz, d'après l'usage vulgaire qui transforme en ce dernier nom les deux mots 'Abd el-Azîz ; voir plus haut, p. 172.

fut Ismâ'îl. En conséquence on s'assura de la personne de Zakariyyâ et on le séquestra dans la demeure qu'il occupait à la K'açba. Quant aux enfants du prisonnier, sitôt qu'ils connurent le sort de leur père, ils se rendirent auprès de leur frère l'émir Aboû 'Abd Allâh, gouverneur de Bône.

Après qu'on se fut assuré de Zakariyyâ, l'émir Aboû Fâris et ses frères allèrent trouver leur autre frère Aboû Yah'ya Aboû Bekr, qui était alors l'héritier présomptif désigné, et l'émir Aboû 'Abd Allâh lui tint ce langage : « Notre cousin qui gouverne à Bône et qui est avec ses troupes sur la route menant à Bône apprendra ce qui se passe, et quand il connaîtra l'incarcération de son père il marchera sur Constantine et s'en emparera. Choisis donc ou de rester à Tunis, et alors c'est moi qui en sortirai, ou bien de te rendre à Constantine tandis que je resterai ici. » Celui à qui cette proposition était faite jugea qu'il ne pouvait tenir à Tunis et opta pour Constantine. En conséquence les fils réunis du khalife rédigèrent au nom de leur père la nomination comme gouverneur de Constantine d'Aboû Yah'ya Aboû Bekr, qui partit le lundi 1er cha'bân pour cette ville, et y arriva le jeudi, quatrième jour de son départ. Le k'â'id Ibrâhîm appela le portier pour lui faire prendre connaissance de cette lettre ; après quelque hésitation cet homme ne vit autre chose à faire que d'obéir, et Aboû Yah'ya Aboû Bekr pénétra dans la ville le jeudi soir (1).

Le Prince des croyants Aboû Fâris 'Abd el-'Azîz, devenu seul maître à Tunis, s'occupa résolûment

---

(1) C'est à l'avènement d'Aboû Fâris qu'Ibn Khaldoûn arrête son histoire des H'afçides (III, 124).

[P. 101] des affaires. Il prit à ses côtés son serviteur intime Moh'ammed ben 'Abd el-'Azîz, cheykh des Almohades, et le soin d'écrire son paraphe fut confié à celui qui avait rempli cet office pour son père, le juriste Aboû 'Abd Allâh Moh'ammed ben K'âsim ben el-H'adjar déjà cité ; comme rédacteur de chancellerie *(inchâ)*, il choisit quelqu'un qui avait su apprendre toutes les sciences qu'il avait voulu, le juriste éminent, l'imâm aux connaissances vastes et variées, habile en prose et en vers, le k'âd'i habile et hors ligne Aboû 'Abd Allâh Moh'ammed, fils du remarquable juriste et professeur Aboû 'Abd Allâh K'aldjâni, qui appartenait à l'une des plus nobles et honorables familles de Bâdja. Le prélèvement et le contrôle des impôts échurent au juriste Aboû 'Abd Allâh Moh'ammed ben K'âsim ben K'altl Elhem. Chaque place étant donnée à celui qui y était le plus apte, l'administration des affaires à Tunis marcha merveilleusement sous son règne. Des œuvres bienfaisantes et durables marquèrent son époque. Nous citerons : la construction de la zâwiya de la Porte de la Mer *(Bâb el-Bah'r)*, à Tunis, sur l'emplacement d'un lieu de débauche qui payait au gouvernement *(makhzen)* une contribution annuelle de dix mille dinars (1) ;

La construction de l'abreuvoir *(sik'âya)* en dehors de la Porte Neuve à Tunis, destiné aux hommes aussi bien qu'aux bêtes de somme, et à l'entretien duquel des biens étaient affectés ;

La construction du réservoir (ماجل) dans le Mo-

---

(1) Sur ces diverses fondations, on peut voir aussi ce que dit la *Toh'fat el-Arîb* (n° 720 du Catalogue des mss. d'Alger ; cf. *Revue de l'histoire des religions*, t. XII, p. 85).

çalla el-'ideyn à Tunis, vaste monument dont il est rare de rencontrer l'équivalent : il alimentait deux fontaines dont l'une était munie de tuyaux en cuivre d'où l'on tirait l'eau par aspiration (1), tandis qu'on l'extrayait de la seconde à l'aide d'une outre ou d'un ustensile analogue ;

La construction de la zâwiya située en dehors de la Porte d'Aboù Sa'doûn, dans le quartier du Bardo, où tout nouveau venu, de quelque région qu'il arrivât, pouvait se réfugier le soir et attendre que le jour lui permit de continuer sa route (2) ; une dotation était également affectée à son entretien ;

La construction de la zâwiya du quartier Ed-Dâmoùs (citernes de Carthage), en dehors de la Porte d''Alâwa ; celle-ci (la porte ?) est connue par le nom du vertueux cheykh Sidi Fath' Allâh (3), et [dans la pensée du fondateur] cet édifice devait abriter ceux qui, arrivant de ce côté, ne pouvaient parvenir jusqu'à la ville même ;

L'édification des remparts qui enceignent les places frontières, par exemple les remparts d'Adâr, (Râs Addar?) d'El-H'ammâmât, d'Aboù'l-Dja'd, de Rafrâf, etc. ;

L'installation de la bibliothèque dans le nord du Djâmi' ez-Zîtoûna, ainsi que l'attribution à titre irrévocable qu'il lui fit, à elle et à d'autres, de livres traitant de théologie, de philologie, de lexicographie,

---

(1) Le texte porte احدهما للشرب للعاطش من جعاب نحاس يجذب منها الماء بالنفس

(2) A يمشى سفره ; B يمشى لسفره ; C الى ان يتيسر سفره ; D يمش بمعدة.

(3) A seul lit المعروفة au féminin, attribuant ainsi le nom de Sîdi Fath' Allâh à la zâwiya.

de médecine, de calcul, d'histoire, de belles lettres, etc. ;

L'institution, avec les dotations nécessaires, de la lecture quotidienne, après la prière de midi, du recueil de Bokhâri et du *Chifâ* (1) dans le Djâmi' ez-Zitoûna, ainsi que d'exhortations pieuses (2) après l'*áçr*;

[P. 102] La fondation à Tunis de l'hôpital destiné aux malades, aux étrangers et aux infirmes musulmans, avec de grosses dotations ;

Les secours annuels envoyés aux fidèles d'Espagne pour leur venir en aide contre l'ennemi, et consistant en deux mille k'afîz provenant de la dîme de la région d'Ouchtâta, non compris ce qu'il y ajoutait en fait d'assaisonnements et autres choses ;

Les remises d'impôts qu'il consentait par pur amour de Dieu : par exemple l'impôt prélevé sur le marché aux étoffes (3), soit trois mille dinars d'or annuellement, provenant du droit d'un vingtième de dinar payé par quiconque y achetait l'une ou l'autre marchandise ou vêtement ; l'impôt du marché des bêtes de somme, dix mille dinars d'or par an ; l'impôt du *fondouk* des légumes, trois mille dinars ; l'im-

---

(1) Biographie de Mahomet bien connue dans l'Afrique septentrionale (Catalogue des mss. d'Alger, n° 1663).

(2) Litt., propres à faire aimer (le ciel) et à inspirer la crainte (de l'enfer).

(3) A D lisent الدهانة, mais سوق الرهادنة de B C est la bonne leçon, ainsi que le montre la suite ; cf Dozy, *Supplément*, s. v. Ce mot est bien orthographié dans K'ayrawâni (texte, p 144, l. 23 ; Pellissier, p. 256, traduit « le marché dit Rehadena »); la *Toh'fat el-Arîb* (ms. 720 du Catalogue d'Alger, f.19, v°) lit الرهادنية et il en est de même dans le ms. C (au f. 152, v°) dont les ff. 150-153, consacrés à la louange d'Aboû Fâris, ne sont pas autre chose qu'un extrait de la dite *Toh'fa*. La *Revue* citée traduit (p. 88) « ... du marché des marchands d'huile ».

pôt du *soûk* des parfumeurs, deux cent cinquante dinars ; l'impôt du *fondouk* du sel, quinze cents dinars ; l'impôt du *fondouk* du charbon, mille dinars ; l'impôt des [latrines ? (1)], trois mille dinars ; l'impôt du *soûk* des marchands de bric à brac, cent dinars ; l'impôt du *soûk* des ouvriers en cuivre, cinquante dinars ; l'impôt du *soûk* des joueurs de *k'ânoûn*, cinquante dinars ; l'impôt du savon, six mille dinars ; le savon put désormais être fabriqué librement, tandis qu'auparavant le nombre des ouvriers était limité et que le contrevenant subissait une peine pécuniaire et corporelle (2). Il renonça aux impôts réprouvés par la loi, à la *chort'a* par exemple, dont plus d'un collecteur d'impôts (3) avait pris la ferme moyennant une redevance quotidienne de trois dinars et demi ; il renonça au produit des redevances

---

(1) A B مجبى قائد دار الاشغال ; C مجبى دار الاشغال ; D مجبى ; *Toh'fat* (ms 720) قائد دار ; *K'ayrawâni* دار الشغل ; قائد الاشغال الشغل

(2) La *Toh'fat el-arib* (f. 9, v°) s'exprime ainsi : « Il permit la fabrication du savon, qui avait été interdite jusqu'alors, car seul le sultan en faisait fabriquer dans un lieu déterminé, et le contrevenant subissait une peine pécuniaire et corporelle. »

(3) A B D المكاسين ; C المساكين. Dans le passage parallèle de la *Toh'fat el-arib*, on lit و كان بعض قمه الشرطة لحاكم المدينة المكاسين يلتزمها بثلاثة دنانير و نصف فى كل يوم فابطل مولانا ابو فارس هذا و اوقف فى ذلك رجالا من البيتات و النجبا على وجه كذا راذا, ce qui est très imparfaitement et incomplètement traduit dans la *Revue* citée (p. 88) : « Mais la meilleure chose qu'il fit, sous ce rapport, fut l'abolition de l'impôt sur la débauche [*sic*]. Le prélèvement de cet impôt, dont le produit était très considérable, était confié au gouverneur de la ville (certains de ses agents, chargés de le percevoir, gagnaient jusqu'à 3 dinars 1/2 par jour) ». Dozy (*Supplement*, s. v. شرطة) a donc eu tort de reprocher à M. de Slane d'avoir vu dans *chort'a* le nom d'un certain impôt.

dues par les marchands de vin (1) et leur interdit de se réunir dans l'endroit qu'ils fréquentaient (وضع رَظم) (اجتماعهم); de même il abolit les impôts que payaient les joueurs de flûte et les chanteuses ; enfin il renonça aux sommes payées par les bardaches (2), et il les chassa de tous ses états quand il apprit les actes honteux qu'ils commettaient. Tous ces impôts auxquels il renonça, ce fut par pur amour de Dieu qu'il le fit.

Pour en revenir à ce qui concerne Aboû Bekr, ce prince, dix jours après son entrée à Constantine, réunit la population et, s'appuyant sur la nouvelle de la mort de son père, il lui demanda de reconnaître son autorité, ce qui fut fait. Sitôt cette cérémonie accomplie, il s'enferma chez lui pour se livrer aux plaisirs et ne songea qu'à ses aises personnelles. Alors les Arabes relevèrent la tête et leurs convoitises se manifestèrent par diverses demandes. Le secrétaire Ah'med ben el-Kemmâd les traita avec beaucoup de douceur, et grâce à lui toutes sortes de désordres furent commis (3) ; puis il se rendit avec quelques-uns d'entre eux auprès du prince de Bône, l'émir Aboû [P. 103] 'Abd Allâh Moh'ammed ben Aboû Yah'ya Zakariyyâ, pour l'inciter à s'emparer promptement du pouvoir souverain à Constantine. Aboû 'Abd Allâh réunit alors ses troupes et les habitants de sa résidence, et mit le siège devant Cons-

---

(1) Je lis avec B الخمّارين au lieu de الفخّارين d'A C D.

(2) A B C et la Toh'fa المخنّثين ; D المحدثين.

(3) A B C D وزين لهم الكاتب احمد بن الكمّاد كلّ نوع من انواع الفساد ; correction marginale de B كلّ منه خرج الكمّاد... نوع الخ

tantine le jeudi 6 dhoû 'l-k'a'da 796 (3 sept. 1394); il établit un blocus rigoureux, coupa les arbres [des environs] et lança contre la ville des pierres et des traits (1), tandis que les Constantinois se bornaient à empêcher l'approche de leurs remparts. Au bout de soixante-quinze jours, l'assiégeant dut renoncer à son projet et se retirer. Il revint l'année suivante, ruina les habitations environnantes, ravagea les récoltes et détruisit les aqueducs. Aboû Fâris sortit alors de Tunis pour l'attaquer : la rencontre, qui eut lieu en ramad'ân 797 (juin-juillet 1395), se termina par la victoire complète du sultan, qui poursuivit son adversaire depuis Teboursouk, dans le territoire des H'anânecha où se trouve la source de la Medjerda, jusqu'à la Seybous (2) ; l'émir Aboû 'Abd Allâh Moh'ammed s'enfuit à cheval jusqu'à Bône avec ses compagnons. Ceux-ci croyaient qu'il allait rester dans cette ville, mais le jour même de son arrivée il profita de la nuit pour s'embarquer sans même leur dire adieu et fit voile pour Fez, allant demander du secours au prince de cette ville. Aboû Fâris entra à Bône et fit grâce aux habitants et à ceux des serviteurs d'Aboû 'Abd Allâh Moh'ammed qu'il y trouva, ainsi qu'aux serviteurs de son père, notamment au k'â'id Yoûsof ben el-Maghribi, à qui il accorda son pardon et laissa la libre disposition de ses biens et des immeubles dont il était propriétaire à Tunis ; il lui garda son traitement et le renvoya dans la capitale.

---

(1) B D ولاوبار ; C ولاونار ; manque dans B.

(2) Ces trois lignes sont citées par Dewull (*Recueil des Notices de la Société archéologique de Constantine*, 1867, p 100), qui avait entre les mains un exemplaire incomplet de notre chronique, exemplaire qui portait aussi le titre de *Ta'rîkh ibn ech-Chemmâ'* (cf. notre Introd., p. III).

Aboû Fâris reçut ensuite la visite de son frère Aboû Bekr, venu de Constantine pour le saluer et le féliciter, et qui, au moment de lui faire ses adieux, s'excusa de son incapacité de gouverner autrement qu'avec son appui. Ses explications furent bien accueillies, et le 20 ramad'ân de la dite année, Aboû Bekr abdiqua entre les mains de son frère.

En 797 (27 oct. 1394), mourut le k'âd'i des mariages à Tunis, le juriste Aboû 'Ali 'Omar ben el-Berrâ', qui fut remplacé dans ses fonctions par le savant juriste Aboû 'Abd Allâh Moh'ammed ben K'alil Elhem.

Une demande de secours fut alors adressée à Aboû Fâris par les Constantinois. Puis ce prince se mit en marche avec son armée et se dirigea sur Sfax, ville dont son frère, l'émir Aboû H'afç 'Omar, avait été fait gouverneur par le khalife défunt. Après avoir commencé le siège, il entama avec les habitants des pourparlers dont le résultat fut qu'ils s'emparèrent au bain de la personne de l'émir 'Omar et le livrèrent au sultan. Celui-ci, devenu maître de Sfax, y installa un gouverneur de son choix et se retira avec ses troupes jusque [P. 101] non loin de Tunis, pour de là repartir vers Constantine.

Quand il approcha de cette place, l'émir Aboû Bekr, bien que certain de n'avoir rien à redouter pour sa vie, manifesta de la répugnance et refusa même d'aller au devant de lui, grâce aux suggestions de son secrétaire Ibrâhîm précité. Le sultan dut donc commencer le siège le 15 cha'bân 798, tout en proclamant les bons sentiments qui l'animaient à l'égard de son frère et en s'exprimant de manière à prouver l'affection qu'il continuait de lui porter. Peudant le siège, qui dura plus de vingt jours, le nom d'Aboù Fâris ne cessa pas d'être proclamé dans les chaires de Constantine, fait qui ne s'était encore jamais produit pour un prince assiégeant. Celui-ci du reste, contrairement à toutes les habitudes, respecta les jardins et les récoltes et ne permit aucune dévastation dans les environs de la ville. Le siège continuait (1) quand du haut des remparts le cri qu'on fuyait, poussé par l'un des assiégés, servit d'auxiliaire et arrangea les choses : quelques hommes pénétrèrent par les remparts d'El-H'oneynecha (2), et le sultan avec ses soldats pénétra par la porte d'El-H'amma la nuit du [samedi au] dimanche 18 ramad'ân de la dite année. Aboù Bekr, qui cherchait à gagner la K'açba, fut appréhendé, et son secrétaire le juriste Ibrâhîm se dirigea vers les remparts d'El H'oneynecha (3) d'où il fut précipité, puis emprisonné jusqu'à ce que, en punition de ses crimes, il fut mis à mort à Tunis : après l'avoir roué de coups on le livra à la populace, qui le traîna par les rues jusqu'à ce qu'il rendît le dernier soupir.

Après la prise de son frère, le sultan resta à Constantine plus d'un mois pour en organiser l'administration, puis il repartit pour sa capitale le dernier jour de chawwâl de cette année, emmenant ses

---

(1) C D امر الحصار ; A ولما طال ; B de même, par suite d'une surcharge que l'usage de عاد dans la langue courante ne rend pas indispensable.

(2) A الخشية ; B الحيشية ; C الحيسية et D الحيسة ; الحيشية et الخيشة avec la correction marginale, deux fois répétée, الحديشة. La porte de ce nom était, paraît-il, entre le Bâb el-Djâbia et le Rummel.

(3) A seul dit « les remparts de la K'açba ».

deux frères l'émir 'Omar, ex-prince de Sfax, et l'émir Aboû Bekr, ex-prince de Constantine. Il avait laissé comme chef militaire de sa conquête son mamloûk le k'â'id Nebîl, et comme gouverneur de la K'açba le cheykh Aboû 'l-Fad'l Aboû 'l-K'âsim ben Tâferâdjtn Tinmeleli, qui ne quitta pas la K'açba et s'acquitta de ses devoirs à la satisfaction générale jusqu'à son départ pour Bougie en qualité d'ambassadeur.

En l'année 798 (16 oct. 1395), le khalife devint père (1) d'Aboû 'Abd Allâh Moh'ammed el-Mançoûr.

En redjeb de la même année, fut achevée la construction du canal (ساقية) situé hors la Porte Neuve à Tunis.

En la même année, Aboû 'l-'Abbâs Ah'med, fils d'Aboû 'Abd Allâh Moh'ammed et petit-fils du khalife Aboû 'l-'Abbâs Ah'med, sortit [de Bougie?], et dès qu'il eut abdiqué la soumission de Bougie ne se fit pas attendre (2).

En ramad'ân de la même année, un lion bondit sur le sultan, qui était à cheval et qui faillit être mis en pièces ; la divine Providence assura son salut.

[P. 105]. En 801 (13 sept. 1398), le sultan fit démolir le *fondouk* servant à la vente du vin et situé près la Porte de la mer ; il renonça au revenu annuel de dix mille [dinars] qu'il produisait, et l'emplacement en fut affecté à une zâwiya et à un collège à l'usage des étudiants, établissements dont il assura l'entretien à l'aide de dotations. Il fit de même pour le *fondouk* de Constantine.

---

(1) D ازداد ; A B C تزايد qui paraît préférable, voir le Dictionnaire Beaussier.

(2) B lit : « Abdiqua et apporta la soumission de Bougie. »

En 802 (3 sept. 1399), mourut le k'âd'i des mariages à Tunis, Aboù 'Abd Allâh Moh'ammed ben K'alil Elhem, qui eut pour successeur le professeur Aboù Yoùsof Ya'k'oùb Zoghbi.

En la dite année, le sultan marcha contre Tawzer pour l'enlever à Ibn Yemloùl; il en entreprit le siège, l'enleva de vive force et s'empara de la personne d'Ibn Yemloùl. A la fin de cha'bân de la même année, il se transporta vers Gafça qu'il voulait réduire; après un siège de quelques jours, il s'en rendit maître grâce à la soumission (?) des habitants (1), et il y entra de vive force; les Benoù 'l-'Abid, cheykhs de cette ville qui s'étaient soustraits à son autorité et qui étaient trois frères, Mançoùr, Aboù Bekr et 'Ali, tombèrent entre ses mains, le 2 ramad'ân de la dite année. Les habitants obtinrent leur pardon après avoir payé une contribution de guerre, les remparts furent ruinés, et le k'â'id Moh'ammed Terâsi (2) fut nommé gouverneur, faits dont le récit serait long. Le sultan regagna sa capitale après avoir réalisé tous ses plans.

Au début de 803 (22 août 1400), le sultan marcha contre Tripoli, qu'il assiégea longtemps; il finit par s'en rendre maître du consentement des habitants et grâce à l'intervention des gens de bien de la ville, le 6 redjeb de la dite année. Il y installa un k'â'id de son choix et regagna sa capitale.

---

(1) A B C باستعلام أهلها ; D باستسلام. Il doit y avoir là une nuance que je ne saisis pas, et la traduction, bien probablement, n'est pas rigoureusement exacte.

(2) Telle est la leçon de D; dans B المراسي ; A التواسي ; C التواسي. Il est plus loin question d'un juriste nommé Moh'ammed Touwâsi; peut-être faut-il ici lire de même.

Le 24 djomâda II 803, mourut le juriste à l'autorité incontestée Aboù 'Abd Allâh Moh'ammed ben 'Arafa Warghemi, qui fut inhumé au Djebel el-Djellâz, au-dessous du cimetière du vertueux cheykh Aboù 'l-H'asan el-Montaçir ; né en 716, il avait quatre-vingt-sept ans et quelques mois. C'est pourquoi il dit dans des vers sur lesquels de son vivant même son disciple l'imâm Er-Ramli a fait un *takhmis* :

[Motak'ârib]. J'ai su et enseigné les sciences, j'ai acquis et même détenu le premier rang. Mes années, j'en ai fait le compte : j'ai atteint ou plutôt dépassé le nombre quatre-vingts. — Aussi méprisé-je le pénible moment du trépas. — Je n'ai plus rien à désirer chez les humains, ni grandeur ni puissance ne pouvant plus exciter mon envie. Comment pourrais-je espérer si peu que ce soit, alors que tous mes contemporains ont disparu, — [P. 106] et ne sont plus que des images semblables aux rêveries des songes ! — La mort m'appelle, et nul ne peut me secourir ni retarder l'impulsion rapide qu'elle donne à sa monture : par elle, j'en ai l'ardent espoir, j'obtiendrai ce que promettent des dires authentiques — car j'aime voir [Dieu] et je répugne au séjour [ici-bas]. — Réalise, ô Seigneur, l'espoir de ton humble esclave d'avoir bientôt sa part dans la demeure. Ma mort cautionnera la sincérité de mes espérances, et pourtant ma vie a été bien favorisée — grâce aux prières que fit autrefois mon père à la Mekke. —

Il était passé maître dans les diverses sciences, sur beaucoup desquelles il a écrit, le plus souvent sous forme de résumés. A la fin de sa vie il s'adonna à l'étude du droit selon le rite malékite et s'occupa beaucoup de la *Modawwana*, qu'il médita assidûment et où il chercha des arguments. Dans sa jeunesse il étudia le Korân sous Ibn Selâma d'après les leçons d'Ed-Dâni et d'Ibn Choreyh', et sous Ibn Beddhâl d'après les leçons d'Ed-Dâni. Ibn 'Abloûn (1) lui enseigna les principes du droit, Ibn Selâma et

(1) A et B, celui-ci dans une correction marginale, lisent « Ibn Ghalboûn » ; il ne peut d'ailleurs être question du poëte connu sous ce dernier nom, car il mourut en 419 hég.

Ibn 'Abd es-Selâm les principes de la religion, Ibn Nefis la grammaire, Ibn el-H'abhâb la controverse, Ibn 'Abd es-Selâm le droit, El-Ayli la métaphysique (المعقول). Ce dernier ainsi que le chérif Tilimsâni disaient beaucoup de bien de leur élève. Il s'appliquait avec ardeur aux choses spirituelles et temporelles. Nous avons dit qu'il devint imâm du Djâmi' ez-Zitoûna en 756 ; il commença son *Précis* en 772 et l'acheva en 786 ; en 792, il accomplit le pèlerinage. Il pratiquait assidûment le jeûne, la prière nocturne, la lecture du saint Livre ; mais il était aussi très attentif à ses intérêts temporels, et il fut largement rémunéré tant en argent qu'en honneurs et en influence. Celui qui le remplaça à la mosquée pour la prière, la prédication et les consultations juridiques qui suivent la prière du vendredi fut son suppléant, le juriste et k'âd'i Aboû Mehdi ['Isa] Ghobrîni.

En 804 (11 août 1401), le sultan marcha de Tunis sur Biskra, mais s'arrêta au Bi'r el-Kâhina assez longtemps pour y remettre les choses en ordre. Arrivé à Biskra, il serra de si près le cheykh de cette localité Ah'med ben Yoûsof ben Mozni qu'il ne lui laissa d'autre alternative que de fuir ou de se rendre. Le samedi 7 djomâda II de la dite année, le sultan entra dans la ville, d'où il repartit pour Tunis quelque temps après en emmenant Ibn Mozni, qu'il remplaça par un [P. 107] de ses officiers. Les Awlâd Ibn Mozni y étaient restés indépendants environ cent quarante ans, dont quarante pour le seul Ah'med.

En 809 (18 juin 1406), pendant qu'il marchait avec son camp *(mah'alla)* contre Derdj (1) et Ghadâmès,

---

(1) Derdj est à 14 lieues Est de Ghadâmès, vers Tripoli.

le sultan fit arrêter son contrôleur et directeur du service des impôts le juriste Moh'ammed ben Aboû 'l-K'âsim ben K'alil Elhem, ainsi qu'Aboû Moh'ammed 'Abd Allâh ben Ghâliya, et les renvoya à Gabès; de là il les fit embarquer pour Tunis, où on les interna. Comme contrôleur il prit l'estimé juriste Aboû 'l-'Abbâs Ah'med, fils du k'âd'i et professeur Aboû 'Abd Allâh Moh'ammed ben K'alil Elhem.

En ramad'ân 809, le sultan fit arrêter et enchaîner ses frères Et-Toreyki, Khâlid et Aboû Zeyyân, à cause de certains faits qui lui avaient été dénoncés; ceux qui leur servaient de complices, tels que le k'â'id Ibn el-Loûz et Ibn Aboû 'Omar, furent également arrêtés. Ces deux chefs furent exécutés et leurs têtes envoyées et exposées à Tunis.

En la dite année, mourut à Bône le célèbre juriste aveugle Aboû 'Abd Allâh Moh'ommed Merrâkechi, qui était excellent poète et prosateur. Voici des vers faits par lui à propos d'une jument baie qui lui avait été envoyée par Aboû Yah'ya Zakariyyâ pour qu'il se rendit auprès de ce prince :

[H'azadj]. Une rapide monture de noble race, dont la robe est d'une couleur plus rouge que celle de la rose, m'a été envoyée par le noble émir hafçide Yah'ya. Certes sa voix est harmonieuse; mais j'ignore si je suis propriétaire ou emprunteur (1).

Aboû Yah'ya lui répondit par écrit : « Tu en es propriétaire. »

En 808 (29 juin 1405), le juriste et professeur Aboû 'Abd Allâh Moh'ammed Obbi fut nommé k'âd'i de l'Ile méridionale (2).

Dans la nuit du [jeudi au] vendredi 12 rebi' I 809,

---

(1) Il y a probablement là un jeu de mots, car ces expressions ont également, en musique, une valeur propre.

(2) Voir *supra*, p. 109.

mourut le k'âd'i de Constantine, Aboû 'l-'Abbâs Ah'med ben-el-Khat'îb, auteur d'un commentaire sur la *Risâla* (1) d'Ibn Aboû Zeyd, d'un autre sur les *Djomel* d'Ibn el-Khoûndji, etc.

En 810 (8 juin 1407), une rencontre eut lieu entre le sultan et les Arabes de H'akîm à 'Ayn el-Ghadr, entre El-H'âmma et Nefzâwa ; le sultan ne lâcha pas pied, mais ses troupes s'enfuirent, et les Arabes, qui avaient alors pour chef le cheykh et marabout *(morâbit')* Ah'med ben Aboû Ça'noûna ben 'Abd Allâh ben Meskîn, purent massacrer et piller les fuyards. En présence de la résistance du sultan, Ibn [Aboû] Ça'noûna se retourna contre ses compagnons et put les arrêter, puis il se présenta au prince, [P. 108] qui fut touché de sa démarche et qui l'accueillit favorablement.

En la dite année, mourut le juriste chargé du paraphe, Aboû 'Abd Allâh Moh'ammed ben K'âsim ben H'adjar, qui fut remplacé par son petit-fils le juriste Aboû 'Abd Allâh [ben Moh'ammed] ben K'âsim.

En la dite année, le sultan sortit de Tunis avec ses troupes pour marcher contre Aboû 'Abd Allâh Moh'ammed, qui était son cousin comme fils de son oncle Aboû Yah'ya Zakariyyâ. En effet, à la suite de la déroute complète qu'il avait subie en ramad'ân 797 et dont nous avons parlé, Moh'ammed était parti par mer de Bône pour aller demander du secours au prince de Fez contre le sultan Aboû Fâris. Or à la suite des incidents survenus entre le sultan et les

---

(1) La *Risâla* est un célèbre précis de droit malékite ; les *Djomel* sont un traité de logique également très connu (Catalogue des mss. d'Alger, n°° 1037 et 1387 ; *suprà*, p. 168).

Arabes, un groupe de ceux-ci, qui était allé réclamer de l'aide au sultan de Fez, revint avec l'émir Aboû 'Abd Allâh Moh'ammed, que le souverain maghrébin envoyait en même temps qu'une forte armée mérinide, dont les instructions étaient de ne revenir que quand son aide ne serait plus nécessaire et avec l'autorisation de Moh'ammed. Ces auxiliaires arrivèrent avec l'émir jusqu'aux limites de la province de Bougie, où ce prince reçut une députation des Arabes d'Ifrik'iyya qui déclaraient reconnaître son autorité. Le cheykh et marabout des H'akim, qui vint également le trouver, lui présenta la situation en Ifrik'iyya comme très facile, et en présence de ces nombreuses députations, Moh'ammed crut pouvoir renvoyer les Mérinides et continuer sa marche avec les seuls Arabes.

La nouvelle de l'arrivée de Moh'ammed ayant fait concevoir au sultan Aboû Fâris des craintes pour Bougie, il confia le gouvernement de cette ville à son frère Zakariyyâ, chef de Bône, et l'envoya à son nouveau poste, d'où le k'â'id Aboû n'-Naçr Z'âfir, qui y était précédemment, reçut l'ordre de partir pour combattre l'émir Moh'ammed. Mais dans la rencontre qui suivit, ce dernier resta vainqueur et s'empara du camp de Z'âfir et de tout ce qu'il renfermait, puis il marcha sur Bougie, dont les habitants se soulevèrent contre Zakariyyâ. Ce dernier fut chassé et dut s'enfuir par mer, de sorte que l'émir Moh'ammed devint maître de cette ville, où il confia l'autorité à son fils El-Mançoûr, tandis que lui-même se portait au-devant du sultan Aboû Fâris et des Arabes qui marchaient avec ce prince. Or Aboû Fâris passa par Bougie, dont il se rendit maître après quelques jours de combat, grâce à des intelligences nouées avec quelques habitants, et les habitations en furent ravagées et pillées. Le vainqueur s'empara en outre de l'émir Moh'ammed el-Mançoûr (1) et des principaux habitants de la ville, par exemple des Sévillans (2), qu'il fit emprisonner à Tunis. Après avoir rendu le gouvernement de Bougie à son ancien chef, c'est-à-dire à son neveu Aboû 'l-'Abbâs Ah'med, fils de son frère Aboû 'Abd Allâh Moh'ammed (3), il continua sa marche en avant. [P. 109] Quand les deux armées se trouvèrent en présence, le cheykh et marabout des Arabes, qui était de connivence avec le sultan, abandonna l'émir Aboû 'Abd Allâh Moh'ammed, dont les troupes furent battues et qui chercha lui-même son salut dans la fuite; mais il fut atteint et tué par la cavalerie du sultan, dans les premiers jours de moh'arrem 812 (fin mai 1409), dans un lieu nommé Betlta, au nord du pays [ou, de la ville] de Tâmaghza (4); il fut enterré dans cet endroit, par le nom duquel son tombeau est encore désigné aujourd'hui. On lui coupa la tête pour la présenter à Aboû Fâris, qui l'envoya à Fez par un homme du pays (5), nommé El-Mah'maçi : celui-ci la suspendit de nuit à la Porte

---

(1) Il semble bien malgré l'autorité des mss, mais d'après ce qui précède, qu'on doive lire « El-Mançoûr ben Moh'ammed ».

(2) B seul, « des principaux habitants, tels qu'El-Ichbili [le Sévillan] et d'autres ».

(3) B, par suite d'une correction, lit ainsi : « Il nomma au gouvernement de Bougie Z'âfir, qui y était précédemment. D'autre part, Aboû 'l-'Abbâs Ah'med, neveu de Mawla Aboû 'Abd Allâh Moh'ammed, se mit en marche pour combattre l'émir Aboû 'Abd Allâh Moh'ammed. »

(4) Nous ne relevons qu'une variante insignifiante (A تغزة) dans l'orthographe de ces deux noms propres.

(5) من رجال الطريق ; peut-être faut-il traduire « employé de la poste ».

El-Mah'roûk', de sorte que le lendemain matin les habitants purent se la montrer les uns aux autres.

En 813 (6 mai 1410), la ville d'Alger se rendit par composition.

Le samedi 27 rebî' II 813, mourut le juriste, prédicateur et professeur Aboû Mehdi 'Isa Ghobrîni, grand k'âd'i de Tunis, qui fut enterré à El-Djellâz. Il eut pour successeur, mais comme k'âd'i seulement, le k'âd'i des mariages, qui était le savant juriste Aboû Yoûsof Ya'koûb Zoghbi. Ce fut le juriste et hâfiz' El-H'âddj Aboû 'l-K'âsim Berzeli qui fut nommé imâm, prédicateur et mufti du Djâmi' ez-Zîtoûna. Le juriste Aboû 'Abd Allâh Moh'ammed K'aldjâni devint k'âd'i des mariages et professeur au collège d'Ouk' el-Djemel, et fut remplacé dans ses fonctions de k'âd'i de Constantine par son fils le juriste et hâfiz' Aboû 'l-'Abbâs Ah'med.

En 822 (28 janv. 1419), le sultan fit édifier la bibliothèque qui se trouve dans l'aile des Hilâl, au nord du Djâmi' ez-Zîtoûna, au-dessous du minaret. Quand, à la fin de rebî' II de cette année, la construction fut terminée, le sultan y fit transporter tous les livres qu'il possédait ; des surveillants furent affectés à ce dépôt, dont l'accès quotidien fut permis depuis l'appel à la prière du *z'ohr* jusqu'à la prière de l'*açr*, et pour l'entretien duquel une dotation suffisante fut constituée.

En 824 (6 janv. 1421), mourut l'émîr Ismâ'îl, parent immédiat du sultan ; il fut enterré dans le cimetière d'Aboû Sa'îd Bâdji, à El-Mersa.

En la même année, le sultan déposséda du gouvernement de Bougie Aboû 'l-Bak'â Khâlid et le remplaça par son propre fils El-Mo'tamid, à qui il fit rejoindre son poste.

En 827 (5 décembre 1423), le sultan conquit pour la première fois Tlemcen, qu'il enleva au sultan 'Abd el-Wâh'id ben Aboù H'ammoù Zenâti. [P. 110] La mauvaise administration de ce dernier avait été cause de l'envoi par le souverain de Tunis de messagers dont les observations étaient restées sans effet. Aboù Fâris (organisa alors une expédition, et) à son approche 'Abd el-Wâh'id, dont le fils avait été battu et forcé de s'enfuir auprès de son père, comprit l'inutilité de toute résistance et abandonna lui-même Tlemcen pour se réfugier dans les montagnes. Aboù Fâris occupa alors la ville et s'installa dans la K'açba en s'appropriant tout ce qu'elle renfermait, le 13 djomâda II 827 ; après y avoir séjourné quelque peu et avoir réfléchi à qui il confierait l'administration de sa nouvelle conquête, il arrêta son choix sur l'émir Moh'ammed, fils du sultan Aboù Tâchefin ben Aboù H'ammoù Zenâti. Il poursuivit ensuite sa marche sur Fez, dont il n'était plus qu'à deux journées quand il reçut du prince régnant en cette ville un message disant : « Ces états sont les tiens, c'est à toi qu'appartient le pouvoir et nous obéirons à tous tes ordres. » Aboù Fâris accepta ses offres de soumission et lui envoya un cadeau considérable, auquel il fut répondu par des dons beaucoup plus importants ; il se retira alors du côté de Tunis avec les honneurs de la guerre et chargé de butin. La soumission de Fez fut suivie de celle du prince qui régnait en Espagne, de sorte qu'Aboù Fâris se trouva le maître suprême de l'Ifrîk'iyya, de tout le Maghreb extrême et de tout le Maghreb central.

En 827 (5 déc. 1423), le prince chrétien de Catalogne envoya à Tunis un messager chargé d'entamer des pourparlers en vue de la paix. Mais Aboû Fâris étant alors au Maghreb, ce député renvoya la corvette qui l'avait amené pour informer son maître de cette absence ; celui-ci la lui réexpédia aussitôt avec l'ordre de se rembarquer, et il envoya une flotte de cinquante bâtiments, qui opéra de nuit un débarquement dans l'île de K'ark'anna en profitant de l'inattention des insulaires. Ceux-ci, qui n'étaient, vis-à-vis d'environ 10,000 chrétiens combattants, qu'environ 2,000, hommes, femmes et enfants, et qui n'avaient dans leur île ni ville ni fort où se défendre, tinrent ferme cependant, et dans la défense qu'ils firent de leur propre vie et de celle de leurs femmes, tuèrent environ quatre cents assaillants. Mais environ deux cents musulmans périrent, et le reste fut pris, de sorte que les chrétiens se rendirent maîtres de l'île.

Entretemps le sultan, qui était de retour du Maghreb, se trouvait à Gafça quand il apprit ce qu'avait fait la flotte ennemie ; il s'avança à marches forcées et parvint à Sfax en même temps que les chrétiens. Ceux-ci demandèrent un sauf-conduit au sultan pour débarquer et traiter du rachat des prisonniers musulmans ; leur demande ayant été accueillie, six cents des principaux d'entre eux vinrent à terre. L'offre que fit le sultan de racheter les musulmans pour 50,000 dinars fut refusée, et alors le marabout Ibn Aboû Ça'noûna alla trouver [P. 111] le souverain et lui tint ce discours : « Les chrétiens ont usé de trahison à ton égard, car après avoir député un messager pour traiter de la paix, ils se sont conduits comme on sait. Le traître n'a pas à invoquer de sauf-conduit, et je suis d'avis qu'il est juste d'arrêter ces gens-là et de ne les relâcher que moyennant la mise en liberté des musulmans. — Non, » dit Aboû Fâris, « il ne faut pas qu'on dise de moi que je trahis ma parole ; à Dieu ne plaise que je viole un sauf-conduit émanant de moi ! — Eh bien ! » lui répondit l'Arabe, « si ce n'est toi, ce sera moi ; pars pour la chasse, et je les arrêterai pendant ton absence. » Mais le prince refusa, et les chrétiens se rembarquèrent en emmenant leurs prisonniers musulmans.

En dhoû 'l-k'a'da 830 (août-sept. 1427), Aboû Fâris envoya son premier ministre Ibn 'Abd el-'Azîz, ainsi que le vaillant émir El-Montaçir, fils du khalife Aboû 'Abd Allâh Moh'ammed el-Mançoûr, avec mission d'arrêter le chef *(reïs)* de Constantine, El-H'âdj Aboû 'Abd Allâh Moh'ammed ed-Dehhân, qui montrait de l'insubordination, s'appropriait le produit des impôts, se mettait en opposition avec les fonctionnaires et leur refusait obéissance. Ces deux envoyés partirent le 14 du mois, en annonçant qu'ils allaient déplacer le k'â'id Djâ'a 'l-Kheyr et installer Mawla el-Montaçir (1). Alors Ed-Dehhân tout joyeux sortit pour se porter à leur rencontre ; mais on se saisit en dehors de la ville de lui et de ses compagnons, puis on les envoya au sultan de Tunis, qui les fit interner dans la K'açba.

En 832 (11 oct. 1428), une flotte importante fut envoyée de Tunis contre Malte. Le mamloûk du sultan qui la commandait, le k'â'id Rid'wân, avait or-

---

(1) D lit ici « El-Mostançir », mais A B C, ici comme huit lignes plus haut, lisent « El-Montaçir ».

dre d'assiéger la ville trois jours seulement, et de se retirer s'il ne réussissait pas dans ce délai. Fidèle à cet ordre, le mamloûk la serra de très près, mais s'éloigna quand le succès était proche.

En la dite année, mourut l'émir Aboû H'afç 'Omar, frère du sultan, qui fut enterré à El-Djellâz, en dehors de la porte d'"Alâwa. Ce prince a composé des œuvres (? الاشغال) importantes à la louange du Prophète.

Vers la même année, le sultan envoya une armée commandée par Djâ'a 'l-Kheyr, k'â'id de Constantine, contre Tlemcen, car il avait appris que le prince de cette ville, l'émir Moh'ammed ben Aboû Tâchefîn, s'était mis en état de révolte et que, prétendant à l'indépendance, il avait supprimé le nom du sultan dans la correspondance et dans la *khotba*. Avec cette armée il fit partir aussi Aboû Moh'ammed 'Abd el-Wâh'id, qui était sultan de Tlemcen lors de la prise de cette ville et qui, après avoir d'abord pris la fuite à ce moment, était ensuite venu à Tunis. Mais l'émir Moh'ammed marcha au-devant de ces troupes et les battit; alors l'ex-sultan Aboû Moh'ammed Abd el-Wâh'id gagna les montagnes, et avec l'aide des Arabes qui y habitaient et qui consentirent à lui prêter leur aide, revint sur Tlemcen, dont il se rendit maître et d'où il fit savoir au sultan [P. 112] de Tûnis qu'il le reconnaissait pour son suzerain. Quant à Moh'ammed ben Aboû Tâchefîn, il se réfugia dans les montagnes.

Le 28 djomâda II 833, les Dawâwida tuèrent Djâ'a 'l-Kheyr, k'â'id de Constantine, dans une rencontre qu'ils eurent avec lui, et le sultan le remplaça dans ce poste par son mamloûk Mah'moûd, qui entra à Constantine le 12 redjeb de la même année.

En 833 (30 sept. 1429), Nebîl ben Aboû K'at'âya, prince de Tripoli, tua dans la campagne *(çah'râ)* de cette ville le marabout cheykh des H'akim, Ibn Aboû Ça'noûna, et envoya sa tête à Tunis.

Le soir du dimanche 22 redjeb 833, mourut l'héritier présomptif Aboû 'Abd Allâh Moh'ammed el-Mançoûr ben Aboû Fâris dans la Tripolitaine, d'où il fut transporté à Tunis et enterré dans la tombe *(torba)* voisine de celle de Sidi Mah'rez ben Khalaf.

Le dernier jour de chawwâl 833, mourut le savant juriste Ah'med ech-Chemmâ', k'âd'i du camp *(mah'alla)* et *khat'îb* de la mosquée de la K'açba; il fut remplacé dans ces deux postes par le distingué et scrupuleux juriste Aboû 'Abd Allâh Moh'ammed Mesrâti.

Le 6 dhoû 'l-h'iddja 833, mourut le grand k'âd'i de Tunis, Aboû Yoûsof Ya'k'oûb Zoghbi, qui fut enterré à El-Djellâz et qui fut remplacé dans ses fonctions, en ramad'ân 834, par l'homme équitable, juriste et professeur Aboû 'l-K'âsim ben Sâlim Ouchtâti K'osant'îni.

Dans les derniers jours de la même année, le sultan enleva le gouvernement de Bougie à son fils El-Mo'tamid pour le donner à son mamloûk le k'â'id Aboû'n-Na'îm Rid'wân. En effet ce prince, à la nouvelle de la mort de son frère l'héritier présomptif, conçut l'espoir de le remplacer et quitta Bougie avec une armée considérable pour présenter ses condoléances à son père, mais trouva à son arrivée que la place qu'il convoitait était déjà prise par El-Montaçir, fils de Mohammed el-Mançour. Comme il tardait à obéir à l'ordre de son père de regagner son gouvernement, Aboû Fâris le fit arrêter et diriger sur Tunis, où on l'interna dans l'appartement supérieur de l'avant-corps de bâtiment (سقيفة) du palais du Bardo.

En la même année, à la suite de la nouvelle que Moh'ammed ben Aboû Tâchefîn avait pénétré à Tlemcen et s'en était rendu maître en tuant son oncle Aboû Moh'ammed 'Abd el-Wâh'id, le sultan marcha avec ses troupes contre cette ville, qu'il assiégea et serra de très près. Quand l'émir Moh'ammed poussé à bout se vit hors d'état de résister, il s'enfuit de nuit [P. 113] vers la montagne des Benoû Iznâten (1). Le lendemain matin les habitants ouvrirent les portes au sultan, qui envoya le k'à'id Nebîl ben Aboû K'at'âya dans la montagne. Ce chef serra de si près les montagnards qu'ils demandèrent quartier en promettant de livrer l'émir Moh'ammed. A cette condition ils obtinrent leur pardon, et le sultan emprisonna Moh'ammed. Après réflexion il choisit pour gouverneur de Tlemcen l'émir Ah'med ben Aboû H'ammoû Moûsa ben Yoûsof Zenâti et l'installa, puis il retourna du côté de sa capitale en 835, emmenant Moh'ammed ben Aboû Tâchefîn, qu'il emprisonna dans la K'açba de Tunis et qui y mourut en 840 (16 juillet 1436).

Dans la première décade de dhoû 'l-h'iddja 835 (juillet 1432), le roi chrétien d'Aragon El-K'at'alâni (le Catalan) débarqua avec une armée innombrable à Djerba. Sitôt que cette nouvelle lui parvint, le sultan, qui était alors à 'Omra (2) avec son camp, se

---

(1) Ce nom est écrit Iznâten dans A C D, et dans B Iznâti. Il n'existe pas, a notre connaissance, de tribu de ce nom ; mais celle des Iznâsen est bien connue. Les Benoû Irnâten sont des Toudjin les restés sur les rives du cours supérieur du Chélif, le Nahr Wâçel, vers le Sersou (*Berbères*, iv. 22).

(2) Vaste plaine auprès de Gafça (*Berbères*, table géogr.).

mit en marche, mais à son arrivée les chrétiens avaient déjà coupé le pont, et il s'installa de ce côté sur la terre ferme. Un corps de troupes qu'il avait envoyé avec un de ses k'â'ids avant le débarquement des chrétiens pour tenir garnison dans l'île occupait celle-ci, tandis que l'ennemi, qui tenait la mer du côté du pont, avait élevé un rempart de bois qui le séparait des musulmans. Chaque jour Aboû Fâris se tenait à la tête [de l'emplacement] du pont, avec, devant lui, le k'â'id Nebil et des troupes prêtes à combattre, et chaque fois qu'un musulman sortait [de l'île], il était amené au sultan, qui lui donnait des preuves de sa bienveillance. L'ennemi ayant eu connaissance de ce détail et du fait que les gens du prince s'éloignaient à l'heure de la sieste pour satisfaire à leurs besoins, fit un certain jour et au moment favorable cerner le pont par plusieurs embarcations, dans l'intention de capturer le sultan et le petit nombre des intimes qui restaient avec lui. Mais, grâces à Dieu, le sultan put monter à cheval [et s'échapper]; plusieurs de ceux de son entourage trouvèrent la mort du martyre, par exemple le k'â'id Moh'ammed, fils du cheykh des Almohades Ibn 'Abd el-'Azîz, et d'autres hommes de marque. L'ennemi cerna le *meydân* (hippodrome) et s'empara de ce qu'il renfermait. Des Djerbiens vinrent ensuite informer le sultan qu'il existait pour entrer à Djerba un chemin autre que le pont qui franchissait le bras de mer, et un corps de troupes fut ainsi introduit dans l'île. Quand les chrétiens s'aperçurent que ces renforts avaient pu pénétrer par une autre voie que celle qu'ils connaissaient, ils reconnurent l'inanité de leurs efforts, et leur flotte s'éloigna de l'île, après un séjour [P. 114] de vingt-sept jours. Le sultan fit alors réparer le pont et se retira sain et sauf.

Le mardi 11 rebî' II 839, mourut à Tunis le k'âdi des mariages, Aboû 'Abd Allâh Moh'ammed El-K'aldjâni ; il fut inhumé à El-Djellâz, et ce fut son fils et suppléant, le juriste 'Omar, qui fut nommé k'âdi des mariages et professeur à 'Onk' el-Djemel.

En la même année, mourut le juriste Aboû 'Abd Allâh Moh'ammed ben 'Abd Allâh ben K'alil Elhem, l'ancien contrôleur des impôts qui avait été arrêté.

A l'époque du *techrîk'* (11-13 dhoû 'l-h'iddja) de cette année, mourut à Tunis le juriste Aboû 'l-K'âsim ben Moûsa 'Abdoûsi, qui fut inhumé à El-Djellâz.

Le matin du jour de la fête des Sacrifices de 837, mourut subitement le sultan Aboû Fâris 'Abd el-'Azîz dans une localité du gouvernement de Tlemcen connue sous le nom de Waladjat es-Sedra (1), où se trouve la source dite 'Ayn ez-Zâl, non loin du mont Wancheris, alors que, ayant procédé aux ablutions purificatrices, il attendait le moment de sortir pour la prière du Sacrifice. En effet, lorsqu'il avait quitté Djerba à la suite du départ des chrétiens, il avait réglé la solde du *djond* et, se remettant en campagne (2), il s'était dirigé sur Tlemcen, dont le prince Ah'med ben Aboû H'ammoû Moûsa ben Yoûsof Zenâti manifestait, à l'exemple de ses aïeux, des velléités d'indépendance qui lui avaient été rapportées. Ce fut au cours de l'expédition qu'il diri-

---

(1) D'après le *Merâçid*, « El-Waladja est un district dans le Maghreb qui figure parmi les cantons de Tâhert ».

(2) A جرد حركته ; B avait جرد, comme D, mais ce mot a été surchargé en جرد حركتهم ; C جدد.

geait de ce côté que la mort le frappa, au bout d'un règne de quarante et un ans quatre mois et sept jours. Il laissait quatre fils.

Quand son petit-fils et héritier présomptif Aboû 'Abd Allâh Moh'ammed el-Montaçir connut cette mort subite, il défendit de la divulguer et alla lui-même dire la prière du Sacrifice, puis il reprit avec le camp la route de Tunis en faisant annoncer que le sultan tombé malade était porté en litière. Alors El-Mo'tamid, ayant appris que son père était bien mort, s'enfuit du camp; mais l'héritier présomptif le fit poursuivre et arrêter, puis aveugler à l'aide d'un fer rouge. On annonça ensuite la mort du sultan, et l'on reconnut l'héritier présomptif Aboû 'Abd Allâh Moh'ammed El-Montaçir, fils de l'émir martyr Aboû 'Abd Allâh Moh'ammed el-Mançoûr, petit-fils du Prince des croyants Aboû Fâris 'Abd el-'Azîz et descendant des khalifes légitimes. La reconnaissance de l'autorité de ce prince, dont la mère Reym était une concubine d'origine chrétienne, se fit sans opposition. Après l'annonce de la mort de son grand'père, il fit laver et ensevelir le cadavre pour l'envoyer à Tunis ; l'inhumation eut lieu en face du tombeau de son père [El-Mançoûr], dans le mausolée voisin de la tombe de Sîdi Mah'rez ben Khalaf.

Le nouveau prince [P. 115] accompagné du camp poursuivit sa marche vers Tunis. A Mesila il reçut une députation envoyée de Constantine pour le reconnaître ; il nomma gouverneur de Bougie et expédia dans cette ville son oncle Aboû 'l-H'asan 'Ali ben Aboû Fâris 'Abd el-'Azîz. Il arriva ensuite à Constantine, où une députation lui apporta la reconnaissance de son autorité par la capitale. Cette nouvelle, qui lui fit grand plaisir, fut annoncée à une réunion des notables tenue dans la grande mosquée de Constantine. De cette dernière ville il nomma gouverneur son frère germain Aboû 'Omar 'Othmân, qui par ses ordres y fit son entrée le 13 dhoû 'l-h'iddja de la même année 837 pour remplacer le k'â'id Mah'moûd révoqué.

A la nouvelle lune de moh'arrem 838 (7 août 1434), le sultan El-Montaçir accompagné de son camp quitta la banlieue de Constantine pour s'avancer vers Tunis. Arrivé à Teyfâch, il fit arrêter son frère consanguin Aboû 'l-Fad'l, ses serviteurs et ses intimes; la plupart tâchèrent de s'enfuir, mais quelques-uns d'entre eux furent repris le soir même, et d'autres au bout de peu de temps (1). Cette arrestation était opérée quand il commença à redouter quelque tentative sur la capitale du fait d'[Ibn] 'Abd el-'Azîz, à qui était parvenu la nouvelle de l'emprisonnement de l'émir Aboû 'l-Fad'l, qui était son petit-fils. Il prit donc son fils Moh'ammed avec lui et envoya à Tunis des troupes commandées par son k'â'id Aboû 'l-Fehm Nebîl et Aboû 't-Thenâ Mah'moûd. Mais ces deux chefs se virent fermer les portes de la ville par le cheykh des Almohades Ibn 'Abd el-'Azîz, qui, irrité du traitement dont souffraient ses deux petits-fils et son fils, avait couvert les murailles de défenseurs; mais ensuite ce cheykh s'arrangea de manière à quitter Tunis dans la nuit avec ses enfants et quelques serviteurs, et à prendre la fuite. Les deux k'â'ids entrèrent dans la ville après la dernière prière du soir, et la tourbe qui les suivait pilla les

---

(1) Avec A B C, j'ajoute à D [بعضهم] بالغرب و بعضهم .

demeures d'Ibn 'Abd el-'Azîz, de ses enfants et de ses serviteurs. Ils firent arrêter ceux des serviteurs qui tombèrent entre leurs mains, et en firent ensuite autant pour Ibn 'Abd el-'Azîz et ceux qui avaient suivi sa fortune, dont on découvrit la retraite chez les habitants de l'île située entre le Wâdi er-Raml et Sousse (1). Quand cette capture fut opérée, Nebîl alla prendre livraison des prisonniers, les ramena à Tunis sous les yeux des principaux de la ville et les interna dans la K'açba, où ils moururent.

Aboû 'Abd Allâh Moh'ammed el-Montaçir continua alors sa marche en avant, et la population de Tunis se porta à sa rencontre pour faire acte de soumission. Il pénétra en grande pompe dans la ville le jour d''Achoûra [10 moh'arrem] 838, et on renouvela la cérémonie d'intronisation, à l'occasion de laquelle il rendit la liberté à un certain nombre de prisonniers et fit d'abondantes libéralités aux pauvres, aux misérables et aux étudiants. Il nomma cheykh des Almohades Aboû 'Abd Allâh Moh'ammed ben [P. 116] Aboû 'l-'Abbâs Ah'med et petit-fils du vizir Ibrâhîm ben Hilâl; la charge consistant à apposer le paraphe fut confiée au juriste Aboû 'Abd Allâh Moh'ammed ben K'âsim ben H'adjar, titulaire de ce poste sous son aïeul; la rentrée des impôts et le contrôle furent remis aux mains de son compagnon et camarade le juriste Aboû 'Abd Allâh Moh'ammed ben K'aîtl Elhem; la charge de *mizwâr* fut donnée à El-H'âddj Aboû 'Abd Allâh Moh'ammed Hilâlî, et de même les autres postes furent confiés à des gens capables de les remplir.

---

(1) Je n'ai pu retrouver sur nos cartes l'endroit ainsi désigné. S'agit-il de Kuriat ? Il faut observer que le mot *djezîra* (île) peut aussi signifier « presqu'île, oasis ».

Dès le début de son règne, en 838, il fit bâtir à Tunis le collège de Soûk el-Filk'a et la fontaine, destinée tant aux hommes qu'aux animaux, qui est hors la Porte d'Aboû Sa'doûn.

En la même année, El-Montaçir quitta Tunis avec un important corps d'armée, dans l'intention d'examiner de près et de pacifier le pays. Il se dirigea vers Gafça, qui faisait partie de son itinéraire, et y entra malade; il y séjourna quelques jours et y fit répandre des aumônes sur les pauvres, les misérables et les étudiants; pendant un certain temps il dut s'abstenir d'affaires. Alors s'enfuit du camp l'émir Aboû Yah'ya Zakariyyâ, fils de l'émir Aboû Yah'ya Zakariyyâ ben Aboû 'Abd Allâh Moh'ammed ben Aboû Yah'ya Zakariyyâ, prince de Bône, qui alla avec son frère rejoindre les Arabes et s'installa chez les Awlâd Aboû 'l-Leyl, où ces populations se groupèrent autour d'eux. En conséquence, le sultan envoya aussitôt des troupes commandées par un de ses officiers pour sauvegarder Tunis, pendant que lui-même, encore malade, le suivait avec son camp; il arriva à Tunis vers le milieu de la dite année. Il avait envoyé à son frère germain 'Othmân à Constantine l'ordre de le rejoindre, ce que fit ce dernier prince en laissant comme son lieutenant en cette ville son *mizwâr* Aboû 'Ali Mánçoûr, connu sous le nom d'El-Mizwâr; mais cet officier fut ensuite déplacé par son maître et remplacé par le principal officier d''Othmân, c'est-à-dire Nebîl ben Aboû K'at'âya, qui fut expédié à Constantine avec mission de défendre cette ville. Le sultan sortit ensuite de nouveau de Tunis après avoir fait des largesses à ses troupes, et en chargeant son frère germain Aboû

'Omar (1) 'Othmân de la gouverner pendant que lui-même tiendrait tête aux Arabes et à leur chef. Mais ceux-ci s'empressèrent de l'attaquer avant qu'il eût achevé toutes ses dispositions et que la concentration de toutes ses forces fût terminée, et dans cette rencontre, qui eut lieu dans le voisinage du Djebel er-Rih'ân, plusieurs des compagnons du sultan furent tués, entre autres le juriste Ibn H'adjar. Aboû 'Omar 'Othmân se rendit alors chez les Awlâd Mohalhel, qui se joignirent à lui et à la tête desquels il se mit à la poursuite des Awlâd Aboû 'l-Leyl. Mais il trouva ceux-ci déjà occupés à assiéger Tunis et campés dans la sebkha de la Porte de Khâlid, tandis qu'El-Montaçir, malgré son état de maladie, montait tous les jours à cheval et, se mettant à la tête de ses troupes et des habitants, livrait aux assiégeants [P. 117] des combats dans la sebkha. L'arrivée d''Othmân et des Awlâd Mohalhel trompa l'espoir des nomades et les fit décamper, mais non sans qu'ils lui eussent livré une bataille où, contrairement à ce qu'ils espéraient, ils eurent le dessous ; ils durent partant s'éloigner, tandis qu''Othmân put entrer dans la ville et y remettre de l'ordre. Puis la nouvelle étant arrivée que les Arabes et leur chef, campés en dehors de K'ayrawân, projetaient de recommencer le siège de la capitale, le sultan expédia contre eux une forte armée commandée par son frère 'Othmân. Celui-ci se heurta contre eux dans le lieu dit El-Karwiya (2), non loin de Tunis, en tua un grand nombre et fit

---

(1) On trouve ce nom orthographié tantôt *'Omar*, tantôt *'Amr*.

(2) Ce nom, le même probablement qu'on retrouve un peu plus loin (p. 222), est écrit aussi *El-Karoûna* et *El-Karoûba*. On trouve sur nos cartes un Djebel Kharoûba.

prisonniers leurs principaux guerriers, de sorte que le reste s'enfuit sans avoir obtenu aucun succès, tandis qu'Othmân rentrait dans la capitale avec tous les honneurs de la guerre.

L'émir Aboû Yah'ya, voyant le désarroi des Awlâd Aboû 'l-Leyl et craignant pour sa vie et pour celle de son frère, les abandonna pour aller trouver les Dawâwida, qui leur accordèrent leur protection : leur cheykh 'Isa ben Moh'ammed se rendit à Tunis avec Aboû Yah'ya, et son intercession obtint du sultan le pardon des deux frères, qui s'installèrent (c. ربي) dans la capitale. Plus tard El-Montaçir, quand sa maladie s'aggrava, les fit arrêter et séquestrer, puis ils périrent.

Le 16 çafar 839 (11 sept. 1435), mourut la mère du sultan, qui fut inhumée dans le mausolée (dâr) proche de celui de Sîdi Mah'rez, et dans la nuit du [jeudi au] vendredi 12 çafar de la même année, le khalife El-Montaçir mourut au palais du Bardo de la maladie qui le tourmentait. Le lendemain, après la prière du vendredi, les dernières prières furent dites à son intention dans la mosquée Ez-Zitoûna, et il fut enterré dans le mausolée où reposaient son aïeul le khalife ainsi que son père. Il avait, depuis la mort de son aïeul, régné un an deux mois et douze jours.

Le matin même, à la fin de la nuit où il rendit le dernier soupir, on prêta le serment d'obéissance à son frère germain le savant et bien connu Aboû 'Omar 'Othmân, fils de l'émir Aboû 'Abd Allâh Moh'ammed El-Mançoûr, petit-fils du Prince des croyants Aboû Fâris 'Abd el-'Azîz et descendant des émirs légitimes. Il était né d'une esclave d'origine chrétienne nommée Reym, comme il a été dit à propos de son frère, le 27 ramad'ân 821. Il fut proclamé, de l'accord commun des courtisans et du peuple, le matin du vendredi 12 çafar 839 (7 sept. 1435) et fit ce jour-là la prière du vendredi dans la grande mosquée d'Ez-Zltoûna. Devenu ainsi dépositaire de toute l'autorité, il garda auprès de lui les fonctionnaires qu'avait son frère défunt El-Montaçir, et la dynastie Hafçide trouva en lui sa plus brillante manifestation.

[P. 118] Nous allons énumérer les principaux personnages de sa cour. Le premier est celui qui, chambellan et premier ministre de son frère, occupa ces mêmes postes avec lui, le très honoré Aboû 'Abd Allâh Moh'ammed ben Aboû 'l-'Abbâs Ah'med, fils du vizir Aboû Ish'âk' Ibrâhîm ben Aboû Hilâl. — Le secrétaire chargé de la rentrée des impôts et du contrôle général fut le juriste Aboû 'Abd Allâh Moh'ammed ben K'alîl Elhem ; puis le juriste glorieux et fortuné Aboû 'l-'Abbâs Ah'med ben el-H'addj Aboû Ish'âk' Ibrâhîm Soleymâni, qui vers la fin de sa vie demanda et obtint d'être déchargé de ses fonctions, et que remplaça le juriste Aboû 'Abd Allâh Moh'ammed Zawâghi le 26 djomâda II 887. — Le secrétaire chargé du sceau fut le juriste Aboû 'Abd Allâh Moh'ammed ben K'âsim ben H'adjar ; après lui le juriste Mo'hammed en-Neddâs ; puis le juriste et secrétaire respecté Aboû 'Ali 'Omar ben K'alîl Elhem ; puis le fils de ce dernier, Aboû 'l-Ghayth qui le suppléa et que son incapacité fit renvoyer ; puis le juriste Aboû 'l-Berekât ben 'Açfoûr, enfin le juriste Aboû 'Abd Allâh Moh'ammed Boûni. — Son *mizwâr* fut d'abord El-H'addj Aboû 'Abd Allâh Moh'ammed Hilâli ; puis le cheykh Aboû 'Othmân

Sa'ïd Ez-Zerlzer ; puis le k'â'id Aboù 'Ali Mançoùr, surnommé El-Mizwâr ; puis Aboù Ish'âk' Ibrâhîm ben Ah'med Fotoùh'i ; puis le fils de celui-ci, 'Abd el-'Azîz.

Les grands k'âd'is de la capitale furent successivement : le glorieux juriste Aboù 'l-K'âsim ben Sâlim Ouchtâti K'osant'ini ; le juriste Aboù 'Ali 'Omar K'aldjâni ; le glorieux et honoré juriste Aboù 'Abd Allâh Moh'ammed Khozâmi, connu sous le nom d'Ibn 'Ok'âb, fils du glorieux cheykh Aboù 'l-'Abbâs Ah'med K'aldjâni ; puis son petit-fils, l'honoré Aboù 'Abd Allâh Moh'ammed K'aldjâni ; puis le glorieux juriste Aboù 'Abd Allâh Moh'ammed ben Aboù 'l-K'âsim er-Raççâ' ; puis l'honoré juriste Aboù 'Abd Allâh Moh'ammed Ouchtâti.

Comme k'âd'is des mariages à Tunis, il y eut Aboù H'afç 'Omar K'aldjâni ; le savant et considérable Aboù Moh'ammed 'Abd Allâh Boh'ayri ; l'honoré juriste Aboù 'l-'Abbâs Ah'med K'osant'ini ; le juriste Aboù 'Abd Allâh Moh'ammed Zendîwi ; puis son fils le juriste Aboù 'l-H'asan ; le juriste et professeur Aboù 'Abd Allâh Moh'ammed er-Raççâ' ; le juriste Aboù Moh'ammed 'Abd er-Rah'îm el-H'amçîni ; puis son fils le juriste Aboù 'l-H'asan.

Les muftis de la grande mosquée Ez-Zîtoùna furent Aboù 'l-K'âsim el-Berzeli ; Aboù 'l-K'âsim Ouchtâti K'osant'ini ; le juriste et k'âd'i Aboù H'afç 'Omar K'aldjâni ; le juriste Aboù 'Abd Allâh Moh'ammed ben 'Ok'âb ; le juriste et k'âd'i Aboù Moh'ammed 'Abd Allâh Boh'ayri ; le juriste [P. 119] et k'âd'i Aboù 'l-'Abbâs Ah'med K'aldjâni ; puis son petit-fils le juriste Aboù 'Abd Allâh Moh'ammed ; le fils de son frère germain Aboù H'afç 'Omar ; puis Aboù 'Abd Allâh Moh'ammed er-Raççâ'.

Nous allons maintenant parler des bienfaits dont on lui est redevable. Il fit bâtir le collège et la zâwiya plus bas que ce dernier dans la maison dite Dâr Çoûla, proche de la demeure du vertueux cheykh Sîdi Mah'rez ben Khalaf, ainsi que le réservoir *(sik'âya)* qui est en face. Il acheva la construction du collège commencé par son frère le sultan El-Montaçir à Tunis dans le Soûk el-Filk'a. Il fit établir le grand bassin à ablutions qui est dans l'allée (1) d'Ibn 'Abd es-Selâm, au nord du Djâmi' ez-Zitoûna, et en fit chauffer l'eau pendant la saison froide. Il fit ériger la fontaine destinée à servir aux hommes et aux animaux, à l'est du minaret du Djâmi' ez-Zitoûna. A l'est de cette même mosquée, il fit établir la *maççaça* (2), où un ajutage, à l'extrémité d'un tuyau de cuivre, permettait d'aspirer l'eau par succion. Il fit construire la fontaine proche de l'hôpital, destinée à fournir aux gens du voisinage l'eau qui était de ce côté en trop faible quantité. Il édifia le réservoir *(sik'âya)* vis-à-vis la porte d'El-Djobeyla (3), entre les deux portes du Bordj el-Awnak'i ; l'eau qui alimentait ce réservoir provenait d'Oumm el-Wat'â, en dehors de Tunis (4). Il établit une [nouvelle] bibliothèque, qu'il construisit dans la *makçoûra* de Sîdi Mah'rez ben

---

(1) Nos textes lisent درب, et le ms. 239 d'Alger (f. 104) زنقة ; ce fut Ah'med K'osant'îni *(ibid.)* qui dirigea la construction de ce bassin, entre 850 et 860.

(2) Ce mot, qui se retrouve dans le *Khitat* de Makrizi (I, p. 347, l. 12), désigne aussi en Algérie une plante que les indigènes emploient dans les mêmes cas que la sangsue (le plantain, d'après Beaussier).

(3) B, *El-Djebeliyya*.

(4) Le grand réservoir près les arcades, hors le Bâb el-Awnak'i, commencé sous la direction du cheykh ed-dawla Aboû Zeyd 'Abd er-Rah'mân Fotoûh'i en 877, fut achevé en 881 ; il amène de bonne eau provenant des puits de Kerm el-Wat'â (ms. d'Alger, n° 239, f. 104, r. et v.).

Khalaf, à l'est du Djâmi' ez-Zitoûna, et lui affecta à titre perpétuel des livres sur les diverses sciences religieuses, la lexicographie, la médecine, l'histoire, l'arithmétique, etc. (1). Il édifia la *zâwiya* du fondouk au-dessus du fourré de Cherk *(Ghâbat Cherk)* (2), au sud de la montagne de Zaghwân, pour servir de logement à ceux qui arrivaient soit de Tunis, soit de K'ayrawân; de même la *zâwiya* dite 'Ayn ez-Zemit, entre Tunis et Bâdja, avec affectation des biens nécessaires pour son entretien ; il faut encore citer la *zâwiya* d'Aboû 'l-H'addâd, celle d'El-Manhela (3), celle de K'arnât'a (4) dans le lieu bien connu entre Gafça et Tawzer, celle de Biskra, celle d'Et-Toûmi, etc. (5).

Au début de son règne il fit restaurer le collège et la zâwiya établis dans la maison dite Dâr Çoûla et y nomma professeur Moh'ammed Zendîwi ; il fit achever le collège de Soûk el-Filk'a, y nomma professeur le juriste et k'âd'i Aboû 'Abd Allâh Moh'ammed ben 'Ok'âb, et immobilisa au profit de ces divers établissements de quoi pourvoir à leur entretien.

Quand l'autorité fut fixée entre ses mains, l'oncle de son père, l'émir et professeur Aboû 'Abd Allâh

---

(1) Cela se fit vers 854 sous la direction d'Aboû 'l-'Abbâs Ah'med K'osant'îni, alors préposé aux biens de main-morte (ms. 239 cité, fol. 103, v.).

(2) En arabe, *Ghâbat Cherk :* ce mot est écrit de la sorte dans A et B ; D lit *Cherik*, et dans C on trouve غابة شركي *(cf. infra*, p. 128 du texte). Ailleurs il est dit simplement « la zâwiya du fondouk (ou, d'El-Fondouk') » (ms. 239 cité, f. 104). Il ne peut être question de la Djezîrat Cherik de Bekri (p. 96 et 109), qu'Edrisi (trad., 138 et 149) appelle Djezîrat Bâchoû, la Dakhelat el-Maouin actuelle.

(3) A et B lisent « d'El-Moneyhela ».

(4) A lit *K'arbât'a* ; B, à la suite d'un grattage, *K'arkâdjena*.

(5) B lit « celle de Besriya, celle d'En-Noûr, etc. ». — K'ayrawâni (texte, p. 147) parle aussi de plusieurs de ces fondations.

Moh'ammed el-H'oseyn, fils du khalife Ah'med, s'enfuit nuitamment de Tunis avec plusieurs de ses enfants et se réfugia chez les Awlâd Aboû 'l-Leyl, qui étaient dans le voisinage de cette ville. Cela [P. 120] occasionna du tumulte à Tunis et dans la région, et le prix des vivres monta, car le peuple craignait que les Arabes ne se servissent de lui pour provoquer des troubles à Tunis. Le sultan envoya aux Arabes des messagers qui leur firent de telles menaces quant aux suites d'un acte pareil que ces nomades arrêtèrent Moh'ammed et les siens, et les livrèrent au sultan, qui les interna dans la K'açba. Moh'ammed mourut en rebî' II 839, et ses enfants obtinrent au bout de quelque temps leur pardon et leur mise en liberté.

En remplacement de son grand-oncle paternel, le sultan nomma comme professeur au collège Ech-Chemmâ'în le grand k'âd'i alors en place, le juriste Aboû 'l-K'âsim K'osant'îni. A la fin de djomâda I de la même année, il fit arrêter son mizwâr El-H'âddj Aboû 'Abd Allâh Moh'ammed Hilâli et le remplaça dans ces fonctions par Aboû 'Othmân Sa'îd Ez-Zertzer. Au commencement de djomâda I de la même année, il avait renvoyé le juriste et k'âd'i Aboû 'l-'Abbâs Ah'med K'aldjâni de son poste de k'âd'i à Constantine et y avait nommé Aboû 'Abd Allâh Moh'ammed Zendîwi. Le juriste Ah'med K'osant'îni fut, à son arrivée à Tunis, nommé professeur au nouveau collège élevé près de la demeure de Sîdi Mah'rez.

Les Arabes d'Ifrîk'iyya, c'est-à-dire les Awlâd Aboû 'l-Leyl et ceux qui faisaient cause commune avec eux, se mirent alors à exercer des ravages partout et à rendre les routes peu sûres. Le sultan leur fit intimer l'ordre de se tenir tranquilles, mais ils exagérèrent leurs prétentions et ne changèrent pas leurs procédés, de sorte que le sultan mobilisa ses troupes et fit planter ses tentes à Ez-Za'teriyya (1) en cha'bân 839 (fév.-mars 1436). Mais cette démonstration fut cause qu'ils se refusèrent à tout accommodement, et comme d'autre part 'Othmân ne voulait pas les laisser faire, ils formèrent le projet d'attaquer l'armée du prince avant que la concentration en fût terminée ; le sultan, qui en fut informé, fit rentrer toutes ses tentes à Tunis. Les Arabes vinrent alors, dans les premiers jours de ramad'ân, camper dans la sebkha de la Porte de Khâlid pour faire le siège de la ville ; mais le sultan en personne menait au combat, dans la sebkha même, les habitants et les soldats, et sa vaillante épée tuait d'innombrables ennemis, de sorte que les Arabes déçus devaient battre en retraite après avoir subi de fortes pertes. Quand ils apprirent que les Awlâd Mohalhel et leurs partisans s'apprêtaient à venir les combattre et à secourir le Prince des croyants, ils quittèrent les environs de Tunis et marchèrent contre eux jusqu'à El-Karoûma (2). De son côté le sultan sortit de la ville pour les poursuivre, et l'importante bataille qui s'ensuivit et où ils firent de grandes pertes se termina par leur déroute. Or celui qui gouvernait à Bougie, l'émir Aboû 'l-H'asan, fils du khalife Aboû [P. 1121] Fâris 'Abd el-'Azîz, s'était déclaré indépendant dans cette ville et s'y était fait reconnaître lorsqu'il avait appris la mort du sultan El-Montaçir. Les

---

(1) Nos textes orthographient *Es-Sa'teriyya* (voir p. 85, note).
(2) Voir plus haut, p. 215.

Awlâd Aboû 'l-Leyl, à la suite de leur insuccès devant Tunis et de leur retraite, se rendirent auprès de lui et le sollicitèrent de marcher contre la capitale, à quoi il consentit, et il mit, d'accord avec eux, le siège devant Constantine. Pendant environ un mois il la serra de très près et renouvela ses attaques quotidiennement et du matin au soir, mais Nebil, k'â'id de cette ville, résista courageusement et avec succès, si bien que le rebelle impuissant dut lever le siège et se dirigea, accompagné d''Isa ben Moh'ammed, cheykh des Dawâwida, sur la capitale. Or le sultan, qui était sorti avec son camp, fut rallié par Sebâ' ben Moh'ammed, cheykh des Dawâwida, qui se mit de son côté ; mais d'autre part le k'â'id Mah'moûd, que le prince avait envoyé en avant pour lever des troupes chez les H'anânecha et chez ses contribules (1), fut rejoint par des partisans de l'émir Aboû 'l-H'asan et mené auprès de celui-ci, à qui il prêta serment et à qui il conseilla d'attaquer le sultan avant que toutes ses troupes fussent réunies et qu'il fût renforcé par les Arabes. Aboû 'n-Naz'ar, fils du k'â'id Mah'moûd, figurait dans le camp du sultan, mais rejoignit son père quand il sut que celui-ci avait changé de parti. Un autre fils du k'â'id Mah'moûd, qui était k'â'id de Bône et s'appelait Moh'ammed, fut alors arrêté et interné à Tunis, mais relâché au bout de quelque temps. Le khalife avec ses troupes renforcées des Awlâd Mohalhel et des gens ralliés à ces derniers, s'avança jusqu'auprès de Sar-

---

(1) B et D من الحنانشة وقرفة « chez les H'anânecha et à K'a-rafa » ; ce dernier nom m'est inconnu. A lit وقرفه ; j'ai adopté la leçon de C وقومه.

râṭ' (1) et fut rejoint, la veille au soir de la bataille, par le cheykh des H'akîm, Sa'îd ben Ah'med, qu'accompagnaient ses partisans d'entre les H'akîm, les Benoû 'Ali et autres. La rencontre eut lieu vis-à-vis le Wâd'i Sarrâṭ' (2), près de Teyfâch, le mercredi 22 rebî' I 840, et les Arabes de l'Ifrîk'iyya tout entière y figurèrent ; le khalife se tenait au centre de ses troupes rangées en ligne de bataille. La vue du nombre considérable de guerriers dont il disposait inspira tout d'abord aux partisans d'Aboû 'l-H'asan le regret de n'avoir pas livré bataille la veille, mais ils reprirent bientôt courage : leur aile droite fit une charge vigoureuse et mit en fuite l'aile gauche ennemie qui lui faisait face, puis leur aile gauche en fit autant. Voici le récit qu'on place dans la bouche du juriste Aboû 'l-'Abbâs Ah'med ech-Chemmâ', alors k'âd'i du camp (3) : « J'étais ce jour-là placé sur une éminence, et je vis le Prince des croyants, qui s'était aperçu de ce qui se passait, se précipiter avec sa garde (? 4), quelques Hafçides (5) et d'autres braves contre les chefs ennemis sans s'inquiéter du désastre de ses deux ailes, et piquer vers l'émir Aboû 'l-H'asan. Cette brusque attaque retourna la situation (6) : [P. 122] les compagnons d'Aboû 'l-H'asan

---

(1) Sarrat est l'orthographe de la carte de l'état-major; B écrit شواط A , صراط .

(2) D seul écrit Wâdi, A B C Djebel (A répétant ici encore شواط) ; la dite carte ne donne pas de montagne (djebel) de ce nom.

(3) Cf. supra, p. 207.

(4) اهل الحفيظة .

(5) Je lis و جماعة الحفصيين avec A B C, au lieu de الحفظيين de D.

(6) Au lieu de la leçon de C D, on lit dans B فارتفقت فرق الفتح , واحدى الظفر وتفرقت , passage qui manque dans A.

se dispersèrent et un grand nombre mordirent la poussière. Les troupes du sultan revinrent à la charge quand elles virent le succès qu'il obtenait, et la lutte se poursuivit depuis la matinée jusque vers quatre heures de l'après-midi. Aboû 'l-H'asan ne sauva sa vie qu'en fuyant au galop, et abandonna son camp et les siens à la discrétion du vainqueur. Il ne se crut qu'à peine en sûreté à Bougie, où il arriva avec les mieux montés des siens. » Le sultan regagna alors Tunis, où il rentra avec les honneurs de la guerre.

En ramad'ân 840 (mars-avril 1437), une députation des Awlâd Aboû 'l-Leyl qui vint le trouver à Tunis sans s'être précautionnée d'un sauf-conduit, fut arrêtée au palais du Bardo; on enchaîna et on interna à la K'açba ceux qui la composaient, Mançoûr ben Khâlid ben Çoûla ben Khâlid ben H'amza, T'alh'a ben Moh'ammed ben Mançoûr ben H'amza, Mançoûr ben Dhoueyb ben Ah'med ben H'amza, ainsi que leur suite.

Le sultan prépara ensuite une nouvelle expédition (1), et après avoir procédé au paiement de la solde du *djond* il se dirigea avec ses troupes vers la province de Bougie et campa à la fin de 840 à Mekoûs (2), où il livra bataille à 'Abd Allâh ben 'Omar ben Çakhr, cheykh des Sitîn, puis rentra à Tunis au commencement de 841 (4 juillet 1437).

Le dernier jour de rebî' I 841, mourut à Tunis le secrétaire chargé du sceau, le juriste Aboû 'Abd Allâh Moh'ammed ben K'âsim ben H'adjar, qui fut en-

---

(1) Au lieu de خرج حركته de C D, A lit جدد حركته, et B, جرد.

(2) B lit مكوسى; ce nom manque dans A; plus bas, on lit مكرس.

erré le lendemain dans le mausolée *(dâr)* du vertueux cheykh Aboû Zakariyyâ Yah'ya ben ed-Demmân, hors la porte de Soûweyk'a, en présence d'une assistance où figuraient le khalife et les principaux de la cour. Ses fonctions furent confiées au juriste Aboû 'Abd Allâh Moh'ammed Touwâsi.

La fin de la même année vit l'achèvement de la construction du collège de Soûk' el-Filk'a.

Le 25 dhoû 'l-k'a'da de la même année, mourut à Tunis le juriste El-H'âddj Aboû 'l-K'âsim Berzeli, qui fut enterré au Djebel el-Djellâz. Il eut pour successeur comme imâm de la mosquée Ez-Zîtoûna, comme *khat'îb* et comme mufti consultant après la prière du vendredi le juriste Aboû 'l-K'âsim K'osant'îni, alors grand k'âd'i. Les fonctions de professeur au collège d'Ibn Tâferâdjîn furent dévolues au juriste Aboû 'l-Berekât Moh'ammed ben Moh'ammed dit Ibn 'Açfoûr. Aboû H'afç 'Omar K'aldjâni, alors k'âd'i des mariages, devint *khat'îb* dans le Djâmi' et-Tawfîk', et eut à y rendre des fetwas après le grand k'âd'i.

Au milieu de l'année 842 (24 juin 1438), le khalife fit arrêter le contrôleur et directeur de la perception des impôts, le juriste Abou 'Abd Allâh Moh'ammed ben [P. 123] K'atil Elhem, ses deux fils Aboû 'l-Berekât et Yoûnos, ainsi que son ami le k'â'id de Bâdja Aboû 'l-H'asan 'Ali ben Merzoûk' et le frère de ce dernier personnage, qui furent tous internés à la K'açba et qui eurent leurs biens confisqués. Les fonctions de contrôleur et de directeur que remplissait le premier passèrent aux mains du juriste Aboû 'l-'Abbâs Ah'med ben Aboû Ish'âk' Ibrâhîm Soleymâni.

L'après-midi du jeudi 14 cha'bân 842, mourut *à Tlemcen (1)* le très savant juriste Aboû 'Abd Allâh Moh'ammed ben Merzoûk'.

Au commencement de 843 (14 juin 1439), on apporta au sultan à Tunis la tête d'Ibn Çakhr, c'est-à-dire 'Abd Allâh ben 'Omar Silîni, qui fut exposée à la Porte de Khâlid.

Le 4 djomâda II 843, le sultan pénétra à Bougie, d'où l'émir Aboû 'l-H'asan s'était enfui pour sauver sa vie. Les habitants, qui se portèrent au devant de lui, obtinrent tous grâce pour leur vie et leurs biens ; le sultan y nomma gouverneur son cousin paternel l'émir Aboû Moh'ammed 'Abd el-Mou'min ben Aboû 'l-'Abbâs Ah'med, puis il retourna à Tunis, où il rentra en redjeb après avoir réalisé son plan.

A la fin de 844 (1er juin 1440), fut achevée la construction du collège proche de Sidi Mah'rez.

Le jeudi 14 rebi' II 845, mourut *à Tlemcen (2)* le juriste et professeur Aboû 'l-'Abbâs Ah'med ben Moh'ammed ben 'Abd er-Rah'mân ben Zâgh, sur qui les dernières prières furent dites le lendemain après la prière du vendredi dans la grande mosquée ; il fut enterré en dehors de la ville sur le chemin d'El-'Obbâd. Il était professeur à Tlemcen et est auteur de nombreux ouvrages, parmi lesquels le *Taw-d'îh' fî 'ilm el-ferâ'id' min el-wâh'id eç-çak'îh'*, où il suivit complètement le système d'El-K'orachi dans les fractions, mais en ajoutant sur ce sujet des choses inédites et qui sont ses découvertes personnelles ; le *Résumé* ; la *Mok'addima fî tefsîr el-K'orân el-'az'îm* ; la *Khâtima* sur le même sujet, etc.

---

(1) Addition de A B.
(2) Addition de A.

En 845 (21 mai 1441), le sultan apprit qu'à Neft'a s'était soulevé le nommé Aboû Zakariyyâ, un des cheykhs de la sous-tribu des Benoû 'l-Khalaf (1), à qui s'étaient joints tous les aventuriers et qui avait refusé l'entrée de la ville à son représentant. En conséquence il quitta Tunis à la tête de son armée en se faisant précéder d'un corps d'armée commandé par son k'â'id Aboû 'l-Fehm Nebîl. Celui-ci était campé près de la ville et l'assiégeait déjà depuis plusieurs jours quand le khalife arriva et put compléter l'investissement, si bien qu'il arriva à y pénétrer après avoir tué beaucoup des rebelles à la fin de djomâda II de la dite année. Les demeures et les propriétés de toute sorte furent livrées au pillage, [P. 124] et le chef révolté, qui fut capturé et amené au sultan, fut mis à mort par l'ordre de celui-ci ; le père du rebelle fut ensuite également amené au vainqueur, et exécuté sur le champ (2). Le gouvernement de la ville fut confié à un k'â'id de son choix par le sultan, qui rentra dans sa capitale à la fin de la dite année.

Le vendredi 21 moh'arrem 846, un conseil fut tenu dans la K'açba (القصبة العلية) en présence du prince pour traiter de certains dires attribués au juriste Ah'med K'aldjâni. Celui-ci y assista avec son frère germain, ainsi que le juriste et k'âd'i Aboû H'afç 'Omar, le juriste Moh'ammed ben 'Ok'âb, le juriste 'Abd Allâh Boh'ayri, et le juriste et mufti de Bougie, Mançoûr ben 'Othmân Bedjâ'i. Ibn 'Ok'âb précité y blessa [par ses propos] le sultan (3), qui le

---

(1) On trouve dans les *Berbères* (III, 146) des détails sur l'origine de cette famille.

(2) فى الحضرة signifie peut-être, à Tunis.

(3) Je lis avec A و كلم الخليفة فى القضية , au lieu de فى القصبة de B C D.

fit interner, mais sans l'enchaîner, dans le Djâmi' el-Djobeyla (1) de la K'açba ; puis il le remit en liberté au bout d'environ deux mois.

Le mercredi 17 çafar de la dite année, le grand k'âd'i, imâm, *khat'îb* et mufti de la grande mosquée Ez-Zitoûna, Aboû 'l-K'âsim K'osant'îni, fut frappé par Magheroûs au moment où il finissait la prière de l'aurore dans ce temple, alors qu'il était accroupi sur le tapis de prière proche la porte El-Bohoûr, car il faisait la prière en cet endroit ; le coupable fut exécuté sur le champ sous le minaret de la mosquée et son cadavre fut jeté dehors. Le k'âd'i transporté chez lui écrivit ses dernières volontés et mourut la nuit d'après ; les dernières prières furent dites le lendemain sur son corps dans cette mosquée, et l'inhumation se fit à El-Djellâz. Le k'âd'i Aboû H'afç 'Omar K'aldjâni le remplaça comme grand k'âd'i, comme *khat'îb* de la mosquée Ez-Zitoûna et comme chargé des fetvas à la suite de la prière du vendredi. L'imâmat de cette mosquée fut attribué au juriste Moh'ammed ben 'Omar Mesrâti K'arawi, *khat'îb* de la grande mosquée de la K'açba. Les fonctions de *khat'îb* de la grande mosquée Et-Tawfîk' et de mufti dans cet établissement à la suite de la prière du vendredi furent données au mufti Aboû 'Abd Allâh Moh'ammed ben 'Ok'âb, et Aboû 'Abd Allâh Moh'ammed Boh'ayri devint k'âd'i des mariages et professeur au collège Ech-Chemmâ'în.

Au commencement de 846 (12 mai 1442), le sultan fut informé que Moh'ammed ben Yah'ya Sîlini, dit Ibn H'adjar, avait attaqué et tué le gouverneur de Bougie, l'émir Aboû Moh'ammed 'Abd el-Mou'-

---

(1) A B lisent « El-Djebeliyya ».

min, et il donna cette place au frère du défunt, l'émîr Aboû Moh'ammed 'Abd el-Melik.

Au commencement de 847 (1ᵉʳ mai 1443), la peste sévit à Tunis et dans la région ; [P. 125] elle emporta entre autres le grand k'âd'i Aboû H'afç 'Omar K'aldjâni, qui resta assez longtemps malade et qui mourut dans la nuit du [mardi au] mercredi 24 ramad'ân. Les dernières prières furent dites sur lui le lendemain après la prière de midi dans la mosquée Ez-Zîtoûna, et il fut inhumé à la montagne El-Djellâz, vis-à-vis le tombeau de son père. Né à Bâdja la nuit du [vendredi au] samedi 2 chawwâl 773, il avait soixante-quatorze ans moins sept jours. Il fut remplacé comme grand k'âd'i, comme mufti de la mosquée Ez-Zîtoûna après la prière du vendredi et comme *khat'îb* de la grande mosquée de la K'açba par le juriste Aboû 'Abd Allâh Moh'ammed ben Moh'ammed ben 'Ok'âb ; la place de professeur dans le collège 'Onk' el-Djemel fut donnée à son fils le juriste Aboû 'Abd Allâh Moh'ammed. Aboû 'Abd Allâh Moh'ammed Mesrâti devint *khat'îb* de la mosquée d'Ez-Zîtoûna, le juriste et k'âd'i Aboû 'l-'Abbâs Ah'med K'aldjâni *khat'îb* et mufti après la prière du vendredi dans la grande mosquée Et-Tawfîk'.

Dans la nuit du [mercredi au] jeudi 2 chawwâl de cette année, le vertueux cheykh Sîdi Fath' Allâh mourut dans sa zâwiya, située dans le voisinage du Djebel el-Djelloûd ; il fut enterré le lendemain.

Dans la nuit du [vendredi au] samedi 18 çafar 848, mourut le vertueux cheykh et ami de Dieu *(weli)* Aboû 'l-H'asan 'Ali el-Djebâli, qui fut inhumé le lendemain à l'extrémité du cimetière du Djebel el-Mersa.

En 850 (29 mars 1446), la nouvelle que l'émir Aboû 'l-H'asan avait profité de la négligence du k'â'id de Bougie Ah'med ben Bechir pour pénétrer dans cette ville, détermina le sultan à quitter sa capitale avec ses troupes pour faire une expédition de ce côté. Il se fit précéder par un corps d'armée commandé par le k'â'id Nebil, qui vint camper près de Bougie. Alors l'émir Aboû 'l-H'asan s'enfuit dans les montagnes après avoir occupé vingt jours cette place, dont le k'â'id prit possession. Le khalife en donna le gouvernement au k'â'id Moh'ammed ben Faradj, et rentra à Tunis.

Le vendredi 18 chawwâl de la même année, mourut l'imâm et *khat'îb* de la mosquée Ez-Zîtoûna, le professeur Aboû 'Abd Allâh Moh'ammed Mesrâti, qui fut inhumé le lendemain à El-Djellâz. Il fut remplacé dans ses fonctions d'imâm et de *khat'îb* par le juriste Aboû 'Abd Allâh Moh'ammed ben 'Ok'âb, alors grand k'âd'i, dont le poste de professeur au collège Et-Tawfîk' fut confié à son frère le juriste Aboû 'l-'Abbâs Ah'med, qui remplit également les fonctions de *khat'îb* à la grande mosquée de la K'açba.

Vers la même année, mourut le juriste Aboû 'Abd Allâh Moh'ammed ben K'alil Elhem, qui était tombé malade pendant qu'il était emprisonné dans la K'açba.

En dhoû 'l-h'iddja [P. 126] 850, fut achevée la construction du collège à l'est de la porte de la K'açba nommée Bâb Intedjmi, collège dont la construction avait été commencée par le k'â'id Nebil [ben] Aboû K'at'âya. Le distingué juriste Aboû Ish'âk' Ibrâhim el-Akhd'ari y fut appelé aux fonctions de professeur.

Le samedi 22 moh'arrem 851 (10 fév. 1447), on

procéda à l'arrestation de l'émir Aboû Ish'âk' Ibrâhîm, frère consanguin du khalife, et de ses deux neveux, fils de l'émir Aboû 'l-Fad'l, qui furent tous les trois internés dans la K'açba.

Le jeudi 12 çafar de la même année, vers le déclin du soleil, un tremblement de terre fut ressenti à Tunis.

La nuit du [dimanche au] lundi 17 djomâda [*sic*] de cette année, après la dernière prière du soir, mourut le grand k'âd'i de Tunis, Aboû 'Abd Allâh Moh'ammed ben 'Ok'âb, sur qui les dernières prières furent dites le lendemain dans la mosquée Ez-Zitoûna après la prière de midi, et qui fut inhumé au Djebel el-Mersa dans le cimetière du cheykh Aboû Sa'îd Bâdji. Le mardi 2 djomâda II, il fut remplacé comme grand k'âd'i et professeur au collège de Soûk' el-Filk'a par le juriste et k'âd'i Ah'med K'aldjâni. Son neveu Ah'med, fils de son frère germain 'Abd Allâh, exerça seul les fonctions de k'âd'i d'El-Djezîra et de professeur au collège voisin de Sidi Mah'rez ben Khalaf. Le juriste et k'âd'i Aboû 'Abd Allâh Moh'ammed ben Aboû Bekr el-Wâncherichi fut nommé imâm et *khat'îb* de la mosquée Ez-Zitoûna le 3 moh'arrem 852; Moh'ammed Boh'ayri, k'âd'i des mariages à Tunis, eut, à partir du 8 moh'arrem, la charge de rendre des fetvas dans la mosquée Ez-Zitoûna après la prière du vendredi, de sorte qu'il venait dans ce dernier temple pour y rendre des fetvas après avoir rempli son office de *khat'îb* dans le Djâmi' d'Aboû Moh'ammed, au faubourg de Bâb es-Souweyk'a.

En cha'bân 852 (oct. 1448), on commença, d'après les ordres du sultan, à construire le bassin à ablutions qui est à droite quand on entre dans l'allée *(derb)* d'Ibn 'Abd es-Selâm, au nord de la mosquée Ez-Zitoûna.

Le 28 dhoû 'l-h'iddja, dernier mois de cette année, mourut en Égypte le grand k'âd'i Chihâb ed-Dîn Ah'med ben 'Ali ben Moh'ammed ben H'adjar, commentateur du traité de Bokhâri et d'autres ouvrages, qui était né, comme on l'a trouvé écrit de sa main, en cha'bân 763.

Dans l'après-midi du mercredi 5 rebî' II [P. 127] 853, mourut l'imâm et *khat'îb* de la mosquée Ez-Zitoûna, Aboû 'Abd Allâh Moh'ammed ben Aboû Bekr el-Wâncherîchi, qui fut inhumé le lendemain à El-Djellâz. Il fut remplacé comme *khat'îb* par le cheykh [Aboû] 'Abd Allâh Moh'ammed Boh'ayri, le vendredi 7 du même mois; ce fut le juriste Aboû 'l-H'asan Lih'yâni qui lui succéda comme imâm, et qui en outre fut nommé *khat'îb* de la grande mosquée (djâmi') d'Aboû Moh'ammed.

Le jeudi 6 cha'bân de la même année, le sultan sortit de Tunis avec son camp et alla camper à Ez-Za'teriyya, d'où il se dirigea sur Tuggurt (1). Au début de son règne, Yoûsof ben H'asan, qui appartenait à la race des cheykhs de cette localité, s'y était révolté et se l'était appropriée en y prélevant les impôts pour son compte, sans que le khalife, occupé de soins plus importants, s'opposât à ce qui se faisait dans cette région éloignée, et c'était contre lui qu'était dirigée cette expédition. Une troupe de plus de mille cavaliers commandés par Nebîl fut en-

---

(1) A B orthographient تكرت ; C D تكرت ; on trouve تڨرت dans le texte de l'*Hist. des Berbères*, de même que dans le ms. 239 d'Alger (f. 107, v.). — Sur Za'teriyya, voir p. 85, n. 2.

voyée en avant et mit, le dernier jour de chawwâl de cette année, le siège devant cette ville, se bornant à l'attaquer pendant les deux premiers jours ; le troisième jour, l'ordre fut donné de couper les palmiers des environs, mesure à laquelle il s'arrêta (1) à cause de la résistance que lui opposaient les habitants et du concours qu'ils prêtaient au cheykh Yoûsof. Le sultan, arrivé le quatrième jour, investit la place, et le k'â'id de Bâdja, Aboû Cho'ayb-Medyen, y ayant voulu pénétrer sans s'être fait annoncer, fut, ainsi qu'un de ses renégats qui l'accompagnait, massacré par ordre de Yoûsof. Le sultan fit alors continuer l'attaque et l'abatage des palmiers, de sorte que Yoûsof, se voyant hors d'état de résister, demanda quartier et obtint la promesse d'avoir la vie sauve. Il se présenta alors en personne et demanda de rester dans cette place moyennant le paiement d'une certaine somme, ce qui lui fut accordé. Mais, après avoir fait un versement partiel, il changea d'avis et ferma les portes. Il resta ainsi six jours, au bout desquels le sultan fit recommencer le siège et l'attaque. Alors Yoûsof sortit de la ville pour terminer au camp l'exécution des conditions convenues, mais on se saisit de sa personne le jeudi 2 dhoû 'l-k'a'da de cette année, et la ville fut prise et livrée au pillage. Le vainqueur s'empara de tout ce que Yoûsof y avait rassemblé, et après y avoir nommé un k'â'id relevant de lui, il retourna vers Tunis, emmenant Yoûsof, ses enfants, son frère, son oncle et ses femmes emprisonnés. Il y arriva le samedi 23 dhoû 'l-h'iddja

---

(1) C D واثاب من قبل ذلك ; A واثاب ; B (avec correction) واثا.

de cette année, traînant après lui Yoùsof et les siens enchaînés sur des chameaux au pas branlant. Comme k'â'id de Bâdja il nomma Naçr Allâh, qui était un renégat libre.

Au commencement de 854 (14 fév. 1450), [P. 128] le sultan donna l'ordre de bâtir la bibliothèque dans la mosquée Ez-Zitoûna ; le bâtiment, qu'on éleva à l'est, dans la *mak'çoûra* de Sîdi Mah'rez ben Khalaf, fut terminé en redjeb de la même année.

En 854 aussi, fut élevée la zâwiya d'"Ayn ez-Zemit, proche de Kâf Ghorâb, entre Tunis et Bâdja, et le sultan immobilisa les biens nécessaires à son entretien.

Au commencement de redjeb 854, on mit la dernière main au bassin à ablutions édifié dans l'allée (*derb*) d'Ibn 'Abd es-Selâm, et le sultan s'y rendit le lundi 8 redjeb pour en examiner la construction.

En la même année 854, fut achevée la construction de la zâwiya d'El-Fondoûk dans le fourré de Cherk (1), entre Tunis et K'ayrawân, et le prince immobilisa les biens nécessaires à son entretien.

Au commencement de rebî' II 855 (avril 1451), on commença à Tunis une huitième *khotba* dans la grande mosquée de Sîdi Dja'far, à Et-Tebbânîn, dans le faubourg de la Porte de Souweyk'a (2).

Le samedi 20 rebî' II 855, le sultan maria son fils et héritier présomptif Aboû 'Abd Allâh Moh'ammed el-Mas'oûd à la cousine de celui-ci, fille de son propre frère germain El-Montaçir, et le mariage fut

---

(1) A C D شرك, B شوك (cf. ci-dessus, p. 220).

(2) « Il existe à Tunis une immense quantité de mosquées, dont neuf sont kotba » (*sic*), Pellissier, *Description de la régence de Tunis*, p. 50.

consommé la nuit d'après. A l'occasion de cette union, le prince fit servir à manger, dans la K'açba, aux habitants de Tunis depuis le jour de la nouvelle lune de rebi' I *(sic)* jusqu'à la consommation du mariage ; à l'approche de celle-ci, il donna aux habitants du faubourg de Bâb es-Souwéyk'a soixante bœufs et soixante *k'aftz* de blé, et ceux du faubourg de Bâb el-Djezîra en reçurent autant.

En djomâda I 855, Moh'ammed Zendîwi, qui exerçait depuis seize ans les fonctions de k'âd'i à Constantine, fut déplacé et remplacé par le juriste Aboû 'Abd Allâh Moh'ammed Ghâfik'i. A la fin du même mois, Aboû 'Abd Allâh Moh'ammed Zendîwi remplaça le dit El-Ghâfik'i dans toutes les places qu'avait celui-ci à Tunis, de professeur au collège El-Ma'râd' (1), de *khat'îb* et de mufti à la grande mosquée de Bâb el-Djezîra, et de k'âd'i à Bâdja.

Le lundi 6 chawwâl 855, le sultan se rendit de Tunis à Tripoli pour pacifier cette région et y prélever les impôts, puis rentra dans sa capitale. Le jour de la fête du Sacrifice mourut le juriste Et-Touwâsi, secrétaire des commandements royaux, à Gabès, où il avait dû rester par suite de maladie. Son corps fut rapporté à Tunis et inhumé au Djebel el-Mersa. Sa place fut donnée au juriste et poète Aboû 'Ali 'Omar ben Aboû 'l-'Abbâs Ah'med ben K'alîl [P. 129] Elhem.

En la même année mourut à Tlemcen le très savant mufti Aboû 'l-K'âsim 'Ok'bâni.

En la même année fut bâti le bassin *(sik'âya)* près l'hôpital de Tunis.

---

(1) Cf. *suprà*, p. 100, n. 1.

Au milieu de djomâda II 856, le juriste Ah'med ben Koh'eyl perdit sa place de k'âd'i du camp et d'inspecteur des finances *(chehâda ?)* à Tunis, et ce fut Aboû 'Abd Allâh Moh'ammed Zendîwi qui devint k'âd'i du camp.

Au commencement de redjeb 856 (juillet 1452), on apprit à Tunis que l'émîr Aboû 'l-H'asan, dont il a été déjà question, s'était mis à la tête de nombreux individus de la région de Bougie et assiégeait cette ville, qu'il serrait de très près. Le sultan envoya une armée de secours qui reçut sa solde d'avance (1), et lui-même partit à la tête de ses troupes le 8 cha'bân, dans la direction de l'ouest. Or Moh'ammed ben Sa'îd Silini s'était vu chasser de son pays et remplacer par l'un de ses neveux, à qui l'émir 'Abd el-Melik, prince de Bougie, avait prêté son concours. Il se rendit alors * avec ses troupes (2) * à Biskra, dont il pria le k'â'id Aboû Zeyd 'Abd er-Rah'mân Kelâ'i de faire bon accueil aux gens du pays de H'amza qui viendraient le trouver, afin d'ainsi amadouer l'émîr Aboû 'l-H'asan et de lui donner confiance. Mais celui-ci fut prévenu de se méfier des gens du pays de H'amza, qui en effet lui attestèrent l'accueil favorable qu'ils avaient reçu du k'â'id de Biskra. Aboû 'l-H'asan néanmoins s'enfuit de là pour se rendre chez Ibn Çakhr, dont il a déjà été question, et s'installa chez son parent par alliance Sa'îd ben 'Abd er-Rah'mân ben 'Omar ben Moh'ammed ben Sa'îd. Alors Moh'ammed ben Sa'îd entra en pourparlers avec Ah'med ben 'Ali, des Dawâwida,

---

(1) و اعطى السلف .

(2) Addition de A B.

ainsi qu'avec Aboû 'Ali Mançoûr el-Mizwâr, k'â'id de Constantine, et il en résulta que ce dernier lui promit, s'il arrêtait Aboû 'l-H'asan, de lui accorder tout ce qu'il pourrait demander. Or quand le sultan à la tête de son camp se dirigea de Tunis vers l'ouest, Ibn Çakhr prévint le k'â'id de Constantine de se rapprocher avec son armée, mouvement qui fut exécuté. Ibn Çakhr fit alors connaître à son cousin paternel Sa'îd ben 'Abd er-Rah'mân les pourparlers relatifs à l'arrestation d'Aboû 'l-H'asan, et sollicita son concours. Sa'îd jugea d'abord que c'était là une affaire trop grave, puis se rendit compte qu'il ne pouvait faire autrement, et à la suite de l'entente qui s'établit entre eux, ils se saisirent par ruse d'Aboû 'l-H'asan et envoyèrent un pigeon annonçant cette capture à Aboû 'Ali Mançoûr. Le k'â'id de Constantine accompagné des siens se rendit alors auprès d'eux et prit livraison du prisonnier, puis envoya son fils 'Ali et Sa'îd ben 'Abd er-Rah'mân porter cette nouvelle au sultan. Ce prince fit partir un corps de troupes commandé par le cheykh des Almohades Aboû 'Abd Allâh Moh'ammed ben Aboû Hilâl et accompagné d''Ali, le k'â'id qui venait d'arriver (1). Ces deux chefs [P. 130] trouvèrent, à la fête de la Rupture du jeûne, au lieu dit Ikdjân (2), le k'â'id de Constantine, qui leur livra Aboû 'l-H'asan, et ils repartirent emmenant leur prisonnier enchaîné et monté sur une mule. Mais, dans la nuit du [deux au] trois

---

(1) على الواصل ; peut-être faut-il considérer *El-Wâcil* comme nom propre.

(2) Le Djebel Ikdjân ou Inkidjân, souvent cité dans les premiers temps de la prédication obeydite, est situé entre Sétif et Mila (*Berbères*, Table géogr., et II, 512 et 514; Edrisi, trad., p. 103 et 115; Ibn el-Athir, VIII, 24, 26; *Religion des Druzes*, p. CCLIX, etc.).

chawwâl, la crainte qu'ils avaient que les Arabes ne parvinssent à le délivrer avant le terme du voyage fit qu'ils l'égorgèrent dans un lieu situé à l'extrémité de la *sebkha* : son cadavre fut enterré sur place, mais sa tête fut envoyée par la poste au sultan, qui la reçut le 4 chawwâl, alors qu'il se dirigeait contre lui. Après qu'elle lui eut été présentée, elle fut exposée au bout d'une pique dans le marché, et quand le peuple l'eut bien vue et reconnue, elle fut inhumée dans cet endroit.

Le sultan accompagné de son camp poursuivit sa marche sur Bougie et en fit prévenir le prince, qui était son cousin paternel l'émir Aboù Moh'ammed 'Abd el-Melik, de venir au devant de lui avec les principaux de la ville pour lui renouveler leur hommage. Mais comme les chefs seuls accomplirent cette démarche et que le gouverneur lui-même s'abstint, le sultan lui dépêcha le k'âd'i du camp avec quelques juristes et marabouts, dont les instances le décidèrent, et il arriva avec eux le lundi 23 chawwâl (1). Il était attendu par le sultan à Aboù Bah'âb (2), proche de la montagne des Awlâd Rah'ma, et passa la nuit au camp ; il y fut le lendemain arrêté et enchaîné. Le sultan nomma à Bougie le k'â'id Mançoùr déjà cité, et l'y envoya accompagné des principaux de la ville, tandis que lui-même rebroussait chemin avec son camp. En route il nomma à Constantine le k'â'id Farih', fils du dit k'â'id Mançoùr, et lui fit rejoindre son nouveau poste. Il rentra dans sa capitale le lundi 20 dhoù 'l-h'iddja, dernier mois de 856 (22 déc. 1452).

---

(1) B C disent « le 13 ».

(2) Manque dans A ; B lit « Aboù Mah'ân » ; ce mot est resté en blanc dans C.

Le jeudi 23 (1) dhoû 'l-h'iddja de la dite année, la populace, aidée de quelques serviteurs, massacra le k'â'id Nebîl, qui avait été aveuglé et était préposé à la Porte d'El-Menâra ; après lui avoir percé les jarrets, on traîna son cadavre dans les rues, puis on le brûla, et cela, disait-on, d'après les ordres du sultan. Or quand celui-ci, qui était ce jour-là à la chasse, rentra le soir et qu'il apprit ces faits, il manifesta sa désapprobation et donna l'ordre d'arrêter les coupables, dont cinq furent mis à mort au lieu même où ils avaient brûlé le cadavre du k'â'id, à gauche de la Porte El-Djedîd.

Le 21 rebi' I 857, on procéda à l'arrestation dans la K'açba (القصبة العليا) du k'â'id Nebîl [ben] Aboû K'at'âya, ainsi que de ses enfants qui habitaient la ville et des serviteurs du k'â'id 'Abd Allâh Çak'alli, qui furent tous internés dans la K'açba. Le cheykh Aboû 'l-Fad'l ben Aboû Hilâl se dirigea immédiatement avec des troupes sur Bône et y arrêta le k'â'id qui y commandait, Aboû 'n-Naçr, fils du dit k'â'id [P. 131] Nebîl, ainsi que ses partisans, et les amena à Tunis ; mais Aboû 'n-Naçr seul fut interné dans cette ville, et ses compagnons furent relâchés. En même temps qu'on arrêtait Nebîl, le khalife nomma et envoya à Gafça Aboû Mah'rez Mah'foûz', avec l'ordre d'envoyer le k'â'id Fotoûh', alors gouverneur de Gafça, à Tawzer pour y arrêter le k'â'id Nâçir, qui y commandait et qui était le frère de lait de Nebîl. Conformément à cet ordre, Nâçir fut arrêté et amené à Gafça avec son fils Moh'ammed, où l'un et l'autre furent internés quelque temps, puis remis en

---

(1) B lit « le jeudi 13 » ; D « le lundi 23 ».

liberté. Quant à Fotoùh', il continua de rester à Tawzer en qualité de gouverneur.

Le sultan fit alors réunir et sortir des cachettes où elles avaient été placées les richesses appartenant à Nebîl, à ses fils et aux personnes arrêtées, et l'on trouva, dit-on, plus de vingt quintaux d'or en métal, avec une valeur presque égale en pierreries, immeubles et objets mobiliers. La nuit du [lundi au] mardi 12 djomâda I de la même année, Nebîl mourut dans sa prison et fut tout d'abord enterré de nuit dans la K'açba ; puis dans la nuit du [mercredi au] jeudi 14 du même mois, son corps fut transporté dans le collège à l'est de la porte de la K'açba dite Intedjmi, et inhumé dans le tombeau qu'il s'y était fait préparer lors de la construction de cet établissement.

En djomâda I de la dite année, la peste commença à sévir à Tunis, et le sultan se transporta de la K'açba à sa maison de campagne du Bardo, puis de là à sa maison de campagne de Tawzer.

La veille au soir du samedi 1ᵉʳ djomâda II 857 (8 juin 1453), Aboù 'Abd Allâh Moh'ammed Zendîwi se vit retirer la charge de k'âd'i du camp, qui fut rendue au juriste Ah'med ben Koh'eyl, de même que la place d'inspecteur des finances *(chehâda)* à Tunis.

En ce même mois de djomâda II, le sultan turc défenseur de la foi Aboù 'Abd Allâh Moh'ammed, fils du sultan 'Othmân, fils du sultan Mourâd [c'est-à-dire Mahomet II], emporta de vive force Constantinople et devint maître de cette ville ainsi que de tous les trésors qu'elle renfermait, à la suite d'un siège très rigoureux ; il y installa les musulmans et répartit entre eux les propriétés.

Le 14 cha'bân de la même année, mourut à Tunis

le juriste Moh'ammed Ramli, qui fut inhumé à El-Djellâz.

Le 16 du même mois, le juriste Aboû 'Abd Allâh Moh'ammed ben 'Abd el-Kerîm el-Kemmâd fut nommé contrôleur des finances *(nâz'ir fî 'l-echghâl)* à Tunis, et Aboû 'Abd Allâh Moh'ammed ben 'Açoûr surveillant du contrôle *(châhid bi't-tenfîdh).*

Le 13 ramad'ân de la même année, Sa'îd ben Ah'med, cheykh de Nefzâwa, tomba évanoui, et ses enfants, qui le crurent [P. 132] mort, partirent pour Tunis afin d'y solliciter la dignité de cheykh ; mais en route une discussion surgit, dans laquelle 'Amir porta à son frère Moh'ammed une blessure qui retarda celui-ci. Or quand 'Amir arriva à Tunis avec son fils et son frère 'Abd Allâh, le sultan les fit tous arrêter et interner en cette ville. Moh'ammed, qui arriva ensuite, fut bien accueilli et nommé à la place de son père. Mais alors arriva la nouvelle que le cheykh Sa'îd n'était pas mort et avait recouvré la santé. 'Amir fut rendu à la liberté, mais quand Sa'îd mourut en dhoû 'l-k'a'da de cette année, ce fut Moh'ammed seul qui le remplaça dans sa dignité.

Le 10 chawwâl 858 (3 oct. 1454), le sultan se mit en route avec son camp d'abord dans la direction de l'est, puis dans la direction de l'ouest. Cette volte-face (1) était causée par la nouvelle que des fauteurs de troubles de la région de Bougie tenaient serré de près le k'â'id de cette ville et lui enlevaient la liberté de ses mouvements. Pendant qu'il était en marche, il fit arrêter l'émir Aboû Bekr, fils de l'émir 'Abd el-Moû'min, à cause des réclamations des Bougiotes

---

(1) A B C حركة D ; وجدد حركته .

qui voulaient l'avoir pour chef, en s'appuyant sur le fait que son père et son oncle avaient antérieurement occupé la même situation. Aboû Bekr fut arrêté non loin de Mîla, alors qu'il se rendait de Tunis au camp ; on le remmena dans la capitale, où il arriva le mercredi 26 djomâda II 859, et il fut interné avec ses compagnons dans la K'açba.

Le sultan poussa jusqu'à Tâkoûra, où il reçut la visite des chefs de Bougie, qui s'étaient débarrassés de leurs adversaires et qui lui dirent que maintenant tout était calme. Il révoqua le k'â'id de cette ville, Aboû 'Ali Mançoûr el-Mizwâr, et le remplaça par son propre fils Aboû Fâris 'Abd el-'Azîz, à qui il fit rejoindre son poste le 29 djomâda II 859. Quant à lui, il repartit avec son camp vers Tunis. En route, il ajouta au gouvernement de Constantine les villes de Biskra et de Tuggurt, qui se trouvèrent ainsi gouvernées par le k'â'id Fârih', lequel commandait à Constantine.

Dans la soirée du (dimanche au) lundi 5 dhoû 'l-k'a'da 858, mourut à Tunis le juriste et k'âd'î Aboû 'Abd Allâh Moh'ammed Boh'ayri, qui fut enterré le lendemain à El-Djellâz.

En rebî' I de la même année, mourut El-Mas'oûd, frère consanguin du sultan, d'une maladie dont il fut atteint dans le camp........ (1). Il fut le lendemain de sa mort transporté à Tunis pour y être inhumé.

Au commencement de redjeb de la même année, les fils de l'émir Aboû 'l-H'asan furent arrêtés et internés dans la K'açba.

(1) C D : « في الْحِدَارَة » ; B في الْحِدَار ; A في الْجِدَارِي » à El-Djedâri (?) ». On peut conjecturer aussi « chez les Djerâwa », ou, en lisant من الجدري « de la petite vérole ».

Le samedi 25 redjeb de la même année, le sultan envoya son mizwâr Sa'ïd ez-Zerîzer au grand k'âd'i Aboû 'l-'Abbâs Ah'med K'aldjâni à Tunis pour lui donner à choisir entre, d'une part les places de *khat'ib* à la mosquée Ez-Zîtoûna et de mufti après la prière du vendredi au même temple [P. 133] en remplacement du cheykh El-Boh'ayri, et moyennant abandon de sa place de k'âd'i, et d'autre part son maintien comme *khat'ib* seulement. Après avoir consulté Dieu, El-K'aldjâni écrivit de sa main, le 27 redjeb, qu'il choisissait la première alternative et renonçait à sa place de grand k'âd'i. Le sultan agit en conséquence et fit cette nomination au commencement de cha'bân, en le nommant en outre à la medresa Chemmâ'iyya. El-K'aldjâni avait, depuis qu'il avait demandé son changement, cumulé les charges de grand k'âd'i et de k'âd'i des mariages pendant plus de huit mois.

Le 29 du même mois de redjeb, par ordre du sultan, le juriste Aboû 'Abd Allâh Moh'ammed, fils du juriste Aboû H'afç 'Omar K'aldjâni, dut s'installer dans l'aile des Hilâl de la mosquée Ez-Zîtoûna pour constater officiellement, comme le fait d'habitude le grand k'âd'i, l'apparition du croissant de cha'bân. Le sultan, le 1ᵉʳ cha'bân, le nomma grand k'âd'i et *khat'ib* à la grande mosquée Et-Tawfîk'; puis, le 9 cha'bân, mufti donnant des réponses écrites après la prière du vendredi dans la dite mosquée.

A cette même date du 1ᵉʳ cha'bân, le juriste Ah'med K'osant'îni fut nommé k'âd'i des mariages à Tunis et professeur à la Montaçiriyya, dans le Soûk el-Filk'a.

Le 5 cha'bân, le juriste Aboû 'Abd Allâh Moh'ammed ben 'Açfoûr fut nommé inspecteur des biens de main-morte à Tunis, et plus tard une place d'inspecteur de la cour des comptes lui fut aussi donnée.

Le samedi 17 cha'bân, mourut le mizwâr de Tunis, Sa'îd ez-Zertzer, qui fut inhumé le lendemain proche la demeure *(dâr)* du saint Sidi Mah'rez ben Khalaf, en présence du sultan et des intimes de celui-ci. Il fut remplacé par Aboû 'Ali Mançoûr el-Mizwâr.

Le 2 rebi' I 860 (8 février 1456), mourut le H'âddj Aboû Ish'âk' Ibrâhîm Soleymâni, qui fut inhumé vis-à-vis le vertueux cheykh Aboû Yah'ya Zakariyyâ, en présence du sultan, des membres du gouvernement et des courtisans (1).

En djomâda II, le juriste Ah'med Benzerti se mit en route pour porter des présents au prince de Fez, en compagnie d'Ibn Sam'oûn, envoyé de celui-ci.

Le 21 redjeb de la même année, mourut de maladie à Tunis Aboû 'l-Hâdi, frère consanguin du sultan; il fut inhumé vis-à-vis le mausolée du saint Sidi Mah'rez ben Khalaf.

Au commencement de redjeb, apparut à Tunis, à l'est, avant le lever de l'aurore, l'astre connu sous le nom de comète *(aboû 'd-dhawâ'ib)* et qui a des traînées lumineuses faisant corps avec lui; à la fin du mois, il apparut après le coucher du soleil et [P. 134] à l'ouest. « Son apparition, » dit l'auteur de l'*Adjâ'ib el-Makhloûkât* (2), « prouve l'arrivée de quelque phénomène céleste. » Et en effet, dans ce mois-là il souffla à

---

(1) On lit dans le ms. 239 du Catalogue d'Alger (f. 103, v.) qu'Aboû Ish'âk' Ibrâhîm Omawi Soleymâni fut chargé par le prince du soin de diriger la construction de la medresa édifiée près Mah'rez ben Khalaf *(supra,* p. 219).

(2) Traité de cosmographie et d'histoire naturelle de Zakariyyâ ben Moh'ammed K'azwini (voir entre autres le t. III de la *Chrestomathie arabe* de de Sacy, p. 427).

Tunis un vent qui déracina de nombreux arbres dans la forêt ; puis au milieu de chawwâl il tomba une pluie accompagnée de grêlons gros comme des œufs de poule et même davantage.

Le 11 moh'arrem 861 (7 déc. 1456), le sultan à la tête de son armée marcha contre Tripoli. Il envoya son premier ministre le cheykh Moh'ammed ben Aboû Hilâl de compagnie avec le k'â'id Rid'wân à l'effet de déposer le k'â'id Z'âfir, qui y commandait, et de le remplacer par Rid'wân. C'est ce qui fut fait, et Z'âfir fut envoyé à Tunis avec sa famille et ses enfants.

Le 28 moh'arrem de la même année, mourut le cheykh Aboû 'l-H'asan el-Djebbâs, imâm de la mosquée Ez-Zîtoûna, à qui, au commencement de çafar, le juriste Ah'med Mesrâti fut donné pour successeur. Ce dernier fut lui-même remplacé comme *khat'îb* et mufti de la grande mosquée d'Aboû Moh'ammed par le k'âd'i des mariages, Aboû 'l-'Abbâs Ah'med K'osant'îni.

Après son retour dans la capitale, le sultan enleva au juriste Moh'ammed ben 'Açfoûr l'inspection des biens de main-morte et celle de la cour des comptes *(beyt el-h'isâb)*: la première fut confiée au juriste Moh'ammed Beydemoûri et la seconde, à 'Ali ben 'Abbâs.

Au commencement de çafar 862 (fin déc. 1457), le juriste Ah'med Benzerti revint de Fez à Tunis, accompagné de deux envoyés porteurs de présents, les uns provenant du sultan mérinide de Fez, 'Abd el-H'ak'k', et les autres du prince de Tlemcen, Ah'med ben H'ammoû Zenâti. On les installa dans de vastes demeures et on pourvut à leur subsistance jusqu'au retour du sultan, à qui ils furent présentés pour offrir leurs cadeaux et par qui ils furent honorablement accueillis.

En çafar de la même année, mourut de maladie à Tunis Moh'ammed ben 'Açfoûr.

Au commencement de la même année, le prix des vivres monta fort haut à Tunis, puisque le k'afîz de blé se vendait à raison de quatre dinars d'or, et l'orge, moitié de ce prix. A la suite des plaintes qu'adressa le peuple au sultan à raison de la disette et de la cherté des vivres, le prince fit extraire des magasins de quoi faire quotidiennement mille pains, dont la distribution aux pauvres de Tunis se faisait à la porte Intedjmi. Ces aumônes, commencées le 3 rebî' II, se prolongèrent jusqu'en redjeb, où l'arrivée des produits de la nouvelle récolte se fit en grandes quantités et fit baisser les prix.

Vers la fin de dhoû 'l-k'a'da de la même année, le sultan renvoya des cadeaux au prince de Fez et au prince de Tlemcen en même temps que leurs députés respectifs; il fit en outre accompagner ses cadeaux [P. 135] à Tlemcen par un ambassadeur, Ibrâhîm ben Naçr ben Ghâliya.

Le 12 dhoû 'l-h'iddja de la même année, le sultan à la tête de son camp poussa de Tunis jusqu'à Tâourgha (1), puis il revint. Au cours de son voyage de retour, il nomma à Tripoli le k'â'id Aboû Naçr ben Djâ'a 'l-Kheyr et l'expédia à son poste, où cet officier arriva en rebî' II 863.

---

(1) Tâourgha est à environ cinq journées de Tripoli, dans la direction de Sort (Edrisi, p. 143 de la trad.; cf. table géogr. des *Berbères*) Bekri (p. 49) place une localité de ce nom entre Gabès et Sfax.

Au milieu de redjeb de la même année, on apprit que le mawla 'Abd el-'Azîz avait assiégé Moh'ammed ben Çakhr à Makres (1), et qu'à la suite des combats qu'il lui avait livrés et où il lui avait enlevé ses chameaux de charge (زمائله), Ibn Çakhr avait dû chercher son salut dans la fuite.

Le dimanche 8 cha'bân de la même année, au coucher du soleil, mourut à Tunis le juriste et mufti Aboù 'l-'Abbâs Ah'med K'aldjâni, à l'âge de quatre-vingt-quatre ans. Les dernières prières furent dites pour lui le lendemain à la mosquée Ez-Zîtoûna après la prière de midi ; l'inhumation se fit à El-Djellâz en présence du sultan et des principaux de la cour.

Le 19 cha'bân, le sultan se mit à la tête de son camp et alla camper à Ez-Za'teriyya. La même nuit, il envoya l'ordre de dépouiller le juriste Ah'med K'osant'îni de toutes ses charges, de k'âd'i des mariages, de *khat'îb*, de mufti et de chargé de la prière prononcée à la suite de la lecture de Bokhâri, que, selon l'usage du k'âd'i des mariages, il faisait dans l'emplacement fortuné (2). Le lendemain matin, il nomma le juriste et imâm Ah'med ben 'Omar Mesrâti *khat'îb* de la mosquée Ez-Zîtoûna ; il nomma le grand k'âd'i Moh'ammed K'aldjâni *khat'îb* de la mosquée de la K'açba et mufti chargé des consultations dans la mosquée Ez-Zîtoûna à la suite de la prière du vendredi ; il nomma le juriste Moh'ammed Zendîwi *khat'îb* et mufti de la grande mosquée Et-Tawfîk' et en outre professeur au collège Ech-Chemmâ'in ; du juriste Aboù 'Abd Allâh Moh'ammed el-Ghâfik'i,

---

(1) Le mot مكرس manque dans A C; j'en ignore la prononciation; cf. p. 225, n. 2.

(2) C'est-à-dire sans doute le *minbar* ou chaire.

alors à Constantine, il fit le *khat'îb* et mufti de la grande mosquée de Bâb el-Djezîra, en même temps que professeur au collège d'Ibn Tâferâdjîn. Le 20 de cha'bân, il expédia du camp la nomination de huit *adels* par l'intermédiaire du grand k'âd'i. Vers la fin de ramad'ân, arriva l'ordre adressé au juriste Moh'ammed el-Djebbàs de venir recevoir au camp (1) sa nomination de k'âd'i à Constantine. Le savant obéit à cet appel et se retira quand la chose fut faite.

Au commencement de dhoû 'l-h'iddja de la même année, l'ordre fut adressé du camp au k'âd'i des mariages de réoccuper ses différentes fonctions.

Dans la nuit du [vendredi au] samedi 3 rebî' I 864 (28 déc. 1459), mourut le lieutenant [du sultan] à Tunis, l'honoré cheykh Aboû 'l-Fad'l ben Aboû Hilâl, frère du cheykh (2) des Almohades et chambellan d"Othmân (3), qui fut enterré dans le mausolée (*dâr*) du saint Sîdi Mah'rez ben Khalaf.

[P. 136]. Quand le sultan quitta Tunis, ce fut pour se rendre dans la province de Bougie, et il s'y rencontra avec le fils du gouverneur de cette ville, Aboû Fâris 'Abd el-'Azîz, qui lui raconta ce qui lui était arrivé avec Moh'ammed ben Sa'îd et la fuite de celui-ci. 'Othmân alors envoya à ce chef une promesse d'amnistie dont était porteur son propre fils et héritier El-Mas'oûd. Ibn Sa'îd, animé de dispositions à se soumettre, revint avec ce dernier et fut bien accueilli ; il fut emmené avec toute sa famille et installé à Tunis, où il reçut de quoi vivre. Ensuite le

---

(1) A ajoute الى المحلة, B C للمحلة après الجباس.

(2) D seul lit « Ibn Aboû Hilâl, cheykh des Almohades » ; mais cf. plus haut, p. 238.

(3) Littéralement « du khalifat 'othmânien ».

sultan retourna vers Constantine : il déposa le k'â'id Fârih' [qui y commandait] et y envoya à sa place au commencement de moh'arrem, premier mois de 864 (27 oct. 1459), le k'â'id Z'âfir ben Djâ'a 'l-Kheyr.

Vers la fin de ramad'ân de la dite année, le sultan envoya comme gouverneur militaire de Gafça le k'â'id Mançoùr el-Mizwâr, et prit comme mizwâr pour le remplacer, le 1er chawwâl, Aboù Ish'âk' ben Ah'med Fotoùh'i.

Le dimanche 22 (1) chawwâl de la même année, mourut à l'âge de quarante et un ans le k'âd'i des mariages à Tunis, Ah'med K'osant'îni, qui fut remplacé comme tel par Aboù 'Abd Allâh Zendîwi ; et comme *khat'îb* et mufti chargé des consultations après la prière du vendredi dans la grande mosquée d'Aboù Moh'ammed, au faubourg de Bâb es-Souweyk'a, comme professeur au collège Montaçiriyya et comme inspecteur des biens de main morte, par le juriste Aboù 'Abd Allâh Moh'ammed Beydemoùri.

Le mercredi 5 djomâda II 865 (10 mars 1461), le vertueux cheykh Ah'med 'Asîla fut tué dans la *sebkha* de Sîdjoùm par Er-Riyâh'i, qui était fou et que le peuple massacra ; la victime fut inhumée à El-Djellâz.

En redjeb de la même année, le juriste Ah'med ben Koh'eyl (2) fut dépossédé de ses fonctions de k'âd'i du camp et de professeur à la zâwiya de Bâb el-Bah'r et remplacé dans ces deux postes par le juriste Moh'ammed er-Raççâ', tandis que d'autre part

---

(1) A B « le 12 ».

(2) D lit ici « Ibn Ah'med ben Koh'eyl », tandis qu'A B C ont seulement « Ibn Koh'eyl ». Deux lignes plus bas, A B C ont « Ah'med Koh'eyl » et D « Ah'med ben Koh'eyl ». C'est cette dernière lecture qui a été seule admise dans la traduction.

il était nommé *adel* et mufti donnant des consultations écrites (ومتيا بالقلم). Ah'med ben Koh'eyl mourut le dernier jour de dhoû 'l-h'iddja de la même année (6 sept. 1461).

Au milieu de l'année 865 (16 oct. 1460), mourut le k'â'id Z'âfir, commandant de la K'açba (1). Le k'â'id Rid'wân (2) ech-Chârib, qui le remplaça tout d'abord, fut ensuite déplacé, et au commencement de moh'arrem 866 (5 oct. 1461), El-H'âddj 'Abd er-Rah'mân Fotoûh'i lui succéda.

En reb' I de la même année, l'émir Moh'ammed ben Moh'ammed ben Aboû Thâbet s'empara de la ville de Tlemcen, d'où il expulsa le prince régnant, qui était son grand'oncle paternel, le sultan Aboû 'l-'Abbâs Ah'med ben Aboû H'ammoû. Celui-ci s'installa d'abord à El-'Obbâd, et de là passa en Espagne. A la nouvelle de cet événement, le sultan quitta de nouveau [P. 137] sa capitale à la tête de son camp, le 7 chawwâl 866 (4 juil. 1462), et se dirigea vers Tlemcen avec une armée aussi nombreuse que redoutable, car tous les Arabes d'Ifrik'iyya se joignirent à lui. Il approchait de Constantine quand mourut, en dhoû 'l-h'iddja, le cheykh des Almohades, Aboû 'Abd Allâh Moh'ammed ben Aboû Hilâl, dont le cadavre fut transporté à Tunis et inhumé, la nuit du 11 dhoû 'l-h'iddja, dans le mausolée de Sidi Mah'rez ben Khalaf. Le sultan poursuivant sa route bloqua sur son passage le fort de H'alima, dans l'Aurès, et après l'avoir pris de vive force fit subir à ses défenseurs de rudes châtiments. Reprenant en-

_____

(1) A C donnent cette leçon, qui est la bonne.
(2) D seul lit « Ramad'ân ».

suite sa marche vers Tlemcen, il arriva dans le territoire des Benoû Râchid, à environ deux journées de cette ville ; là tous les Arabes des Souweyd avec femmes et enfants, les Benoû Ya'k'oùb, les Dawâwida [branche] des Benoû 'Abd el-Wâdi, ainsi que les Benoû 'Amir, vinrent lui faire leurs offres d'obéissance, qui furent acceptées, en même temps qu'ils furent eux-mêmes libéralement traités. Le sultan envoya ses officiers dans les divers cantons du territoire de Tlemcen, et la population effrayée s'acquitta des impôts. Cela se passait au mois de novembre de l'année solaire, et l'on fut tenu par la neige depuis le 1er jusqu'au 20. Le sultan songeant alors à se rendre à Tlemcen, le vertueux et honnête Aboù 'l-'Abbâs Ah'med ben el-H'asan, le juriste et savant Aboù 'Abd Allâh Moh'ammed, fils du juriste Aboù 'l-K'âsim 'Ok'bâni, Aboù 'l-H'asan 'Ali ben H'ammoù ben Aboù Tâcheftn, oncle maternel de l'émîr Moh'ammed précité, se rendirent auprès de lui porteurs d'un acte dressé dans les formes légales et déclarant que tout ce qu'ils feraient vaudrait à l'égard du souverain de Tlemcen. Ils prièrent en conséquence le sultan de renoncer à pénétrer dans la ville, moyennant leur engagement de lui prêter serment d'obéissance au nom du prince alors régnant, qui lui-même se déclarerait son sujet et vassal. Le sultan accueillit des offres de repentir qu'il ne crut pas pouvoir refuser, et ces hommes s'en retournèrent après avoir signé un acte constatant qu'ils reconnaissaient sa souveraineté. Lui-même repartit pour Tunis le mercredi 17 çafar 867. Au cours de la route, il nomma gouverneur de Constantine son petit-fils, Aboù 'Abd Allâh Moh'ammed el-Montaçir, fils de l'héritier présomptif Aboû 'Abd Allâh Moh'ammed el-Mas'oûd, et l'envoya à son poste en rebi' II de cette année, en lui donnant comme mizwâr attaché à sa personne le k'â'id Aboû 'Ali Mançoûr eç-Çabbân, et comme k'â'id de la ville, Bechîr. Quant au k'â'id Z'âfir, il se trouva ainsi révoqué. Au cours du même voyage, il renvoya également Moh'ammed ben Sa'îd ben Çakhr dans son pays, à Bougie. Il rentra à Tunis le mardi 18 djomâda I 867 (7 fév. 1463).

Il y était réinstallé [P. 138] quand il apprit que les Arabes d'Ifrîk'iyya, savoir : les Awlâd Meskin, les Awlâd Ya'k'oûb, les Chenânefa, branche des Awlâd Mohalhel, et d'autres encore, avaient tenu une réunion où il avait été décidé que, si le sultan refusait de leur payer intégralement leurs redevances en ancienne monnaie et n'accédait pas à leurs autres réclamations, ils lui feraient la guerre et lanceraient des colonnes dans toutes ses possessions. En conséquence, le 10 redjeb 867, il sortit avec toutes ses troupes et dépêcha partout pour réclamer les contingents des diverses provinces, qui obéirent à son appel ; mais il chercha vainement les Arabes, qui se dispersèrent devant lui. Alors il nomma cheykh des Awlâd Ya'k'oûb, El-H'âddj Moh'ammed ben Sa'îd en remplacement de son neveu Someyr El-Ba'boû (1) ; cheykh des Awlâd Yah'ya, El-H'âddj Djedîd en remplacement de son frère Ismâ'îl ; cheykh des Awlâd Solt'ân, T'âhir ben Rah'îm en remplacement de Fâris ben 'Ali ; Mâlik ben Mançoûr au lieu d"Ali ben 'Ali ben 'Ali ech-Chî'i ; K'âsim ben T'âlib el-'Awni au lieu de Yah'ya ben T'âlib, c'est-à-dire que dans tou-

---

(1) A C اليعبرا , B البعيرا .

tes les tribus qui lui étaient hostiles il remplaça le cheykh en place par le frère ou l'oncle ou le cousin de celui-ci. En outre il envoya, en qualité d'otages, les enfants des titulaires à Tunis, où ils furent installés dans une demeure proche de la K'açba, avec allocation de pensions alimentaires. Il se mit avec les cheykhs qu'il venait de nommer à la poursuite des tribus rebelles et, poussant jusqu'à Neft'a, il les força d'entrer au plus fort de l'été dans le Sahara ; la température était cette année-là excessivement chaude, si bien que leurs chameaux se dispersaient et s'enfuyaient à la recherche des points d'eau. Les souffrances résultant de cette chaleur torride poussèrent les autruches jusqu'à l'aiguade (1) de Beyách à Gafça, où on leur donnait la chasse. Quand ces tribus virent leurs chameaux, leurs femmes et leurs enfants périr de faim, de soif et de chaleur dans le désert, elles durent reconnaître qu'elles n'avaient d'autre ressource que de se rendre auprès du Prince des croyants, ce qu'elles firent les unes à la suite des autres. Il leur accorda le pardon qu'elles lui demandaient, sous la condition que la dignité de cheykh ne serait plus à leur disposition et ne serait conférée que par lui. Il reprit le chemin de sa capitale après être entré à Neft'a pour s'y reposer, de même qu'il fit à Tawzer. A Gafça également il se reposa avec son armée et alla déjeûner avec quelques-uns de ses intimes dans la K'açba : Mançoûr, k'â'id de la ville, se tenait debout devant lui, lui adressant des souhaits et le comblant de prévenances que le prince accueillait en souriant. L'émir El-

---

(1) شريعة ; B écrit شريلة ; l'Oued Baîch de nos cartes?

Mas'oûd y alla également déjeûner dans la galerie supérieure dominant la cour centrale, tandis que le k'â'id 'Ali se tenait debout devant lui. Ce fut une journée solennelle de repos et de souhaits : chacun des émirs était à se promener dans un jardin, de même [P. 139] que chacun des k'â'ids et autres dans un lieu en rapport avec leur importance respective. Après une période de repos de quelques jours, le prince rentra dans sa capitale avec tous les honneurs de la guerre, et la joie qu'il ressentait était partagée par tous les musulmans.

Il n'en était plus bien éloigné quand il fit arrêter les principaux cheykhs, Moh'ammed ben Sa'ïd, Someyr ben 'Abd en-Nebi, Fâris ben 'Ali ben Rah'îm, Naçr des Dawâwida (1), Ismâ'îl ben D'irâri, en employant pour cela une trahison dont la trame fut bien ourdie : on fit pénétrer ces chefs au milieu du camp et l'on fit à chacun d'eux, pour leur inspirer confiance, un cadeau de mille dînars. Ils passèrent la nuit auprès des officiers, et au matin ils se retrouvèrent ayant aux pieds des bracelets qui leur servaient de chaînes. Selon que vous agirez vous serez traités ; Dieu leur rendit ainsi le mal qu'ils avaient fait aux croyants. Il fit également arrêter * (2) les autres cheykhs, et tous, enchaînés et montés sur des mulets, firent à Tunis une entrée qui fut un

---

(1) الزوادي ; K'ayrawâni écrit الذوادي ; presque toujours D orthographie ce nom de tribu avec le zá. Dans le nom qui suit, K'ayrawâni orthographie D'irâr.

(2) A B ont seulement : « .... ben Rah'îm et les autres cheykhs, qui furent enchaînés et qui firent leur entrée à Tunis avec des mulets pour montures. » — C lit à très peu près de même. C'est ce passage que cite K'ayrawâni (p. 148 du texte imprimé à Tunis) résumant Zerkechi ; la traduction Pellissier et Rémusat (p. 263) défigure, comme d'habitude, le texte. Le ms. 239 d'Alger (f. 107, v.) fait aussi une allusion élogieuse à la prise déloyale de ces chefs.

événement. Ils échappèrent à la populace et furent emprisonnés à la K'açba. Quant à la rentrée du sultan dans sa capitale, elle eut lieu le 18 dhoù 'l-k'a'da de la dite année.

Vers la fin de ramad'ân 867, mourut le mufti et savant de Bougie Aboù 'Abd Allâh Moh'ammed Mechdâli.

Au commencement de moh'arrem 868 (14 sept. 1463), le juriste et secrétaire Aboù 'Abd Allâh Moh'ammed Meslâti fut nommé inspecteur à la cour des comptes aux lieu et place du juriste 'Ali ben 'Abbâs, et ensuite déplacé à la fin de ramad'ân de la même année au profit de Moh'ammed ben el-Kemmâd. Ibrâhîm ben 'Açfoûr fut chargé du service des finances et de celui du trésor privé.

Vers la mi-moh'arrem de cette année, le sultan fut gravement malade, mais grâce à Dieu il se rétablit.

Le 20 de ce mois, Ah'med Benzerti quitta Tunis et s'embarqua le 22 pour l'Espagne, où il avait une mission à remplir. Après s'en être acquitté, il revint en cha'bân de la même année, rapportant de la part du prince régnant en Espagne des cadeaux parmi lesquels figurait le grand exemplaire du Koran qui est maintenant dans la principale mosquée, et que l'on emploie pour la lecture quotidienne faite auprès des catafalques (1).

Le 2 çafar de la même année, mourut à Tunis le saint et vertueux Aboù 'l-'Abbâs Ah'med ben 'Aroùs, qui fut enterré dans sa zâwiya, car il s'était établi près de la mosquée Ez-Zltoûna. La funèbre cérémonie se fit en grande pompe, et tous les fils du sultan y assistèrent.

---

(1) عدد التوابيت ; cf. le texte de K'ayrawâni, p. 149, l. 5.

Vers la fin de djomâda II de la même année, arrivèrent à Tunis les cadeaux envoyés par le sultan de Tlemcen, Moh'ammed [ben Moh'ammed] ben Aboû Thâbit, et qu'apportaient son k'âd'i Moh'ammed [P. 140] ben Ah'med el-'Ok'bâni et un de ses propres cousins. Comme cette arrivée coïncida avec le rétablissement du prince, qui venait d'être malade, on décora tous les *souks* et on se livra à de grandes réjouissances (1).

Au milieu de la dite année, Z'âfir ben Djâ'a 'l-Kheyr fut nommé k'â'id de la capitale et vice-roi en cas d'absence du khalife, situation qui avait été occupée par Ibn Aboû Hilâl.

En cha'bân de la même année, le khalife remit en liberté Moh'ammed ben Sa'îd Meskîni à la suite des engagements et des actes signés par lui aux termes desquels il renonçait à toute opposition et s'engageait à ne pas faire cause commune avec les [autres] Arabes.

En dhoû 'l-k'a'da, le khalife renvoya au prince de Tlemcen des cadeaux en retour de ceux qu'il avait reçus; il les confia aux envoyés venus de Tlemcen, à qui il adjoignit Moh'ammed ben Faradj 'Arabi.

Vers la fin du dit mois, par ordre du sultan, fut placée une toile-abri au-dessus de la mosquée Ez-Zitoûna à l'effet de protéger, le vendredi, les fidèles de l'ardeur du soleil d'été.

Le jeudi 19 dhoû 'l-h'iddja, le sultan sortit à la tête du camp, laissant comme vice-roi dans la ville le k'â'id Z'âfir.

En çafar 869 (oct. 1464), mourut à Tunis le cheykh et marabout Aboû H'afç 'Omar Rekrâki (2), qui fut inhumé au Djebel el-Mersa.

---

(1) Cf. *Complément de l'Histoire des Beni Zeiyan*, de l'abbé Bargès, p. 352 et s.

(2) D seul lit « Ed-Dekdâki ».

Le 12 çafar (14 oct.), le vertueux cheykh Aboû 'l-'Abbâs Ah'med, fils du vertueux cheykh Moh'ammed ben Aboû Zeyd, mourut à Monastir et y fut enterré.

Au commencement de 869, le sultan ordonna de faire dans la mosquée Ez-Zitoûna, avant les prières de l'aurore, de midi et de l'après-midi, la lecture dans le précieux exemplaire du Koran venu d'Espagne et dont il a été déjà question. Il institua à cet effet quatre lecteurs doués d'un bel organe.

Le samedi 26 djomâda II, le sultan rentra à Tunis avec son camp à la suite d'une tournée faite dans le pays pour y ramener le calme.

A la fin de cha'bân de la dite année, le khalife apprit que Naçr ben Çoûla, un des cheykhs des Dawâwida, avait attaqué le k'â'id Mançoûr eç-Çabbân, mizwâr de Constantine, et lui avait enlevé une partie de son camp. En conséquence, il envoya un fort corps d'armée commandé par son fils et héritier présomptif Aboû 'Abd Allâh Moh'ammed el-Mas'oûd, qui surprit les ennemis à l'improviste, leur infligea de fortes pertes et s'empara de leurs chameaux, de sorte qu'ils durent s'enfuir sans autre souci que celui de leur vie. Le vainqueur séjourna à Constantine pendant tout le mois de ramad'ân, puis en chawwâl retourna avec les honneurs de la guerre à Tunis, où il rentra le jeudi 18 de ce mois.

Le 27 ramad'ân de la dite année, [P. 141] Moh'ammed ben 'Ali ben 'Amrân Idrîsi, mizwâr des chérifs à Fez, s'insurgea dans cette ville contre le sultan mérinide 'Abd el-H'ak'k' ben Aboû Sa'îd et se rendit maître de la ville. Le sultan, qui était avec son camp en dehors de celle-ci, fut alors abandonné par les siens et rentra à Fez avec quelques-uns des siens ; mais il fut arrêté et exécuté, de même qu'on massacra les juifs de la ville ainsi que son premier ministre Hâroûn le juif (1). Voici quelle était la situation. 'Abd el-H'ak'k', après avoir été tenu comme en tutelle par les Benoû Wat'âs, qui depuis de longues années dirigeaient toutes les affaires de l'état, songea à recouvrer son indépendance (2), et par suite arrêta [la plupart] des Benoû Wat'âs et s'empara de leurs biens, tandis que les autres prenaient la fuite. Devenu son maître, il s'occupa lui-même des affaires et fit des expéditions à la tête de son camp. Pour le remplacer pendant ses absences, il laissa le juif Hâroûn, qui administrait à Fez les affaires des musulmans, jugeait leurs différends et était par suite une cause d'humiliation pour eux. L'impression ainsi produite sur le peuple était considérable, si bien que, le sultan étant un jour sorti avec son camp pour rétablir le calme dans les provinces et poursuivre les Benoû Wat'âs, qui s'étaient emparés entre autres places de Tanger et de Tâzâ, une entente s'établit avec le mizwâr des chérifs, et une émeute éclata contre les juifs de Fez, qu'on massacra. Mais les insurgés avaient à craindre le sultan et son premier ministre Hâroûn, et ils tinrent la ville jusqu'au jour où le prince rentra avec un petit nombre d'hommes ; alors on les arrêta, lui et Hâroûn, et on les exécuta. On intronisa ensuite le ché-

---

(1) On lit dans B l'annotation marginale que voici, de la main, semble-t-il, qui a maintes fois corrigé le texte : « C'est le frère d'Aboû Djenâh' (puissent-ils être maudits l'un et l'autre !) ; il a supprimé les aumônes distribuées aux savants ('olamâ') pour les attribuer à ses coreligionnaires pauvres ».

(2) A lit استلال من بني, au lieu de بني de D et de بني de B C.

rif du consentement du peuple, et c'est ainsi que la dynastie Idrîsite fut rétablie à Fez et que finit la dynastie Mérinide.

Le 22 dhoû 'l-h'iddja de la dite année, 15 du mois d'août, le sultan sortit à la tête de son camp et campa d'abord à Ez-Za'teriyya, puis il marcha vers le pays de Rîgh, où il démantela la ville de Tuggurt à cause des désordres causés par les habitants et de leur insoumission à ses k'â'ids ; il leur fit de plus payer une amende à titre de châtiment. Il s'avança ensuite jusque près de Ouargla, y nomma un gouverneur et exigea de cette ville ainsi que de celles du Mzâb une forte somme d'argent. Comme après cela il retournait vers Tunis, il fut rejoint par son petit-fils l'émir Aboû 'Abd Allâh Moh'ammed el-Montaçir, gouverneur de Constantine, à qui il fit un accueil honorable. Il le débarrassa de Mançoûr eç-Çabbân à raison de la conduite de ce k'â'id à l'égard des Dawâwida et de la population, de sorte qu'El-Montaçir retourna à Constantine, où il fut désormais seul maître.

Pendant que le khalife revenait du Rîgh, Moh'ammed ben Sa'îd Meskîni s'enfuit du camp et rejoignit des bannis à qui il demanda protection ; mais la peur qu'ils avaient la leur fit refuser, et il n'y eut qu'un petit groupe [P. 142] qui osât lui donner abri jusqu'à ce qu'il pût rejoindre Moh'ammed ben Sebâ' ben Aboû Yoûnos, cheykh des Dawâwida, qui le prit sous son égide. Le khalife rentra dans sa capitale le 8 redjeb 870 (24 fév. 1466).

Vers la fin de rebî' I 870, mourut à Constantine le juriste El-Djebbâs, k'âd'i de cette ville, où il fut enterré. Il eut pour successeur le juriste Aboû 'Abd Allâh Moh'ammed 'Oloûsi (1).

Vers le milieu de la même année, le Prince des croyants reçut à Tunis une députation des Arabes de Tlemcen, Benoû 'Amir, Soweyd, etc., chargée de lui apprendre les excès d'Ibn Aboû Thâbit Zeyyâni (2), sultan de cette ville, qui se soustrayait à son obéissance et qui, après avoir expulsé le k'â'id de Liyâna (3) nommé par le khalife, avait fait parvenir des présents à Moh'ammed ben Sebâ' et à Moh'ammed ben Sa'îd pour leur demander leur aide en cas d'une expédition dirigée de Tunis contre Tlemcen. A la suite de cette requête qui lui demandait de se rendre dans cette dernière ville, le prince, après avoir consulté Dieu sur ce qu'il avait à faire, désigna pour être leur sultan l'émir Aboû Djemîl Zeyyân, fils du sultan 'Abd el-Wâh'id ben Aboû H'ammoû Zeyyâni (4), à qui il fit connaître son choix au commencement de chawwâl de cette année en lui fournissant tout ce qu'il fallait en armes, en tentes, en troupes et en argent. Il lui adjoignit pour commander l'armée le k'â'id Moh'ammed ben Farah' Djebâ'i (5), et pour lui servir d'administrateur et de conseiller, le juriste Ah'med Benzerti ; il écrivit en outre à son fils 'Abd el-'Azîz de se mettre à la tête de son camp suffisamment approvisionné pour accompagner le nouveau sultan à Tlemcen. Aboû Zeyyân quitta Tunis en chawwâl et se rendit à Bougie ; puis le sultan en personne se

---

(1) Variante, « Meloûsi ».
(2) D seul lit « Zenâti » ; cf. *Complément de l'histoire*, etc., p. 353.
(3) Variantes, « Lebâna, Niyâna » ; peut-être faut-il lire *Milyâna* ?
(4) C, Zenâni ; D, Zenâti.
(5) A, Bidjâ'i ; B, Djebâli.

mit en marche le 10 dhoû 'l-k'a'da et se dirigea avec ses troupes vers le Maghreb. Moh'ammed ben Sebâ', son allié (1) Moh'ammed ben Sa'îd et ceux qui s'étaient joints à eux prirent la fuite à son approche et se réfugièrent dans le Sahara. Le khalife, passant par le mont Aurès, s'y empara de quelques-unes des forteresses les plus inaccessibles et abandonna à ses troupes leur contenu. De là il redescendit en plaine se dirigeant vers Tlemcen et recueillit la soumission de Médéa (2), de Milyâna et de Ténès ; les Arabes de cette région lui envoyèrent des députations auxquelles il fut fait une large et généreuse réception (3), et il envoya dans les diverses parties du pays des officiers qui lui rapportèrent le produit des impôts et des dons d'hospitalité. Il s'était fait précéder par l'armée d'investissement qui, en rebi' II 871 (nov.-déc. 1466), vint camper sous les murs de cette ville (4). De nombreux cavaliers et fantassins en sortirent et engagèrent un combat des plus acharnés qui se poursuivit jusqu'au coucher du soleil. Le lendemain matin, qui était un jeudi, le sultan installa son camp à El-Mançoûra proche de la ville, et monta à cheval pour diriger contre celle-ci une attaque des plus vives ; mais les assiégés à l'abri de leurs mu-

---

(1) Lisez وصاحبه avec A B.

(2) A البهدية ; B البهدية ; C D البورية.

(3) B ووائدهم ; A فاكرم نزلهم وارفدهم ; D ووفادتهم ; C ووفادهم.

(4) Le texte ne laisse pas voir clairement si c'est le sultan lui-même qui arriva en rebi' II 871.

railles se défendirent à l'aide de....... (1) et de coups de flèche. A la suite [P. 143] d'un combat acharné, le sultan donna l'ordre de saper les murailles, mais la nuit tomba avant que les assiégeants l'emportassent, et ils durent regagner leur campement avec la ferme intention de s'emparer de la ville le lendemain matin. Une pluie abondante étant alors venue à tomber, le samedi matin, le cheykh Sîdi El-Ah'san (2), le k'âd'i et les principaux habitants vinrent solliciter leur grâce et offrirent au sultan leur soumission par écrit et dressée par acte authentique. Le [sultan de Tlemcen lui-même] l'avait écrite, en ces termes : « Voici ce dont témoigne contre lui-même le serviteur de Dieu qui se confie en Lui, Moh'ammed, veuille Dieu, en dehors de qui il n'y a ni force ni puissance, lui accorder ses faveurs ! » Il donna en outre, sans qu'elle lui fût demandée, sa fille vierge en mariage au prince Aboû Zakariyyâ Yah'ya, fils d'El-Mas'oûd. Le sultan alors se remit en marche pour Tunis le 9 cha'bân de cette année (3).

---

(1) B C D وتحصنوا بالاسوار والهرابع ; ce passage manque dans A. Le mot مربع, qui signifie *levier*, paraît désigner quelque machine de guerre ; comparez aussi le passage de la *Fârisiyya* cité par Dozy, *Supplément*, s. v., مربعة. On pourrait encore songer à la lecture والهدافع, *canons*, ou catapultes.

(2) Ce nom propre manque dans D ; C lit « le cheykh et k'âd'i Sîdi El-Ah'san ».

(3) La soumission de Tlemcen date du 14 rebi' II 871 ; la lecture de l'acte par lequel le prince de cette ville reconnaissait la suzeraineté de Tunis eut lieu, selon l'habitude, dans l'aile orientale de la grande mosquée [de Tunis] à la suite de la prière du vendredi 13 redjeb, et fut faite par le grand k'âd'i Aboû 'Abd Allâh Moh'ammed K'aîdjâni. Cette pièce était signée par Moh'ammed ben Aboû Thâbit lui-même et contresignée par divers personnages importants, notamment le k'âd'i Aboû 'Abd Allâh Moh'ammed 'Ok'bâni, le mizwâr des chérifs

En dhoû 'l-k'a'da 872 (mai-juin 1468), la peste ayant éclaté à Tunis, * le sultan sortit de la ville avec son camp le 12 de ce mois * (1). L'épidémie fit des ravages de plus en plus considérables jusqu'en chawwâl 873 (13 avril-12 mai 1469), si bien qu'on compta jusqu'à mille victimes par jour. Elle cessa en dhoû 'l-h'iddja, dernier mois de l'année.

Le 28 çafar 874, le sultan rentra dans sa capitale et s'installa au palais du Bardo, après une absence d'un an et trois mois.

Le 5 djomâda I de la dite année, mourut le k'âd'i des mariages, Moh'ammed Zendîwi, qui fut inhumé au Djebel el-Mersa dans le voisinage de Sîdi Aboû Sa'îd. Toutes ses places furent après lui occupées par son fils le juriste Aboû 'l-H'asan.

Le 15 çafar 875 (14 juillet 1470), ce dernier fut révoqué de tous ses emplois et remplacé par le juriste Aboû 'Abd Allâh Moh'ammed er-Raççâ', à qui succéda en qualité de k'âd'i du camp le juriste Moh'ammed K'osant'îni.

En rebî' II 875, l'inspection des biens de mainmorte de Tunis fut ôtée à Moh'ammed Beydemoûri et donnée au juriste Aboû 'l-Berekât ben 'Açfoûr.

A la suite d'une maladie dont fut frappé en redjeb de cette année le k'âd'i Aboû 'Abd Allâh Moh'am-

---

et le marabout Aboû 'l-'Abbâs Ah'med ben el-H'asan (ms. 239 cité, f. 108, rº et vº).

L'acte de soumission du prince de Fez, Moh'ammed ben Aboû Zakariyyâ ben Zeyyân Wat'âsi (الوطاسي sic), daté du 12 rebî' II 877, arriva au prince de Tunis en djomâda II ; il en fut donné lecture dans le Djâmi' ez-Zitoûna le samedi 25 de ce dernier mois (ibid., f. 108, vº).

(1) Ce passage manque dans D. La date du 12, donnée par B, est du 2 selon A, du 20 selon C. Les ravages de la peste furent bien pires encore, si l'on en croit K'ayrawâni (texte, p. 149).

med K'aldjâni, le sultan, à la mi-ramad'ân, lui donna comme suppléant pour les jugements Aboû 'Abd Allâh Moh'ammed H'asani.

A la mi-çafar 886 *(sic;* lisez, 876), le juriste 'Abd er-Rah'îm el-H'açîni fut nommé suppléant du grand k'âd'i : en effet, à la suite d'une discussion survenue entre le suppléant et le fils du k'âd'i, chacun d'eux siégeait pour rendre la justice, ce qui amenait des [jugements] contradictoires.

En la dite année, les chrétiens s'emparèrent de Tanger et d'Azîla (1), villes du Maghreb.

Le vendredi 7 djomâda I 879, [P. 144] mourut à Tunis le juriste savant et homme de marque Aboû Ish'âk' Ibrâhîm Akhd'ari, qui fut inhumé à El-Djellâz.

Vers le milieu de cette année, fut achevée la construction du réservoir *(sik'dya)* proche des arcades (2).

Au commencement de 881 (25 avril 1476), les musulmans conquirent Ceuta sur l'ennemi par les mains d'un chérif originaire de Ghomâra.

Au commencement de reb' II de la même année, le juriste Moh'ammed Boûni fut nommé secrétaire du sceau.

Dans le même mois, on commença à la porte d''Alâwa à Tunis le bassin avec jet d'eau, où l'eau était amenée du Henchîr H'amza (3).

---

(1) B D اريلا ; A اصيلا ; C اوريلا ; lisez ازيلا ou اصيلا, l'*Arzilla* de nos cartes (Bekri, p. 253; Edrisi, trad., p. 202; *Baydn* I, 240; Table géographique des *Berbères*; Fournel, *Les Berbers*, I, 501). Ces victoires d'Alphonse V de Portugal sont de 1471 de J.-C., ce qui prouve que la date de 886 hég., qui figure sept lignes plus haut, est un *lapsus* de copiste. (Mercier, *Histoire de l'Afrique septentrionale*, II, 406).

(2) Telle est la leçon de B ; A et C lisent « proche la Porte des arcades » ; D « proche les soûks ». La confusion entre les mots اقواس (arcades) et اسواق (soûks, marchés), est facile.

(3) « On établit un autre réservoir à l'usage des habitants du fau-

À la mi-moh'arrem 882, Naçr ben Çoûla, cheykh des Dawâwida (1), vint solliciter son pardon du sultan, qui l'accueillit honorablement et qui lui fit des libéralités ; puis il rentra chez les siens, mais en qualité de vassal du prince de Tunis (2).

APPENDICE

TABLE GÉNÉALOGIQUE

I. — ALMOHADES

[P. 146] Voici la généalogie du Mahdi : Moh'ammed ben 'Abd Allâh ben 'Abd er-Rah'mân ben Hoûd ben Khâlid ben Temmâm ben 'Adnân ben Cha'bân ben

---

bourg de Bâb el-Djezira vis-à-vis le Bâb 'Alâwa. J'ai vu Aboû Zeyd Fotoûh'i le lundi 7 rebî' 1 881 qui, en compagnie de maçons et d'arpenteurs, faisait mesurer le sol et tracer les plans des fondations, à l'effet d'y amener l'eau de H'amza, à trois milles au sud de là. On y travaille encore maintenant [en 882] » (ms. 239 cité, fol. 104 v°).

(1) Naçr ben Çoûla était le principal de ces cheykhs, dont l'entrée à Tunis eut lieu le lundi 22 dhoû 'l-h'iddja 881 (ms. 239 d'Alger, f. 107, v°).
Au f. 110 v° du même ouvrage sont cités les poètes qui ont chanté les louanges d''Othmân, savoir : Aboû 'l-'Abbâs Ah'med ben Aboû 'l-'Amr (sic) H'asani Fâsi, Aboû 'Ali 'Omar Gharnât'i, Aboû H'afç 'Omar ben K'alil Elbem, Aboû 'Abd Allâh Moh'ammed el-Kheyr Andalosi Mâlak'i, Aboû 'Ali Mançoûr Djeziri, et Aboû 'l-'Abbâs Ah'med, surnommé El-Kholoûf (الخُلُوف sic), dont une longue poésie est reproduite.

(2) Ainsi finit brusquement notre chronique, sans aucune des formules qui annoncent l'achèvement d'un ouvrage. D ajoute seulement : « Le copiste [c'est-à-dire du ms. qui a servi à la publication du texte imprimé] ajoute ceci : Ici finit ce qu'on a trouvé écrit de la main de l'auteur. Achevé de transcrire le jeudi 18 cha'bân 1126. » — A B se bornent à dire : « Ici s'arrête ce qu'on a trouvé écrit de la main du chroniqueur. » C ne dit quoi que ce soit, et le copiste a ajouté, sans autre interruption qu'un blanc d'une demi-ligne, un extrait de K'ayrawâni (fol. 122, v° — 139, v°), puis un court fragment relatif à l'Omeyyade 'Abd el-Melik ben Merwân ; au f. 141 v° commence la table généalogique des deux dynasties formant appendice, et enfin on trouve aux ff. 150-153 un extrait de la *Toh'fa* (*suprà*, p. 186). Seul le ms. A ne renferme pas l'Appendice.

Çafwân ben Djâbir ben Yah'ya ben 'At'â' ben Rebâh' ben Moh'ammed ben Soleymân ben 'Abd Allâh ben el-H'asan (1) ben 'Ali ben Aboù T'âlib. Il naquit chez les Hergha en 491 et fut proclamé souverain le vendredi 14 ramad'ân 515 (25 nov. 1121). Il mourut dans la nuit du [mardi au] mercredi 13 ramad'ân 524 (19 août 1130), ayant ainsi régné neuf ans moins trois jours.

Le successeur qu'il choisit fut 'Abd el-Mou'min ben 'Ali ben Makhloûf ben Yemlâ ben Merwân ben Naçr ben 'Ali ben 'Amir fils de l'émir Aboù Moûsa ben 'Abd Allâh ben Yah'ya ben Ourzâigh ben Maz'foûr ben Inoûr ben Mat'mat' ben Hawdedj ben K'ays ben 'Aylân (2) ben Mod'ar, qui mourut la nuit du [mercredi au] jeudi 10 djomâda II 558 (15 mai 1162) et fut enterré à Tînmelel vis-à-vis le Mahdi. Il avait régné trente-trois ans huit mois et quinze jours.

[P. 147] Après lui fut reconnu son fils Aboù Ya'k'oûb Yoûsof ben 'Abd el-Mou'min, en djomâda II 558, qui mourut à la guerre sainte d'un coup de javelot dont il fut frappé au ventre le samedi 18 rebî' II 580 (28 juil. 1184), et qui fut enterré à Rabat (Ribât' el-Fath'). Son règne dura ainsi vingt et un ans dix mois et huit jours.

Après lui Aboù Yoûsof Ya'k'oûb el-Mançoûr ben Yoûsof ben 'Abd el-Mou'min ben 'Ali, né dans la dernière décade de dhoû 'l-h'iddja 554, fut proclamé au camp même, à la suite de la mort de son père, le dimanche 19 rebî' II 580. Il mourut dans la nuit du [jeudi au] vendredi 22 (3) rebî' I 595 (21 janv. 1199)

---

(1) B ajoute « ben el-H'oseyn ».
(2) B lit « Ghaylân ».
(3) B lit « le 12 ».

et fut inhumé dans le salon du palais qu'il habitait à Merrâkech, puis transporté à Tînmelel. On dit aussi que les choses se passèrent autrement. Son règne fut de quatorze ans onze mois et quatre jours.

Son fils Aboû 'Abd Allâh Moh'ammed en-Nâçir ben Ya'k'oûb el-Mançoûr ben Yoûsof ben 'Abd el-Moû'min ben 'Ali fut proclamé le jour même de la mort de son père en rebi' I 595 et mourut le mardi 10 cha'bân 610 (24 déc. 1213), après un règne de quinze ans quatre mois et dix-neuf jours.

Aboû Ya'k'oûb Yoûsof el-Montaçir ben Aboû 'Abd Allâh Moh'ammed ben Ya'k'oûb ben Yoûsof ben 'Abd el-Moû'min ben 'Ali fut proclamé, à l'âge de dix ans, le jour de la mort de son père. Il mourut le samedi 12 dhoû 'l-h'iddja 620 (5 janv. 1224), empoisonné par son vizir Aboû Sa'îd, après un règne de dix ans quatre mois et deux jours.

Aboû Moh'ammed 'Abd el-Wâh'id el-Makhloû' ben Yoûsof ben 'Abd el-Moû'min ben 'Ali fut reconnu après la mort de Yoûsof el-Montaçir et fut déposé le samedi 20 cha'bân 621 (6 sept. 1224), après un règne de huit mois et neuf jours.

Aboû Moh'ammed 'Abd Allâh el-'Adel ben Ya'k'oûb el-Mançoûr ben Yoûsof ben 'Abd el-Moû'min ben 'Ali était à Murcie, où on lui fit savoir qu'on l'avait appelé au trône après la déposition de l'émir 'Abd el-Wâh'id le samedi [P. 148] 20 cha'bân 621 ; il fut étranglé le 22 chawwâl 624 (4 oct. 1226), après trois ans huit mois et dix jours de règne.

Aboû Yah'ya Zakariyyâ el-Mo'taçim ben Aboû 'Abd Allâh Moh'ammed ben Ya'k'oûb el-Mançoûr ben Yoûsof ben 'Abd el-Moû'min ben 'Ali fut reconnu à Merrâkech en chawwâl 624, mais fut déposé aussitôt, et l'on fit savoir à El-Ma'moûn à Séville qu'il était appelé au trône.

Aboû 'l-'Alâ Idris el-Ma'moûn ben Ya'k'oûb el-Mançoûr ben Yoûsof ben 'Abd el-Mou'min ben 'Ali fut reconnu en chawwâl 624 et mourut au cours d'un voyage le samedi 10 dhoû 'l-h'iddja 629 (26 sept. 1232), après un règne qui, compté du jour où il fut reconnu à Séville, fut de cinq ans et trois mois.

Aboû Moh'ammed 'Abd el-Wâh'id er-Rechîd ben Aboû 'l-'Alâ Idris ben Ya'k'oûb el-Mançoûr ben Yoûsof ben 'Abd el-Mou'min ben 'Ali fut intronisé le jour de la mort de son père et périt noyé dans un réservoir du palais le vendredi 10 djomâda II 640 (5 déc. 1242), après un règne de dix ans cinq mois et dix jours.

Aboû 'l-H'asan 'Ali es-Sa'îd ben Aboû 'l-'Alâ' Idris ben Ya'koûb el-Mançoûr ben Yoûsof ben 'Abd el-Mou'min ben 'Ali fut intronisé le jour de la mort de son frère, le vendredi 10 djomâda II 640. Il fut tué avec son fils dans un combat livré aux Benoû 'Abd el-Wâd, qui pillèrent son camp, le mardi dernier jour de çafar 646 (23 juin 1248), après un règne de cinq ans huit mois et vingt jours.

Aboû H'afç 'Omar el-Mortad'a ben Aboû Ibrâhîm Ish'âk' ben Yoûsof ben 'Abd el-Mou'min ben 'Ali reçut à Salé, où il se trouvait, la nouvelle qu'il était appelé au trône en djomâda II 646 ; il fit ensuite son entrée à Merrôkech, où il resta jusqu'à ce qu'il en fût expulsé le samedi 22 moh'arrem 665 (22 oct. 1266), après un règne de dix-neuf ans quatre mois et huit jours (1).

---

(1) B, par suite de l'omission de trois ou quatre lignes, a fondu en un seul ce règne et le précédent.

Celui qui fit alors son entrée à Merrâkech fut [P. 149] Aboû 'l-'Alâ' Idrîs el-Wâthik' ben Moh'ammed ben 'Omar ben 'Abd el-Mou'min ben 'Ali, connu sous le nom d'Aboû Debboûs, le samedi 22 moh'arrem 665, à la suite de la fuite d'El-Mortad'a. Plus tard, il fut tué et décapité ; on lui enleva une ceinture (1) qu'il portait sur le ventre, pleine de pierreries, de rubis et d'émeraudes ; elle fut, ainsi que sa tête, portée à Aboû Yoûsof Ya'k'oûb ben 'Abd el-H'ak'k' le Mérinide le vendredi au coucher du soleil, dernier jour de dhoû 'l-h'iddja 667 (30 août 1269). Il avait régné deux ans onze mois et huit jours.

Quand sa mort fut connue, le peuple appela au trône son fils 'Abd el-Wâh'id, dont le nom fut proclamé au prône d'un seul vendredi de moh'arrem. Puis l'attaque d'Aboû Yoûsof [Ya'k'oûb ben 'Abd el-H'ak'k' le Mérinide (2)] le força à s'enfuir avec ses frères, ses cousins et tous les Almohades ; l'ennemi se jeta à leur poursuite, et le pillage, commencé dès la porte d'El-Koh'l, ne prit fin qu'à l'entrée dans la montagne. Avec ce règne de sept jours finit la dynastie d'Abd el-Mou'min, et l'émir mérinide Ya'k'oûb ben 'Abd el-H'ak'k' entra à Merrâkech en moh'arrem 668 (sept. 1269). La dynastie Almohade

---

(1) D lit بطينة , qu'il faut, avec B C, corriger en بطيقة . Ce détail n'est rapporté ni par le Kartâs, ni par Ibn Khaldoûn, ni par K'ayrawâni.

(2) Le texte de B C D, diversement altéré, doit être rétabli ainsi : فزحف أليه أبو يوسف فخرج هاربا . Dans un endroit, Ibn Khaldoûn (II, 257) fait finir la dynastie Almohade avec le règne, d'une durée de cinq jours, d'Abd el-Wâh'id el-Mo'taçim billâh ; ailleurs (IV, 55), il nomme comme dernier Almohade et successeur immédiat d'Aboû Debboûs le prince Ish'âk', frère d'El-Mortad'a. Le Kartâs dit que la mort d'Aboû Debboûs eut lieu le 2 moh'arrem, et l'entrée du vainqueur à Merrâkech le 9 du même mois (texte, p. 205, l. 17 et s.).

avait régné cent quarante-quatre ans onze mois et vingt-trois jours. A Dieu seul appartient la durée !

II. — HAFÇIDES

Le premier prince Hafçide fut le cheykh Aboû Moh'ammed 'Abd el-Wâh'id, fils du cheykh Aboû H'afç 'Omar ben Yah'ya ben Moh'ammed ben Wânoûdîn ben 'Ali ben Ah'med ben Oulâl ben Idris ben Khâlid ben Elyâs ben 'Omar ben Wâftoû ben Moh'ammed ben Nah'ya (1) ben Ka'b ben Sâlim ben 'Abd Allâh ben 'Omar ben el-Khat't'âb. Le sultan En-Nâçir ben Ya'k'oûb el-Mançoûr, après être resté un an à Tunis pour y ramener le calme, choisit pour l'y remplacer le cheykh 'Abd el-Wâh'id, qui s'y refusa tout d'abord, mais que son maître força d'accepter en ramad'ân 603. Il mourut le jeudi 1er moh'arrem 618 (24 fév. 1221) à Tunis, où il fut enterré dans la K'açba après la prière de l'aurore.

L'émir Aboû Zakariyyâ Yah'ya, fils du cheykh Aboû Moh'ammed 'Abd el-Wâh'id, entra à Tunis, après avoir fait arrêter son frère l'émir 'Abd Allâh 'Obboû, le mercredi 24 redjeb [P. 150] 625 (28 juin 1228). Il envoya par mer son prisonnier au Maghreb et écrivit dans toutes les régions de l'Ifrîk'iyya qu'on eût à déposer Aboû 'l-'Alâ el-Ma'moûn. C'est ainsi que petit à petit, après avoir été proclamé à Tunis en 627, il arriva en 634 à être le maître exclusif du royaume. Le paraphe qu'il écrivit de sa main même consistait en ces mots : « Reconnaissance à Dieu seul ! » Il mourut la nuit du [jeudi au] vendredi 22 (2) djomâda II 647 (2 oct. 1249) dans son camp

---

(1) B, Nadjiya.
(2) B lit « le 12 ».

sous les murs de Bône, et fut inhumé le lendemain dans la grande mosquée de cette ville. Né à Merrâkech en 599, il était âgé de quarante-neuf ans et avait régné à Tunis vingt ans et six mois.

Aboû 'Abd Allâh Moh'ammed el-Mostançir ben Aboû Zakariyyâ Yah'ya ben Aboû Moh'ammed 'Abd el-Wâh'id fut proclamé près de Bône le jour de la mort de son père, et la cérémonie d'intronisation fut renouvelée à Tunis le mardi 3 redjeb 647 : il avait alors vingt-deux ans. Désigné d'abord sous le simple titre d'Émîr, il le fut en 650 par celui d'Émir el-Mou'minîn et fut surnommé El-Mostançir (1). En 656, il rétablit l'aqueduc et le poussa jusqu'[aux jardins] d'Aboû Fehr. La mort le frappa à la suite d'une longue maladie, le jour de la fête des Sacrifices de l'année 675 (14 mai 1276), après un règne de vingt-huit ans cinq mois et douze jours. Cette même année vit aussi mourir El-Melik ez-Z'âher, souverain d'Égypte.

Aboû Zakariyyâ Yah'ya el-Wâthik' ben Moh'ammed ben Yah'ya ben 'Abd el-Wâh'id, né en 647, fut proclamé la nuit même de la mort de son père, puis abdiqua en faveur de son oncle Aboû Ish'âk' le dimanche 3 rebî' II 678, après un règne de deux ans trois mois et vingt-deux jours.

Aboû Ish'âk' Ibrâhîm ben Yah'ya ben 'Abd el-Wâh'id, né en 631, entra à Tunis le mardi 5 rebî' II 678 et fit renouveler la cérémonie d'inauguration. Wâthik', qui venait d'abdiquer, reçut comme résidence l'hôtel d'El-Ghoûri dans [le soûk] des libraires. Mais au bout de quelque temps, il fut dénoncé au sultan Aboû Ish'âk', [P. 151] qui les fit monter

---

(1) B lit ici « El-Montaçir ».

[à la K'açba], lui et ses fils El-Fad'l, Et-T'âhir et Et-T'ayyib et les fit égorger la nuit. En moh'arrem 681 (10 avr. 1282), surgit chez les Dhebbâb un homme qui se fit appeler El-Fad'l ben el-Wâthik' et dont l'autorité fut reconnue par tous les Arabes d'Ifrîk'iyya. Le sultan Aboû Ish'âk' envoya contre lui son fils l'émir Aboû Yah'ya, qui arriva à K'amoûda, mais qui, par suite de la dispersion successive de ses troupes, dut rentrer à Tunis, tandis que le prétendant entrait à K'ayrawân. Alors Aboû Ish'âk' lui-même se mit en marche en chawwâl avec une armée considérable, mais son camp fut pillé à El-Moh'ammediyya, et il rebroussa jusqu'à Tunis, d'où il fit sortir ses femmes et ses enfants et se dirigea sur Constantine. Mais cette ville ne voulut pas le recevoir, et il continua dans la direction de Bougie, où son fils 'Abd el-'Azîz refusa aussi de le laisser pénétrer. Il abdiqua alors en faveur de son fils, après avoir régné à Tunis, depuis l'abdication de Wâthik' jusqu'au jour où lui-même dut fuir de cette ville, trois ans et demi et vingt-deux jours. Dieu est maître des révolutions du jour et de la nuit!

Ah'med ben Merzoûk' ben 'Ammâra le prétendant, né à Msîla en 642 et élevé à Bougie, fut tué le mardi 2 djomâda I 683 par l'émir Aboû H'afç 'Omar, fils du sultan Aboû Zakariyyâ Yah'ya et petit-fils d'Aboû Moh'ammed 'Abd el-Wâh'id. Ce prince fut proclamé à Tunis le mercredi 25 rebî' II 683 (11 juil. 1284) et mourut de maladie le vendredi 24 dhoû 'l-h'iddja 694 (5 nov. 1295), après avoir régné onze ans et huit mois moins deux jours (1).

Son successeur le sultan Aboû 'Abd Allâh Mo-

---

(1) Je corrige le texte, qui donne la date de 693.

h'ammed el-Mostançir (1) ben Aboû Zakariyyâ Yah'ya ben Moh'ammed ben Aboû Zakariyyâ Yah'ya ben 'Abd el-Wâh'id, connu sous le nom d'Aboû 'Açîda, fut proclamé à Tunis sur le conseil du cheykh El-Merdjâni le 22 dhoû 'l-h'iddja 693 et mourut d'hydropisie le mardi 13 reb' II 709 (19 sept. 1309), après un règne de quatorze ans trois mois et dix-sept jours. Il ne laissa pas d'enfant mâle.

On proclama après lui à Tunis le sultan martyr *(chehîd)* Aboû Yah'ya Aboû Bekr ben 'Abd er-Rah'mân, fils de l'émir Aboû Yah'ya Aboû Bekr, fils de l'émir Aboû Zakariyyâ Yah'ya ben 'Abd el-Wâh'id, [P. 152] le jour même de la mort d'Aboû 'Açîda, le mardi 13 (2) reb' II 709. On lui trancha le cou le vendredi 27 du même mois, après un règne de seize *(sic)* jours.

Le sultan Aboû 'l-Bak'â Khâlid ben Aboû Zakariyyâ Yah'ya, descendant des émirs légitimes, fut proclamé à Tunis le jour de l'exécution du prince martyr, le vendredi 27 reb' II 709, et prit le surnom d'En-Nâçir. Il abdiqua à cause d'une maladie qui l'empêchait de monter à cheval et fut tué à Tunis en 711 (19 mai 1311), après un règne de deux ans et treize jours.

Il fut procédé à l'intronisation publique de l'émir Aboû Yah'ya Zakariyyâ, fils du cheykh Aboû 'l-'Abbâs Ah'med, fils du cheykh Aboû 'Abd Allâh Moh'ammed Lih'yâni, fils d'Aboû Moh'ammed 'Abd el-Wâh'id, dans le camp d'El-Moh'ammediyya le dimanche 2 redjeb 711. Par suite des troubles et du

---

(2) B, « El-Montaçir ».

(3) B C D lisent « le 10 », que j'ai corrigé d'après ce qui précède immédiatement; cf. pp. 85 et 87.

soulèvement des Arabes, il réunit tous ses biens et vendit les trésors que renfermait la K'açba, y compris les livres, et se retira à Gabès au début de 717 (15 mars 1317). Le peuple proclama alors son fils l'émir Moh'ammed Aboû D'arba en dehors de Tunis, vers la mi-cha'bân de cette année, et la *khotba* fut dite en son nom et en celui de son père. Ce dernier régna à Tunis six ans un mois et quatre jours.

L'émir Aboû 'Abd Allâh Moh'ammed el-Montaçir ben Zakariyyâ ben Ah'med Lih'yâni ben Moh'ammed Lih'yâni ben Aboû Moh'ammed 'Abd el-Wâh'id fut proclamé à Tunis, à la suite de la retraite de son père à Gabès, à la mi-cha'bân 717. Battu dans une expédition qu'il tenta contre l'émir Aboû Yah'ya Aboû Bekr, il s'enfuit à El-Mehdiyya, puis fut pris et tué en reb!' II 718 (juin 1318), après un règne de sept mois et quinze jours.

L'émir Aboû Yah'ya Aboû Bekr ben Aboû Zakariyyâ Yah'ya, fils du sultan Aboû Ish'âk' Ibrâhîm [P. 153] ben Aboû Zakariyyâ Yah'ya ben 'Abd el-Wâh'id, né à Constantine en cha'bân 692, fut proclamé le jeudi 7 reb!' II 718, et le fut de nouveau à sept reprises différentes ; la dernière fois après le départ de l'émir 'Abd el-Wâh'id, fils du sultan Aboû Yah'ya Zakariyyâ ben el-Lih'yâni, frère de l'émir Moh'ammed Aboû D'arba, lors des fêtes de la Rupture du jeûne de 732. Il s'installa à Tunis, qu'il illustra par ses monuments et sa sage administration. Il mourut la nuit du [mardi au] mercredi 2 redjeb 747 (18 octobre 1346) à l'âge de cinquante-cinq ans moins un mois, après un règne de vingt-neuf ans dix mois et vingt-cinq jours.

L'émir Aboû H'afç 'Omar ben Aboû Yah'ya Aboû

Bekr fut proclamé khalife le jour de la mort de son père, mercredi 2 redjeb 747. A cette nouvelle, l'héritier présomptif, son frère Ah'med, alors à Gafça, marcha contre Tunis en compagnie de ses deux frères 'Abd el-'Azîz et Khâlid, gouverneurs de Sousse et de Mehdiyya, qui le reconnurent. Le sultan 'Omar, de son côté, s'était mis à la tête de son armée et campait à Bâdja. Ah'med s'avança et vit d'abord le succès lui sourire, car à Râs et-T'âbiya, où il était campé, les habitants de Tunis se soumirent à lui; il remit alors son frère Khâlid en liberté, et prit le surnom d'El-Mo'tamid. Mais 'Omar partant de Bâdja arriva à Tunis le samedi 16 ramad'ân au matin, puis faisant entourer chacune des portes de la ville par des troupes de cavalerie et d'infanterie, il les ouvrit en en brisant les serrures, et la populace se mit aussitôt de son côté, si bien qu'avant même le lever du soleil il était maître de toute la ville. Il fit exécuter son frère Ah'med, dont la tête fut exposée au bout d'une pique.

Quand Aboû 'l-H'asan le Mérinide apprit la violation par le sultan des volontés paternelles ainsi que l'exécution de ses frères, il marcha sur Tunis, et fut accueilli près de Constantine par tous les Arabes d'Ifrîk'iyya. 'Omar alors s'enfuit, mais des troupes lancées à sa poursuite se saisirent de lui à Gabès, et on lui coupa la tête aussi bien qu'à Z'âfir, son fidèle renégat, le mercredi 27 djomâda I 748. Il avait régné dix mois et vingt-cinq jours, en y comprenant les sept jours où son frère Ah'med avait détenu le pouvoir.

[P. 154] Le sultan mérinide Aboû 'l-H'asan ben Aboû Sa'îd 'Othmân ben Aboû Yoûsof Ya'k'oûb ben

'Abd el-H'ak'k' commença ainsi son règne à Tunis le 2 djomâda II 748 (8 sept. 1347), et il fit son entrée dans cette ville de compagnie avec Aboû Moh'ammed 'Abd Allâh ben Tâferâdjîn. A la suite de l'établissement de son autorité sur l'Ifrîk'iyya, il interdit aux Arabes (l'entrée) des villes qu'ils détenaient à titre de fiefs (1), ce qui les détermina à s'entendre pour remettre le pouvoir aux mains de l'émîr Ah'med ben Aboû Debboûs. Aboû 'l-H'asan, serré de près à K'ayrawân, où il avait installé son camp, s'enfuit à Sousse, d'où il s'embarqua pour regagner Tunis. Mais les Arabes l'y assiégèrent, creusèrent un fossé qui faisait le tour des murs de la ville et appelèrent de Bône le sultan El-Fad'l, pour l'opposer au Mérinide. Celui-ci quitta Tunis par mer au commencement de chawwâl 750 (12 déc. 1349), en laissant dans cette ville son fils El-Fad'l. Aboû 'l-'Abbâs el-Fad'l, qui était alors dans le Djerîd, vint à son tour, quand il connut les événements, assiéger Tunis et finit par en expulser le prince mérinide, à qui il accorda quartier et qui rejoignit son père à Alger. Le règne de celui-ci à Tunis avait duré deux ans quatre mois et deux jours.

Le pouvoir passa aux mains d'Aboû 'l-'Abbâs el-Fad'l, fils du sultan Aboû Yah'ya Aboû Bekr, le 29 dhoû 'l-k'a'da 750 (8 fév. 1350). Il prit le surnom d'El-Motawakkel et abdiqua, grâce aux machinations du cheykh Ibn Tâferâdjîn et d''Omar ben H'amza, des Awlâd Aboû 'l-Leyl, le 21 djomâda I 751 (26 juil. 1350), après un règne de cinq mois et douze jours.

Alors eut lieu, par l'intermédiaire d'El-H'âddj 'Abd Allâh ben Tâferâdjîn et après l'arrestation d'El-

---

(1) منع العرب من البلاد التي ملكوها بالاقطاعات , cf. p. 126, n.

Fad'l, l'intronisation du frère de celui-ci, l'émir Aboû Ish'âk' Ibrâhîm, fils du sultan Aboû Yah'ya Aboû Bekr, alors à peine pubère. Ce prince mourut subitement une nuit de redjeb 770 (8 fév.-10 mars 1369), après dix-huit ans et dix mois et demi de règne.

Le peuple prêta alors serment de fidélité à son fils Aboû 'l-Bak'â Khâlid, dont le renégat le k'â'id Mançoûr présida à cette cérémonie le lendemain matin de la mort de son père. La conduite déplorable de ce prince fut cause que le sultan Aboû 'l-'Abbâs Ah'med quitta Bougie pour mettre le siège devant Tunis. Aboû 'l-Bak'â Khâlid s'enfuit, mais il fut poursuivi et arrêté. On l'envoya par mer à Constantine et il se noya dans le trajet, après avoir régné à Tunis un an et neuf mois et demi.

[P. 155] Le trône fut alors occupé par le Prince des croyants Aboû 'l-'Abbâs Ah'med, fils de l'émir Aboû 'Abd Allâh Moh'ammed et petit-fils du sultan Aboû Yah'ya Aboû Bekr, dont l'intronisation eut lieu le jour de l'arrestation de Khâlid, le samedi 18 rebi' II 772 (8 nov. 1370). La sage administration de ce prince se poursuivit jusqu'à ce qu'il mourut, le mercredi 3 cha'bân 796 (2 juin 1394), après un règne de vingt-quatre ans et trois mois et demi.

Il eut pour successeur le sultan Aboû Fâris 'Abd el-'Azîz, fils du sultan Aboû 'l-'Abbâs Ah'med. Né à Constantine en 763, il fut, avec l'agrément du peuple, reconnu à Tunis le jour de la mort de son père, le mercredi 3 cha'bân 796, et administra sagement le pays. Il mourut subitement le jour de la fête des Sacrifices de 837 (9 juillet 1434), au lieu dit Waladjat es-Sedra ; son corps fut transporté à Tunis et inhumé vis-à-vis celui de son père dans le mausolée avoisinant la tombe de Sidi Mah'rez ben Khalaf. Il avait régné sur Tunis et sur toute l'Ifrik'iyya quarante et un ans quatre mois et sept jours.

Son successeur fut son petit-fils le sultan Aboû 'Abd Allâh Moh'ammed el-Montaçir, fils de l'émir Aboû 'Abd Allâh Moh'ammed el-Mançoûr, lequel était fils du sultan Aboû Fâris. Il fut d'abord reconnu dans le camp avec l'agrément du peuple, puis la prestation du serment de fidélité fut renouvelée à Tunis le jour d'"Achoûrâ de moh'arrem 838 (5 août 1434). Il se mit ensuite en campagne pour pacifier le pays ; mais il tomba malade en route et fit venir de Constantine son frère germain l'émir Aboû 'Amr 'Othmân, qu'il désigna comme son successeur. Il mourut la nuit du [jeudi[i] au] vendredi 22 çafar 839 (16 sept. 1435), après un règne d'un an deux mois et douze jours.

Le pouvoir passa alors aux mains du sultan Aboû 'Amr 'Othmân, fils de l'émir Aboû 'Abd Allâh Moh'ammed el-Mançoûr et petit-fils de l'émir Aboû Fâris 'Abd el-'Azîz ben Aboû 'l-'Abbâs Ah'med précité. Son intronisation eut lieu à Tunis le vendredi 22 çafar 839, et son administration procura la paix au pays et aux habitants.

FIN.

ADDITIONS ET CORRECTIONS

P. v, ajoutez: La Bibliothèque Nationale a acquis en juillet 1894 (trop tard pour que je puisse le consulter), un autre exemplaire de notre chronique, porté dans le Catalogue manuscrit de ce vaste dépôt comme étant une « chronique des Hafçides de Tunis par Ibn ech-Chemmâ' ». C'est une copie moderne datée de 1283, et exécutée très probablement pour M. Dewulf, capitaine du génie commandant le cercle d'Aïn-Beïda, dont la signature, datée du 1er mai 1867, figure au recto du premier feuillet. Elle est dépourvue de l'Appendice; on y lit au commencement l'en-tête هذا تاريخ ابن الشماع et à la fin

. و هذا اخر ما وجد بخط المورخ ابن الشماع

P. 13, l. 4: lisez, *Gharyâni*; voir *Berbères*, II, 587; commentaire de Kharachi sur Sidi Khalil, éd. de Boulak, III, 336, l. 16, etc.

P. 19, n. 2, ajoutez: « D'après les savants tunisiens contemporains, la *chekla* consistait en une petite mèche de cheveux au-dessus de l'oreille droite et affectant la forme d'un carré dont les côtés étaient de deux centimètres environ. On sait d'autre part que les juifs marocains portent encore en avant des deux oreilles deux petites mèches retroussées et frisées, vulgairement appelées tire-bouchons parce qu'elles ont juste la longueur et la forme de cet instrument. » (Communication de M. Pellat, interprète militaire à Tunis). Cf. *Revue des études juives*, 1891, p. 294.

P. 26, n. 1: le ms. 230 (Catalogue des mss. d'Alger, au fol. 110, v°,

l. 11) orthographie, avec les voyelles الهَوَّارِي

P. 33, l. 21, et n. 2: il faut traduire « un endroit mal gardé »; le mot عَرَة est en effet synonyme de عورة et se rencontre encore ailleurs, voir p. ex. *Bayân*, I, 184, l. 7; Ibn el-Athir, VIII, 25, l. 2 *ad f.*, etc.

P. 44, n. 2: le ms. 750, anc. F. de la Bibl. nationale, fol. 34, consacre une notice à ce personnage.

P. 63, l. 1, et ailleurs: lisez, *Dhebbâb*.

P. 83, l. 21 de la n. 1, lisez الزرافة, et ajoutez: Le *Bayân* relate également l'envoi d'une girafe fait du Soudan à Mançoûr ben Yoûsof ben Ziri en 382 (t. I, p. 256), et la présence de deux girafes dans le pompeux cortège organisé par Bâdis en 387 (t. I, p. 255). Au nombre des cadeaux envoyés par le sultan Bibars à l'empereur chrétien en 650 (5 déc. 1260) figurent des girafes (ms. 757, Sup. ar. de la Bibl.

pat., fol. 164. v°), et en djomâda II 670, la femelle d'un de ces animaux gardés au K'al'at el-Djebel [au Kaire] mit bas, ce qui, dit K'ot'b ed-Din, ne s'était pas encore vu (ibid., fol. 208).

P. 87, note, l. 8, ad f.: effacez le ben qui commence la ligne.

P. 120, l. 14: Adjimi, c'est-à-dire originaire de la localité de Djerba qui porte le nom d'Adjim (أجم).

P. 125, l. 23: lisez, Aboû H'afç 'Omar.

P. 126, note, et 172, note, ajoutez: Sur les iḳṭá' des Arabes, voir Berbères, I, 117; III, 106, 114; IV, 260, 262, etc.

P. 135, l. 24: lisez, Ibn Hâroûn.

P. 142, l. 6, en bas, lisez, « khalifal ».

P. 150, n. 1: lisez, « p. 148, n. 2 ».

P. 161, l. 21: lisez, probablement, « Aboû Moh'ammed 'Abd Allâh ».

P. 164, l. 4, en bas: lisez, « El-'Ik'd ».

P. 173, l. 10-11: lisez, [P. 91].

P. 186, l. 2: lisez, probablement, « Moh'ammed ben Ibn 'Abd el-'Azîz ».

P. 193, l. 11: « Le nom de Haninecha est donné à Constantine par les indigènes aux souterrains étroits et tortueux, et la tradition apporte qu'il en existait un entre Bâb el-Djâbiya et Sidi Rached. » (Communication de M. E. Mercier).

P. 193, n. 3: « Le ms. A doit avoir raison, car c'est toujours par le front de la Kaçba qu'on essaye de se sauver quand la ville est prise ; ce qui a souvent réussi. » (Communication du même savant).

P. 195, n. 1: « L'استسلام, à mon avis, est le renoncement à la lutte plutôt que la soumission proprement dite. » (Idem).

P. 220, l. 5, et 235, l. 19: on orthographie actuellement le fourré ou la forêt d'Ech-Cherk غابة الشرك.

P. 228, l. 25: lisez, probablement, « son frère germain, le juriste et k'âd'i Aboû H'afç Omar ».

P. 230, l. 6, en bas, lisez, Djebel el-Djoloûd.

P. 246, l. 2, en bas : lisez, « ben [Aboû] H'ammoû ».

P. 259 et 264: M. de Slane écrit Ouattas, et signale la variante Oulas (Berbères, IV, 134).

TABLE GÉNÉRALE

bar. 3
ben el-Abbâr K'od'â'i, 30, 38, 48.
Ibâ 'l-'Abbâs Ah'med, voir Ah'med ben Moh'ammed.
Ibâ 'l-'Abbâs el-Fad'l, voir El-Fad'l.
Abbssides, 47.
'Abd Allâh ben 'Ali Hawwâri Nâbeli, dit Notre Père, 51, 74.
'Abd Allâh ben 'Abd el-H'ak'k ben Soleymân, 87, 88
'Abd Allâh ben 'Abd el-Wâh'id, 30.
— el-Bechîr, le Compagnon, 6, 7.
— ben 'Ali ben el-Khalaf, 163.
— — Mo'tad'id, 42.
— — ben Sa'îd, 147, 148, 150.
— Balawi Cheblbi, 180.
— ben Aboû Bekr ben el-'Arabi, 9.
— Boh'ayri, 218, 228.
— Çak'alli, 210.
— ben Ghâliya, 198.
— ben Aboû H'afç 'Omar, 76, 77.
— — dit 'Obboû, 27, 30 ; cf. 'Obboû.
— ben Meloutât (Aboû Moh'ammed), 6.
— ben Moh'ammed Tenoûkhi, 110, 111.
— ben 'Omar ben Çakhr, 225, 227.
— ben es-Sa'îd, mérinide, 42.
— ben Sa'îd Nefzâwi, 212.
— ben Tâferâdjin, voir Ibn Tâferâdjin.
— Toreyki, 170.
— ben Toûfyân, 65.
— ben Yaghmor, 72.
— ben Ya'k'oûb el-Mançoûr, dit El-'Adil, 27.
— ben Aboû Yerfiyân, 15.
— ben Aboû Zeyd, 180.
ou 'Abd Allâh ben Aboû 'l-'Abbâs Ah'med, 185.
'Abd Allâh ben el-H'oseyn, 39.
— ben Moh'ammed Lih'yâni, 41.
— — ben K'âsim, 199.
— ben Soleymân, cheykh almohade, 118.
— ben Ziyâdet Allâh K'âbesi, 32.
— ben Aboû Yah'ya Zakariyyâ, 185.
'Abd Allâh ben Aboû Medyen, 116.
'Abd el-'Azîz, voir Aboû Fâris 'Abd el-'Azîz.

'Abd el-'Azîz ben Aboû Bekr K'orachi Mahdewi, 74, 75.
— ben Aboû 'l-Fotoûh' Çak'alli, 75.
— (Aboû Fâris) ben Aboû H'afç 'Omar, 107, 184 et s.
— ben Aboû 'l-H'asan, mérinide, 173.
— ben Ibrâhîm Fotoûhi, 218.
— — K'orachi, 52.
— ben Aboû Ish'âk' Ibrâhîm, 64, 65, 67, 68.
— ben 'Isa ben Dawoûd, 58.
— ben Moh'ammed Hintâti, 139.
— ben Aboû Yah'ya Aboû Bekr, 107, 121, 123 ; voir 'Azzoûz.
— ben Aboû Zeyd, 25.
Ibn 'Abd el-'Azîz, 180 (?), 205, 209, 212, 213.
Ibn 'Abd el-'Azîz Ghassâni, 104, 115.
Ibn 'Abd el-Berr Tenoûkhi, 110.
Ibn 'Abd el-Djelil (Yah'ya ben Moh'ammed), 107.
Ibn 'Abd el-Ghaffâr, 108, 112
'Abd el-H'ak'k' ben Ghâlib, 10.
— Ichbili, 18.
— ben Sab'in, 44, 51.
— ben Aboû Sa'îd, mérinide, 246, 258.
— ben Tâferâdjin, 66.
'Abd el-H'amîd ben Aboû 'd-Donyâ, 62, 74.
'Abd el-K'awi ben el-Fâsi, 37.
'Abd el-Melik ben Aboû 'l-'Abbâs Ah'med, hafçide, 230, 237, 239.
— ben Mekki, 66, 125, 148, 177, 178.
— ben 'Othmân ben Mekki, 64, 81.
'Abd el-Moheymen H'ad'remi, 133.
'Abd el-Mou'min b. Aboû 'l-'Abbâs Ah'med, hafçide, 227, 229.
— ben 'Ali, 4, 5, 7, 10, 11, 13, 14.
— ben 'Atik' Djezâ'iri, 69.
'Abd er-Rah'îm H'açni, 205.
— H'amçni, 218.
'Abd er-Rah'mân ben 'Ali Tawzeri, 41, 48, 52 ; voir Tawzeri.
'Abd er-Rah'mân Brechki, 180.
— Dâkhil, omeyyade, 41.
— Fotoûh'i, 219, 251, 266.
— ben Aboû 'l-H'asan, mérinide, 109.
— ben el-K'at't'ân Balawi, 78.

'Abd er-Rah'mân Kelâ'i, 237.
— ben Khaldoûn, 164; cf. Ibn Khaldoûn.
— ben el-Khalloûf, 89.
— ben Moh'ammed ben Ghâzi, 87.
— — ben Aboû Yah'ya Aboû Bekr, 112, 114, 115, 148-150.
— Monât'ik'i, 46, 75.
— ben 'Omar ben Nefis, 40, 41.
— Temîmi, 74.
Ibn 'Abd er-Refi' (Aboû Ish'âk' Ibrâhîm ben el-H'asan), 77, 82, 90, 92, 99, 102, 104, 109, 115, 135.
— ('Omar), 163.
Ibn 'Abd er-Rezzâk' (Aboû 'Abd Allâh), 101.
Ibn 'Abd es-Selâm (Moh'ammed Hawwâri), 99, 100, 103, 105, 106, 110, 111, 130, 134, 135.
— (allée d'), 219, 233, 235.
Ibn 'Abd es-Settâr (Moh'ammed ben Moh'ammed), 99, 100, 135.
'Abd el-Wâdites, 11, 12, 131, 165, 252.
'Abd el-Wahhâb ben K'â'id Kelâ'i, 57, 60-62.
— ben Yah'ya ben Mekki, 173.
Benoû 'Abd el-Wâh'id, 103.
'Abd el-Wâh'id Gharyâni, 79, 111.
'Abd el-Wâh'id ben Aboû H'afç (Aboû Moh'ammed), 17, 21-23, 25, 119.
— ben Aboû H'ammoû, 203, 206, 208.
— ben Aboû Ish'âk' Ibrâhîm, 68.
— ben Idrîs el-Ma'moûn, 35.
— ben Mekki, 178.
— ben Aboû Yah'ya Zakariyyâ ben Lih'yâni, 103, 127, 130.
— ben Yoûsof ben 'Abd el-Mou'min, 20.
'Abdoûsi (Ibn Moûsa), 210.
Benoû 'l-'Abid, 107, 195.
Ibn el-'Abid, 123.
Ibn 'Abdoûn (?) 196.
Abyâri (Nâçir ed-Din ben el-Mounîr), 109.
Ibn Açfoûr (Aboû 'Abd Allâh Moh'ammed), 212, 214, 216, 217.
— ('Ali ben Moûsa, 53, 80.
— (Ibrâhîm), 256.
— (Aboû 'l-Berekât Moh'ammed), 217, 223, 261.
A'châch, 85.
Ach'arites (doctrines), 4.
Aboû 'Açida (Moh'ammed ben el-Wâthik'), 76.
Açnâk, voir 'Omar Çanhâdji.
Adâr (Râs Addar?) 187.
El-'Adil ben Ya'k'oûb el-Mançoûr, 27-30.
'Adjâ'ib el-makhloûk'ât, 245.
El-Adjimi, 120, 135, 282.
Aghmât, 4, 6.
Agriculture, 100.
El-Ah'kâm, 18.

Ibn el-Ahmar, 173.
Ah'med ben el-'Abid, 174, 175.
— ben 'Ali, des Dawâwida, 257.
— — ben Moh'ammed ben H'adjar, 2
— ben Aboû 'l-'Amr H'asani Fâsi, 9
— ben 'Aroûs, 256.
— 'Asîla, 230.
— ben Bechîr, 231.
— Benzerti, 245, 246, 250, 261.
— ben Aboû Ça'noûna, 199.
— ech-Chemmâ', 207, 221.
— ben el-Ghammâz, 52, 53, 61, 62, 7 75.
— Gharnât'i, 73, 75.
— ben Aboû H'ammoû Moûsa, 208, 21 246, 251.
— ben H'amza ben Aboû 'l-Leyl, 12 129.
— ben el-H'asan (Aboû 'l-Abbâs), 252
— ben Ibrâhîm (—), 53.
— — Ghassâni (Ibn Aboû 'l-H'oseyn 38, 41, 48, 49, 53.
— ben Haydera, voir Ibn Haydera.
— ben Ibrâhîm Mâlak'i (ou Bâlak'i 163, 166, 168, 169.
— — Soleymâni, 217, 226.
— K'aldjâni, 53, 218, 248.
Ah'med ben el-Kemmâd, 190.
— ben Khalaf, 155, 156.
— ben el-Khat'ib (Aboû 'l-Abbâs), 19
— ben Koh'eyl, 237, 241, 250, 251.
— K'osant'îni, 218-221, 244, 249, 2 250.
— ben Aboû 'l-Leyl, 80.
— Luliyâni, 49, 51.
— ben Mekki, 125, 130, 148, 176, 161.
— ben Merzoûk' ben Aboû 'Amîra, 6 72.
— Mesrâti, 246, 248.
— ben Moh'ammed, juriste, 113.
— — ben Aboû 'l-Abbâs Ah'med, 19 201.
— — ben el-Ghammâz, voir Ibn e Ghammâz.
— — ben 'Abd er-Rah'mân ben Zâgh 237.
— — K'aldjâni, 10.
— — ben K'alil Elhem, 198.
— — ben Meskîn, 172, 179.
— — ben 'Ok'âb, 231.
— — ben 'Ottoû, 140, 142.
— — ben Aboû Yah'ya Aboû Bek 107, 112, 145, 149-152, 157-16 164, 168-172, 174, 183.
— — ben Yemloûl, 81.
— — ben Aboû Zeyd, 258.
— ben Moûsa Bat'erni, 88.
— ben 'Ok'âb, 231.
— ben 'Omar Mesrâti, 246, 248.

— 285 —

Ah'med ben 'Othmân ben Aboû Debboûs, 128-130.
— (Aboû 'l-'Abbâs) ben Aboû Sâlim, mérinide, 173.
— ben Yah'ya ben Asad, 54.
— — ben ech-Cheykh, 66.
— ben Aboû Yah'ya Aboû Bekr, hafçide, 107, 115, 120-123.
— ben Aboû Zeyd, 176, 177.
Sidi el-Ah'san Tiliinsâni, 263.
'A'icha bent Aboû Yah'ya b. Ya'k'oûb, 113.
El-Akhd'ari (Aboû Ish'âk' Ibrâhîm), 231.
El-'Ak'iba, 18.
Aboû 'l-'Alâ ben Yoûsof ben 'Abd el-Mou'min, 26, 27, 29.
Albert le Grand, 83.
Ibn 'Alennâs, 33.
— (Aboû 'l-K'âsim), 117.
Alexandrie, 2, 31, 97, 129.
Alfiyya, 180.
Alger, 37, 69, 84, 124, 137, 138, 145, 202.
'Ali, k'a'id, 255.
Benoû 'Ali, 224.
'Ali ben 'Abbâs, 246, 250.
— , des Benoû 'l-'Abid, 195.
— ben Ah'med 'Obbi, 15.
— ben 'Ali ben 'Ali Chl'i, 253.
— ben Çabir (jardin d'), 66.
— Djebali, 230.
— ben Aboû Fâris 'Abd el-A"ziz, 211.
— ben el-Ghâzi, 21, 33.
'Ali ben H'ammoû ben Aboû Tâcheffn, 252.
— ben Ibrâhim ben Aboû 'Omar, 54.
— ben Ish'âk' ben Ghâniya, 18, 21, 22, 24, 25.
— ben el-Khalaf, 153.
— ben Mançoûr Mizwâr, 238.
— — , 125.
— ben Merzoûk', 226.
— ben el-Mo'izz ben er-Rend, 15.
— ben el-Montaçir, 16.
— ben Montaçir Çalafi, 113.
— ben Moûsa H'ad'remi, 53 ; cf. Ibn Açfoûr.
— ben 'Omar (Aboû 'l-H'asan), 84.
— es-Sa'id ben Idris Mo'tad'id, 41, 42 ; cf. Mo'tad'id.
— el-Wâçil (?), 238.
— ben Yah'ya ben Temim Çanhâdji, 3.
— ben Yoûsof, almoravide, 4, 5, 7, 8.
Aboû 'Ali ben 'Abd el-Mou'min, 16.
— K'arawi, 92.
— ben en-No'mân, 33, 39.
— ben Aboû Sa'id, mérinide, 102.
Alméria, 10, 167.
Almohades, 8, 23, 26, 29, 30, 39, 41, 42, 54, 71, 76, 79, 81, 84, 86, 87, 95, 120, 166, 186, 209, 212, 233, 249, 251.
Almoravides, 41.
Amghâr, 2.

Benoû 'Amir, 183, 252, 261.
'Amir ben Sa'id Nefzâwi, 212
Amlah' en-Nâs, 90.
'Amrân ben Mo'ammer Tarâbolousi, 48, 52.
Aboû 'Amrân ben Yâsin, 70.
'Anber, 116.
Année des quints, 11.
Aqueduc de Zaghouân, 53.
Arabes, 19, 21, 24, 29, 60, 63, 66, 67, 71, 81, 85, 89, 93, 94, 96, 123, 126-128, 143, 147, 149, 154, 155, 163, 172, 175, 177-179, 183, 190, 199-201, 208, 214, 215, 221-224, 239, 251, 253, 257.
Ibn 'Arafa Warghemi, 93, 102, 103, 105, 110, 111, 115, 120, 133, 134, 148, 163, 168, 173, 182, 196.
Aragon, 208.
Asârâk, 17.
'Atf, 44, 170.
Ibn 'Ati, 10.
Ibn 'Atik' Bâdji (Aboû 'Abd Allâh), 75.
Ibn 'At'iya, 10.
Ibn el-At'las, 30.
Ibn 'At'târ, 50, 51.
Ibn el-At't'âs, 30.
Aurès, 251, 262.
Averroès, 16.
El-'Awd er-rat'ab, 46.
Benoû 'Awf, 24.
El-Ayli (El-Obolli ?) 197.
'Ayn Aghlân, 54.
'Ayn el-Ghadr, 199.
'Ayn ez-Zâl, 210.
'Ayn ez-Zemlt, 220, 235.
'Ayyâd ben Makhloûf Temimi, 46.
Aboû 'Ayyâd, 42.
Azila, 265.
El-'Aziz ben el-Mançoûr Çanhâdji, 3, 14.
Azzoûna bent Aboû Yah'ya Aboû Bekr, 116, 118.
'Azzoûz, 107, 122, 184 ; cf. 'Abd el-'Aziz et Aboû Fâris.

B

Bâb el-'Ak'aba, 38.
— 'Alâwa, 187, 206, 265.
— el-Awnak'i, 219.
— Aylân, 7.
— el-Bah'r, 72, 186, 194, 250.
— el-Bohoûr, 93, 240.
— el-Djâbiya, 193.
— Djedid, 186, 194, 240.
— el-Djezira, 100, 236, 249.
— el-Djobeyla, 219.
— el-Ghadr, 82, 169.
— el-H'amma, 193.
— el-H'oneynecha, 193.
— Intedjemi, 47, 48, 53, 82, 231, 241, 247.

Bâb el-K'açba, 38.
— Kechchoûr', 38.
— Khâlid, 215, 222, 227.
— el-Mah'roûk', 201.
— el-Menâra, 33, 45, 66, 68, 240.
— Aboû Sa'doûn, 187, 214.
— es-Souweyk'a, 82, 161, 184, 226, 232, 235, 236, 259.
Ibn Bachkoûâl, 10.
Bâdîs ben Mançoûr, 83.
Bâdja, 14, 58, 89, 90, 94, 95, 98, 122, 125, 186, 220, 226, 234-236.
Baêza, 27.
Baghdâd, 2, 47.
Aboû Bah'lb, 239.
El-bah'r el-moh'it' fi tefsîr el-K'or'ân, 116.
Beni Bâourâr, 150.
Ba'ra ben H'amâch, 26.
Barlo, 187, 207, 216, 225, 244, 264.
Bark'a, 32.
El-Bat'erhi (Ah'med ben Moûsa), 88.
— (Aboû 'l-H'asan Moh'ammed ben Ah'med), 3.
— (Moh'ammed), 103.
— (Aboû 'Abd Allâh Moh'ammed), 182.
— (cheykh), 114.
Bat'h'at Ibn Merdoûm, 171.
Baudier (Michel), 83.
El-Bayân el-Moghrib, 2.
El-Bayâsi (Aboû Moh'ammed), 27.
Bechir, k'â'id, 158, 173, 174, 253.
El-Bechir ('Abd Allâh ben 'Abd el-Wâh'id), 6.
Ibn Beddhâl, 196.
Beggoû ben 'Ali ben Yoûsof, 6.
Aboû Bekr ben 'Abd el-Mou'min, 212, 213.
— ben Aboû 'l-'Abbâs Ah'med, hafçide, 175-177, 190, 192, 193.
— ben el-'Arabi, 9.
— , des Benoû 'l-'Abîd, 195.
— Chehîd ben 'Abd er-Rah'mân, 84.
— ben el-H'asan ben Khaldoûn, 66.
— ben Moh'ammed Lamt'oûni, 5.
— ben Aboû Zakariyyâ Yah'ya ben Ibrâhîm, 93-104.
Berbères, 13.
Belon, 83.
Aboû 'l-Berekât ben Moh'ammed Elhem, 226.
Ibn el-Berrâ Mahdewi, 48.
— Tenoûkhi, 59.
— 'Omar, 192.
Ibn Bert'ala (Aboû Moh'ammed), 51.
Berzeli (cheykh), 106.
— (Aboû 'l-K'âsim), 112, 202, 218, 220.
Besriya (?), 220.
Betîta, 201.
Beyâch, 254.
Bezoûkech Çanhâdji, 13.

Bibars, 55.
Bibliothèque, 187, 202, 219, 235.
Bigonet (E.), 87.
Bîr el-Kâhina, 197.
Biskra, 183, 197, 220, 237, 253.
Bizerte, 13, 39.
El-Boh'eyra, 7.
Bokhâri, 188, 233, 248.
Bône, 43, 44, 118, 131-133, 136, 144, 149, 150, 160, 165, 185, 190, 191, 198-200, 214, 223, 240.
Bordj el-awnak'i, 219.
Bougie, 3, 13, 14, 16, 18, 19, 30, 33, 34, 37, 41, 50, 58, 59, 61, 65, 67-70, 73, 75, 84, 88, 91, 93, 100, 103, 107, 108, 117, 118-124, 131, 132, 137, 145-148, 150, 157, 161, 162, 164, 165, 168, 171, 194, 200-202, 207, 211, 222, 225, 227-229, 231, 237, 239, 242, 243, 249, 253, 256.
Bou Medine (ou Aboû Medyen), 19, 42, 130.

C

Ibn eç-Çabbâgh, 133, 137.
Çâh'ib (d-daula), 65.
Ibn eç-Çâ'igh, 41.
Eç-Çak'alli (cheykh), 52.
— (Moh'ammed ben Aboû 'l-Fetoûh'), 75.
Çakhr ben Moûsa, 125.
Ibn Çakhr, 227, 237, 238, 248.
Çanhâdjite (dynastie), 126.
Aboû Ça'noûna, 172, 179.
Ibn Aboû Ça'noûna, 199, 204, 207.
Carthage, 171, 187.
Catalogne, 204.
Ibn Çayyâd er-ridjâla, 50.
Ceuta, 9-11, 16, 30, 35, 152, 157, 158, 235.
Eç-Çfâk'osi, 116.
Châdhela, 64.
Châla, 139.
Chancellerie, 46.
Château de l'Étoile, 65.
Chebrou, 24.
Chehîd (Aboû Bekr ben Aboû Zeyd 'Abd er-Rah'mân), 84.
Chenânefa, 253.
Cherbonneau, 63, 68, 87.
Cherîf Tilimsâni, 197.
Ibn Aboû 'ch-Cheykh ben 'Asâker, 31.
Chems ed-Din Içfahâni, 109.
Ech-Chihâb et-thâk'ib fi charh' Ibn el-H'âdjib, 110.
Chifâ', 188.
Chi'ites (doctrines), 7.
Cho'ayb ben H'asan, *voir* Bou Medine.
Aboû Cho'ayb Medyen, k'â'id, 231.
Ibn Choreyh', 196.
Chort'a, 189.

Chrétiens, 13, 42, 60, 67, 97, 112, 113, 147,
    153, 161, 204, 208, 265.
Cimetière des cheykhs, 51.
  — es-sâdât el-akhyâr, 74.
Comète, 245.
Compagnons (les dix), 5.
Constantine, 33, 44, 58, 65, 77, 81, 88, 89,
    91, 94, 107, 112, 124, 125, 13', 132, 144,
    145, 147-149, 151, 153-155, 157, 159-162,
    164, 165, 170, 172, 174, 177, 183, 185, 190,
    192-194, 202, 205, 206, 211, 212, 214, 221,
    223, 228, 230, 243, 249-252, 258.
Constantinople, 241.
Cordoue, 9, 11, 25, 41.
Çoûla ben Khâlid ben H'amza, 173, 175,
    179.

D

El-Dâmoûs, 187.
Ed-Dâni, 190.
Dâr-Çoûla, 219, 220.
  — Djawheri, 56.
  — el-Ghoûri, 60, 73.
D'ârb, 56.
Aboû D'arba, 95-98 ; cf. Moh'ammed ben
    Aboû Yah'ya Zakariyyâ et Mostançir.
Dawâwida, 24, 34, 45, 134, 156, 172, 173,
    176, 180, 206, 216, 223, 237, 252, 258, 260.
Ibn ed-Debbâgh, 10, 81, 84, 85, 88 ; cf.
    Moh'ammed ben Debbâgh.
Demmer, 21.
Derdj, 197.
Dewulf, 191, 231.
Dhebbâb, 62, 63, 103, 177, 178.
Ed-Dhey!, de Sam'âni, 111.
Diadème, 67.
Aboû Dînâr, des Dawâwida, 138.
Disette, 148, 247.
Djâ'a 'l-Kheyr, 205, 206.
Djâbir ben 'Obboûn ben Djâmi', 34.
Aboû 'l-Dja'd, 187.
Djâm', Aboû Moh'ammed, 232, 233, 246,
    250.
  — Bâb el-Djezîra, 236, 249.
  — el-Djellâz, 91.
  — el-Djobeyla (el-Djebeliyya ?) 229.
  — el-Hawa, 86.
  — el ommahât, 110.
  — Sidi Dja'far, 235.
  — et-Tawfîk', 246, 229-231, 244, 248.
  — ez-Zîtoûna, 45, 57, 80, 92, 93, 99, 110,
    111, 115, 134, 148, 171, 172, 182,
    187, 188, 197, 202, 216-240, 226,
    2 9, 230-233, 235, 244, 246, 248,
    256-258.
Ibn Djâmi' (Djâbir), 34.
  — (Idris ben 'Ali , 34.
  — (Moh'ammed), 34.
  — Aboû Moh'ammed ben Ish'âk', 16.

  — (Aboû Sa'îd), 24, 25, 26.
  — (Soleymân), 10, 93.
  — (Aboû Yah'ya ben Aboû 'l-'Alâ), 34.
  — (Aboû Yah'ya ben Aboû 'l-H'asan),
    40.
  — (Aboû Zeyd ben Moh'ammed), 31, 58.
Benoû Djawâri, 178.
Djawhara, 184.
Djawheri, 37, 50, 56.
Djebbâra ben Ish'âk', 22.
El-Djebbâs (Aboû 'l-H'asan), 210.
  — (Moh'ammed), 249, 260.
Djebel eç-Çafih'a, 158.
  — el-Djellâz, voir Djellâz.
  — el-Djoloûd, 230, 282.
  — el-Fath', 16, 183.
  — el-Mersa, 35, 54, 75, 181, 202, 230,
    232, 236, 257, 264.
  — er Rih'ân, 215.
  — es-Sebâ', 125.
El-Djebeliyya, 229.
El-Djedâri ?, 243.
El-H'âdj Djelîd, des Benoû Yah'ya, 253.
Djedulwi, 90.
El-Djellâz, 74, 77, 91, 113, 135, 174, 183,
    190, 202, 206, 207, 210, 226, 229-231, 233,
    242, 243, 244, 270, 265.
El-Djem, 126.
Ibn Djemâ'a, 114.
  — Hawwâri (Aboû Yah'ya Aboû Bekr),
    93.
Aboû Djenâh', 259.
Djerâwa, 243.
Djerba, 64, 81, 109, 112, 130, 148, 156, 161,
    162, 20?-210.
Djerîd, 81, 124, 130, 138, 140, 147, 153,
    154, 163, 174, 179.
Ibn Djerîr (Aboû Bekr), 180.
Sidi Djerrâh' 'Arabi, 74, 75.
Ibn Djeyeh, 10.
El-Djezîra, 232 ; cf. Bâb el-Djezîra.
Djezîrat Bâchoû, 220.
  — Cherîk, 280.
El-Djobeyla, 229.
El-Djomel, 107, 199.
Dozy, 40.

E

Égypte, 141.
Espagne, 15, 20, 24, 27, 29, 34, 44, 130,
    158, 188, 203, 254, 256.

F

El-Fad'l le prétendant, 61, 62, 65.
  — ben el-Wâthik', 60, 62.
  — Aboû 'l-'Abbâs ben Aboû Yah'ya
    Aboû Bekr, 118, 131, 133, 136, 137,
    140, 142.

Aboû 'l-Fad'l ben Aboû Hilâl, 210, 219.
— ben 'Abd Allâh ben Aboû Medyen, 116.
— ben Aboû 'l-H'asan, mérinide, 130, 136, 138, 139.
— ben Moh'ammed el-Mançoûr, 212, 232.
El-Fâ'ik' fi 'l-ah'kâm, 110.
Farh'á, 65.
Fâtih', 117, 118.
— ben Mançoûr, 230, 243, 250.
Fâris ben 'Ali ben Rah'im, 253, 255.
— — ben Wedrân, 155.
— ben Meymoûn, 151, 155.
Aboû Fâris 'Azzoûz, 107, 108; voir 'Abd el-'Azîz.
— — ben Aboû H'afç 'Omar, 107, 184 et s.
El-Fârisiyya, 62, 87, 91.
Sîdî Fath' Allâh, 187, 230.
Fât'ima bent Aboû Bekr, 102.
— bent Aboû Yah'ya Aboû Bekr, 113, 116.
Fâzâzi (Aboû Zeyd 'Isa), 69, 76.
Ibn el-Fâzâzi, 69.
Feddj el-Akyâr, 67, 68.
Aboû Fehr (jardins d'), 45, 47, 53.
Ferân, 65.
Fellta ben H'amza, 123, 129, 140-143.
Fez, 4, 9, 10, 30, 42, 108, 131, 138, 139, 155, 157, 159, 160, 173, 191, 200, 201, 203, 215-217, 258.
Fezâri, 69, 76.
El-Fondouk, 230, 235.
Fotoûh' k'â'id, 210, 211.
Fotoûh'i (Aboû Ish'âk' ben Ah'med), 250.
Français, 182.
Francs, 13; voir Chrétiens.
El-Fransis, 43.
Frédéric II d'Allemagne, 83.
Froissart, 182.

G

Gabès, 18, 21, 23, 28, 30, 31, 63, 64, 81, 93-96, 101, 107, 123, 125, 130, 144, 147, 148, 156, 177, 178, 198, 236.
Gafça, 13, 15, 16, 19, 21, 64, 106, 109, 115, 121, 143, 174-179, 183, 195, 204, 214, 220, 240, 250, 254.
Gênes, 147.
Génois, 182.
Ghâbat Cherk, 230, 235, 232.
Ghadâmès, 197.
Ibn Ghalboûn, 196.
Ibn el-Ghammâz (Ah'med), 52, 53, 61, 62, 72, 75.
— (Moh'ammed), 99, 100.
Ibn Ghamr (Aboû 'Abd er-Rah'mân ben Ya'k'oûb', 87-89, 93; cf. Ya'k'oûb ben Ghamr.
Ibn Ghâniya ('Ali ben Ish'âk', 18, 21, 22, 24, 25.
El-Gharnât'i, chroniqueur, 2, 50, 111.
El-Ghassâni (Ah'med, 18, 49, 53.
— (Ibn 'Abd el-'Azîz, 104, 115.
Ghassâsa, 101, 102.
Aboû 'l-Ghayth ben 'Omar Elhem, 217.
Ibn el-Ghâzi K'osant'îni, 87.
Ghazzâli (Aboû H'âmid), 2, 3.
Benoû Ghobrîn, (?).
El-Ghobrîni (Ah'med ben Ah'med), 19.
— (Aboû Mehdi 'Isa', 111, 181, 189, 197, 202.
Ghomâra, 265.
El-Ghoûri, 60, 73.
Ghozz, 42.
Gibraltar, 16.
Girafe, 83, 281.
Grenade, 11, 157, 164, 167.

H

H'abbâb, 120.
Ibn el-H'abbâb, 110, 134, 197.
Ibn el-H'abbaber, 56-58, 60.
Ibn H'abech, 10.
Haddâdj ben 'Abîd Ka'bi, 80.
Aboû 'l-H'addad (zâwiya d'), 220.
Aboû 'l-Hâdi ben Moh'ammed Mançoûr, 245.
Ibn H'adjar (Ah'med ben 'Ali), 233.
— (Moh'ammed Sillni), 239.
Ibn el-H'adjar (Moh'ammed ben Kâsim), 171, 186, 192, 213, 215, 217, 235.
Ibn el-H'âddj (Moh'ammed ben Aboû Bekr), 167.
Haddjâdj, 24.
Ibn el-H'âdjib, 106, 110.
Aboû H'afç 'Omar ben Aboû Zakariyyâ Yah'ya ben 'Abd el-Wâh'id, 58, 67, 68, 70-72, 76.
Aboû H'afç 'Omar ben Aboû Yah'ya Aboû Bekr, 117, 118, 120, 123, 125, 126, 128.
Aboû H'afç ben Aboû H'afç ben 'Abd el-Mou'min, 29.
H'afça bent el-H'âddj Rekoûni, 11.
H'a'iz, 40.
Benoû H'akîm, 129, 102, 172, 174, 179, 199, 200, 207, 234.
H'alîma, 251.
Ibn H'amdoûn, k'âd'i, 2.
El-H'âmma, 18, 28, 64, 124, 125, 147, 149.
H'âmma des Mat'mat'a, 21.
H'ammâm el-haua, 86.
El-H'ammânât, 187.
H'ammoû 'Aseri, 125.
Aboû H'ammoû, de Tlemcen, 179.

amza ben 'Omar ben Aboû 'l-Leyl, 81,
81, 95, 97, 103, 123, 125, 130.
 oû H'amza, 237.
anânecha, 191, 223.
'andoûs, 52.
Hannâch, 26.
Hastri, 111.
Hâroûn le juif, 259.
 roûn H'imyari, 90.
— ben Moûsa Toûnesi, 99.
  Hâroûn, mufti, 110.
— Kenâni, 135.
 asan ben 'Ali Çanhâdji, 12, 13.
— ben Aboû 'l-K'âsim ben Bâdis, 174, 177.
— K'oreyk'eri, 29.
— ben Mo'ammer Hawwâri, 66.
— ben 'Omar Boûdoûdi, 156, 158.
— Zendiwi, 74.
Aboû 'l-H'asan ben 'Abd er-Rah'im H'am- çini, 218.
— ben Aboû Fâris 'Abd el-'Azîz, 222- 225, 227-231, 237, 238, 243.
— el-Montaçir, cheykh, 106.
— ben Moh'ammed Zendiwi, 218, 264.
— ben 'Omar, 98.
— ben Aboû Sa'îd, mérinide, 101, 102, 103, 109, 113, 116, 118, 123, 125, 126, 128, 130, 132, 133, 135, 138, 139.
— ben Yâsin, 70.
Benoû 'l-H'asan, 124.
Aboû 'l-H'awl ben H'amza ben Aboû 'l-Leyl, 122, 123.
Hawwâra, 26, 80, 88, 98, 116, 144, 179, 231.
Ibn H'aydera, 163, 167, 174.
Ibn H'ayyân Andalosi (Moh'ammed ben Yoûsof), 115, 133.
H'âzim Gharnât'i, 74.
ledjâz, 89.
 cnchîr H'amza, 205.
Hergha, 5, 6, 32.
Heskoûra, 29.
Hilâl, client de Mostançir, 45.
— (aile des), 202, 244.
Aboû Hilâl 'Ayyâd, 171.
Hintâta, 5, 6, 130.
Holagou, 47.
 oneynecha, 193, 282.
 ôpital de Tunis, 188.
 'oseyn (le cheykh Aboû 'Ali), 75.
— ben 'Abd er-Rah'mân Zenâti, 70.
— Aboû 'l-H'oseyn Ghassâni, 49.
— Moh'ammed, 56.
— Sa'îd, 56, 57.
 ospitalité (droit d'), 171.

I

  îm ben Aboû 'l-'Abbâs, hafçide, 158, 174, 183.

Ibrâhîm ben 'Abd el-Mou'min, 11.
— ben 'Abd el-Kerîm ben el-Kemmâd, 171, 192, 193.
— ben Ah'med Fotoûh'i, 218, 250.
— Akha'ari, 231.
— ben 'Ali ben Aboû Hilâl Hintâti, 170.
— Bestli, 118.
— eç-Çayyâd (Aboû Ish'âk'), 75.
— Ghomâri, 183, 192, 193.
— ben H'asan ben 'Ali, voir Ibn 'Abd er-Refi'.
— ben Aboû 'l-H'asan, voir Aboû Sâ- lim.
— ben H'âtim Maghrebi, 101.
— ben Aboû H'âtim Azefi, 101.
— ben Ismâ'îl Herghi, 6.
— ben Moh'ammed el-Mançoûr, 231.
— — ben er-Rechîd, 61.
— ben Naçr ben Ghâliya, 247.
— Soleymâni (cheykh Aboû Ish'âk'), 245.
— Ta'abbâset, 6.
— (Aboû Ish'âk') ben Aboû Yah'ya Aboû Bekr, 112, 114, 150-152, 154, 155, 157, 161, 162, 165.
— ben Yoûsof Ghomâri, 183, 192, 193.
— ben Yoûsof Zakariyyâ (Aboû Ish'âk'), 58-60, 64, 65, 69.
Aboû Ibrâhîm [ben Chehîd] ben Aboû H'afç, 28.
— ben Aboû Moh'ammed Lih'yâni, 45.
Ibn Ibrâhîm, almohade, 105.
Idrik eç-çawâb fî ankih'at ahl el-kitâb, 102.
Idrîs ben 'Abd el-Melik Ghâfik'i, 58.
— ben 'Ali, 34.
— ben Ya'k'oûb Mançoûr, voir Aboû 'l-'Alâ.
— ben Yoûsof ben 'Abd el-Mou'min, 25.
Idrisides (dynastie des), 259.
Ifrîk'iyya, 3, 13, 14, 16, 18, 19, 21, 23, 24, 26, 27, 30-32, 37, 63, 65, 89, 123, 126, 131, 136, 141, 154, 162, 169, 200, 203, 252, 253.
El-Ighrâb fî 'l-i'râb, 180.
Iglîz, 5.
Ih'yâ 'oloûm ed-dîn, 2.
El-Ik'd el-monaẓẓem lil-h'okkâm, 164.
Ikdjân ou Inkidjân, 238.
Ikhtiçâr adjûibat Ibn Rochd, 105.
— el-me'âlim, 134.
Iktâ des Arabes, 60, 93, 179.
Ile méridionale, 109, 198.
Impôts, 114, 143, 188.
Imrou'l-K'ays, 180.
Aboû 'Inân, mérinide, 123, 130, 132, 138, 139, 143, 145-148, 150-153, 155, 156, 159, 167.
El-Irchâd, 52.
Benoû Irnâten, 208.

Irniyâni, 124.
Irsâwi, 124.
'Isa Fazâzi, 69, 76.
— Ghobrini, 111, 181, 182, 197, 203.
— ben Moh'ammed, 216, 223.
— ben Mok'arreb ben T'arrâd, 13.
— ben Soleymân, 158.
Ish'âk' ben 'Ali ben Yoûsof, 9.
Aboû Ish'âk' ben Ah'med Fotoûh'i, 250.
— ben Ibrâhim, 41.
— ben Ya'k'oûb el-Mançoûr, 23.
Ibn Ish'âk' ben Djâmi', 16.
Ismâ'îl ben D'irâri, des Benoû Yah'ya, 253, 255.
— ben Aboû 'l-'Abbâs Ah'med, 185, 202.
— ben Makhloûf, 6.
— ben Moûsa, 6.
'Iyâd' de k'âd'i Aboû 'l-Fad'l), 9, 10.
Ibn Izdoûten (Aboû Ya'k'oûb), 81, 87.
Benoû Iznâsen, 43.
— Iznâten, 208.
I z el-'Olâ, 87.

J

Juifs, 19, 45.

K

Benoû Ka'b, 142, 168, 172 ; cf. Ko'oûb.
K'abra, 25.
K'açba de Tunis, 35, 36, 40, 47, 48, 50, 56, 59, 60, 67, 81, 82, 93, 119, 126, 129, 138, 160, 169, 183, 185, 205, 207, 208, 213, 231, 225, 226, 228-232, 236, 240, 241, 243, 248, 254, 256.
Ibn el-K'açcâr, 137.
El-Kacht'il, 81, 112, 161.
Kachwâl, 170.
K'açr Djâbir, 84.
— Ibn Fâkhir, 31.
— el-medjâz, 27.
K'âd'is (nomination des), 79, 99, 105.
Kâf Ghorâb, 255.
Kâfoûr, k'â'id, 44.
Le Kaire, 43, 115.
K'al'a des Benoû 'Abd el-Wâh'id, 103.
K'al'at Senân, 67, 68, 69, 71.
K'aldjâni (Aboû 'l-'Abbâs Ah'med), 53, 182, 218, 221, 228, 230, 233, 244, 248.
— (Ah'med ben Moh'ammed), 10, 203.
— (— ben 'Abd Allâh), 232.
— (Moh'ammed), 210, 248.
— (Aboû 'Abd Allâh Moh'ammed), 203, 210, 218.
— (Moh'ammed ben 'Omar), 244, 248.
— (Aboû H'afç 'Omar), 218, 226, 229, 230.
— ('Omar ben Moh'ammed), 210, 218, 264.

Ibn K'alil Elhem (Ah'med ben Moh'ammed) 198.
— — (Aboû 'l-Berekât ben Moh'ammed), 226.
— — (Moh'ammed ben 'Abd Allâh) 210.
— — (Moh'ammed ben K'âsim), 192, 195, 213, 217, 229, 231.
— — ('Omar ben Ah'med), 236.
— — (Yoûnos ben Moh'ammed, 235.
K'amart, 171.
Kamoûd, 64.
K'arafa (?, 223.
K'arâfi (Chihâb ed-Dîn), 109.
K'arak'oûch, 18.
K'arawi (le cheykh Aboû 'Ali), 92.
K'arbâta, 220.
K'arkadjena, 220.
K'ark'anna, 204.
K'arnât'a, 220.
El-Karwîya, 215.
El-Karoûba, 215.
El-Karoûna (el-Karoûna ?, 215, 222.
K'art'îl el-Mah'h'âr, 171.
K'âsim ben T'âlib 'Awni, 253.
Aboû 'l-K'âsim ben 'Abd el-'Azîz Ghassâni, 115
— ben 'Ali Tenoûkhi, 50.
— — Mehdewi, 48 ; cf. Ibn el-Berra
— K'anebi, 83.
— K'armoûni, 71.
— el-Merich, 40.
— ben Sâlim Ouchtâti, 118.
— ben Aboû Zakariyyâ Yah'ya, 110.
Ibn el-K'âsim, 177.
K'ast'îliya, 48, 64, 128, 130, 168.
El-K'at'alâni, 204, 208.
Ibn el-K'at't'ân (Moh'ammed ben 'Ali Ialawi), 163, 177.
K'ayrawân, 21, 26, 30, 64, 94-96, 98, 121, 126, 128-130, 171, 176, 177, 180, 215.
K'ayrawâni, 18, 20, 255.
K'azwîni (Zakariyyâ ben Moh'ammed), 215.
Kerm el-Wat'â, 219.
Kersif, 42.
Ibn el-Khabbâz (Aboû 'Abd Allâh Moh'ammed), 52, 53, 72, 93.
El-Khad'râ (rue d'), 86.
El-Khalaf ben el-Khalaf, 168, 175-177.
Khalaf ben Yah'ya Temîmi Bâdji, 34.
Ibn el-Khalaf, 124.
Benoû 'l-Khalaf, 228.
Ibn Khaldoûn ('Abd er-Rah'mân), 7, 30, 33, 119, 124, 159, 164.
— (Moh'ammed ben Aboû Bekr), 61.
Khâlid ben Aboû Ish'âk' Ibrâhim, 63.
— ben Aboû 'l-'Abbâs Ah'med, 108, 202.
Khâlid (Aboû 'l-Bak'â) ben Ibrâhim, 165, 166, 170.
— (—) ben Aboû Zakariyyâ Yah'ya, 84, 85, 87, 89-91.

— 291 —

Khâlid (Aboû'l-Bak'â) ben Aboû Yah'ya Aboû
        Bekr, 107, 108, 121, 122.
— (—), émir de Bougie, 202.
— ben H'amza ben 'Omar ben Aboû
        'l-Leyl, 123, 127, 129, 140, 141, 144,
        149, 153.
— ben Sela' ben Ya'k'oûb, 177.
Khalifa ben 'Abd Allâh ben Meskin, 127.
— ben Aboû Zeyd ben H'akim, 127.
Khalil Mezdoûri, 3.
Ibn Khallikân, 2.
Ibn el-Khalloûf ('Abd er-Rah'mân), 69.
Kharoûba (djebel), 215.
Ibn el-Khat'îb, 10, 104, 119, 182.
— Andalosi, 2, 26, 66, 173.
— (Aboû 'l-'Abbâs Ah'med), 6?, 199.
El-Khâtima, d'Ibn Zâgh, 227.
Ibn el-Khat't'âb, 83.
Kheyr ben Medyen ben 'Ali, 107.
Khid'r, 115.
El-Kholoûf (Aboû 'l-'Abbâs Ah'med), 266.
Benoû Khorâsân, 3.
El-Khoûndji, 168, 199.
Kitâb el-eymân, 133.
Kodiat ez-Zater, 85.
Ko'oûb, 80, 90, 97, 121, 123, 125, 142, 168,
        172.
El-K'orachi, 227.
Koran, 171, 256, 258.
Koran d"Othmân, 15, 41.
K'orb er-rid'â, 142.
K'oteyba (ou Fetita ?) ben H'amza, 128.
El-Kolobi, 53.
Awlâd el-K'oûs, 117.
Kurial, 213.

L

Lamtoûna, 6, 9.
Laribus, 93.
Aboû 'l-Leyl ben Ah'med, 71.
— ben H'amza, 138.
Awlâd Aboû 'l-Leyl, 84, 85, 90, 129, 130, 144,
        159, 153, 168, 172, 179, 214, 215, 216,
        221, 223.
Lih'yâni (Aboû 'Abd Allâh ben 'Abd el-
        Wâh'id), 34.
— (— ben Moh'ammed), 44, 45.
— (Aboû 'l-H'asan), 233.
— (— ben Moh'ammed), 112.
— (Moh'ammed ben Zakariyyâ), 96.
— (Zakariyyâ ben Ah'med), 67, 81,
        91, 96.
Livres, 93 ; voir Bibliothèques.
Liyâna (?, 261.
Saint-Louis, 43.
Ibn el-Loûz, 194.
Loliyân, 49.
Loliyâni (Aboû 'l-'Abbâs Ah'med), 49, 50.

M

El-Ma'âwin, 94.
Maggâça, 219.
Maçmoûda, 5, 6.
El-madheb fî d'abt' mesâ'il el-medheb,
        110.
Magheroûs, 249.
Maghrâwa, 13, 37.
Maghreb, 2-4, 8, 14, 19, 23, 31, 37, 39, 53,
        118, 122, 124, 130, 138, 145, 154, 159,
        203, 204.
Maghreb moyen, 123.
Aboû Mah'ân, 219.
Mahdi ; voir Moh'ammed ben 'Abd Allâh.
Mah'foûz' (Aboû Mah'rez), 240.
Mah'moûd, mamloûk d'Aboû Fâris, 200,
        212, 223.
— (Aboû 'l-Thenâ), 212.
Benoû Mah'moûd, 177, 184.
El-Mah'mâçi, 201.
Mah'rez ben Khalaf, 207, 211, 216, 219, 221,
        245, 248, 249, 251.
Aboû Mah'rez Mah'foûz', 240.
El-Mak'âmât de Hariri, 111.
Mak'çoûrat Sidi Mah'rez, 219, 235.
El-Makhloû, 26, 27.
Makhloûf ('Abd Allâh ben 'Ali), 51, 74.
— ben el-Kemmâd, 112.
Makres, 225, 248 ; cf. Mekoûs.
Malaga, 167.
Mâlik ben Anas, 167.
— ben Mançoûr, 253.
— ben Mik'wal, 133.
— ben Woheyb, 5.
Ibn Mâlik, 180.
Malte, 205.
Ma'moûn ben el-Mançoûr (Aboû 'l-'Alâ), 28-
        32, 35.
Mançoûr, affranchi de Khâlid, 100, 168, 169.
—, k'a'id de Gafça, 254.
—, des Benoû 'l-'Abîd, 195.
— ben Aboû Amir, 83.
— ben Bologgin, 83.
— eç-Çabbân, el-Mizwâr (Aboû 'Ali), 214,
        218, 238, 239, 243, 245, 250, 253,
        258.
— ben Dhoueyb ben Ah'med, 225.
— Djezîri, 266.
— ben Fad'l ben Mozni, 83.
— ben H'amza, 165, 168, 172, 173.
— ben Khâlid ben Çoûla, 225.
— ben Khalloûf Beyâni, 154, 159.
— ben Moh'ammed, 200.
— ben 'Othmân Bedjâ'i, 228.
— ben Soleymân ben Mançoûr, 157-159.
El-Mançoûra, 202.
Mangonneau, 83, 100.
El-Manhela (el-Moneyhela ?, 220.

ariage des tributaires, 102, 114.
l-martabat el-'ulyá fi tefsir el-roúyá, 110.
as'oùd ben Ibráhim Irsâwi, 124.
— ben Moh'ammed el-Mançoûr, 243.
— ben 'Othmân, hafçide, 235, 249, 255, 258.
— ben Aboû Táchefîn, 108.
l-Mat'ar, 137.
ůn Mat'roûh', 13.
awláhem ben Aboû 'Inân, 124.
— ben 'Omar ben Aboû 'l-Leyl, 81, 95, 98.
ayorque, 18.
l-Mázeri, 2.
léa, 145, 146.
El-medháhib es sonniyya fi 'ilm el-arabiyya, 110.
edjdoul, 26.
edjerda, 191.
edresat Belhalfawin, 184.
— Báb Intedjemi, 231.
— ech-Chemmâ'în, 105, 106, 224, 229, 244, 248.
— Dâr Coûla, 249, 230.
— Ibn Táferâdjin, 164, 226, 249.
— el-Mofrid (?), 100 ; cf. le suivant.
— el-Ma'rad', 73, 99, 236.
— Montaçiriyya, 119, 244, 250.
— 'Onk' el-djemel, 106, 115, 202, 210, 230.
— Sidi Mah'rez, 227, 232, 245.
— Soûk el-filka, 214, 219, 220, 226, 232.
edyen (Aboû Cho'ayb), 234.
boû Medyen Cho'ayb Andalosi, 19, 42.
ehdiyya, 2, 3, 12, 14, 21, 22, 28, 34, 44, 49, 64, 72, 92, 96, 108, 112, 121, 126, 152-156, 162, 181, 182, 275, 276.
a Mekke, 44, 51.
n Mekki, 107, 123, 143, 147, 148, 153, 161.
— ('Abd el-Melik), 66, 125, 145.
— (— ben 'Othmân, 64.
— (Ah'med), 125, 130, 144.
enoû Mekki, 136.
ekoûs, 235, 248 ; cf. Makres.
l-Melik el-mo'az'z'em, ayyoubide, 43.
— ez-z'âhir (Bibars), 55, 272.
Mellála, 3.
Benoû Mendíl, 37, 121.
ent' ben Bezoûkech, 13.
equinez, *voir* Miknás.
erdjáni (Aboû Moh'ammed), 76, 77, 274.
bn Merdoûm, 174.
enoû Merín, 25, 130.
érínides, 47, 130, 145, 149, 154, 155, 157, 200, 259, 270.
ermâdjenna, 68, 100, 145.
errâkech, 4, 7, 8, 9, 11, 15-20, 23, 24, 26, 28-30, 32, 35, 40, 42, 43, 138, 139, 268-272.
l-Mersa, 202 ; cf. Djebel el-mersa.

Mersa Djerrâh', 74.
— Ibn Abdoûn, 74.
Aboû Merwân (le cheykh), 43.
Ibn Merzoûk' (Aboû 'Abd Allâh Moh'ammed ben Ah'med), 148, 153, 135, 159, 177.
— ('Ali), 227.
— (Moh'ammed), 227.
Mesfiwa, 5.
Mesíla, 65, 103, 211.
Ibn Meskín (Aboû Ça'noûna), 174.
Benoû Meskín, 253.
Mesroûr (le page), 26.
Meymoûn, affranchi d''Abd er-Rah'mán, 144.
— el-Kemmâd, 74.
— ben Moûsa, 34.
Mezdoûri (Moh'ammed ben Moh'ammed), 89-91.
— (Khalíl), 3.
Miknás, 4.
Miknâsa, 186.
Mila, 77, 243.
Miliâna, 145, 261.
Awlâd Mirdâs ben 'Awf, 34.
El-Mizwâr (Aboû 'Ali Mançoûr), 214, 218, 238, 239, 243, 245, 250.
Mizwâr (Moh'ammed ben 'Abd el-'Aziz), 100.
Ibn el-Mo'allem, 11.
El-Mo'ayyed Aboû Moûsa, 35.
El-Mobâraka, 125.
Moçalla el-'ideyn, 187.
— de Tunis, 33, 45.
— de Bougie, 50.
Mochammer ben Idrís (Aboû Zeyd), 26, 28.
El-mochrek' fi 'olemâ'i 'l-maghreb wa 'l-mâchrek', 73, 75.
Modawwana, 49, 190.
Awlâd Mohalhel, 85, 125, 127-129, 144, 145, 149, 152, 153, 165, 174, 215, 222, 223, 293.
Moh'ammed ben 'Abd Allâh Bekri Gafçi, 100.
— — le Mahdi, 1, 206.
— — ben el-Abbâr, *voir* Ibn el-Abbâr.
— — ben Ibn [ou, ben 'Abd] 'Abd el-'Aziz, 186, 209 ; *voir* Ibn 'Abd el-'Aziz.
— — , mizwâr, 100.
— ben 'Abd el-Kerim el-Kemmâd, 242.
— ben 'Abd el-Mou'min (Aboû 'Abd Allâh), 15, 18.
— ben 'Abd er-Rah'mân ben Aboû 'l-H'asan, 160.
— ben 'Abd es-Selâm, *voir* Ibn 'Abd es-Selâm.
— ben 'Abd es-Settâr, 99, 100, 135.
— ben 'Abd el-Wâh'id, 68.
— ben 'Açfoûr, 242, 244, 246, 247.
— Adjemi, 135.
— el-Ah'mar, 152, 153, 173.
— ben Ah'med H'asani Tilimsâni, 167.
— , sultan de Constantine, 169.

— 293 —

ah'ammed ben Ah'med ben el-'Abid, 174, 175.
— — ben Ibrâhim ben Hilâl, 213, 218.
— — ben Merzoûk', 148, 153, 155, 159, 177.
— — 'Ok'bâni, 257.
— ben 'Ali ben 'Amràn Idrisi, 258.
— — Balawi el-K'at'l'ân, 177, 180.
— — ben Aboû Hilâl Hintâti, 174.
— — ben Ibrâhim Melulewi, 52 ; *voir* Ibn el-Khabbâz.
— ben Aboû 'Amr (*Omar ?*), 139.
— Andalosi Mâlak'i,
— Bat'erni Bot'oui ?, 103, 182, 183.
— ben Aboû Bekr ben Aboû 'Amràn, 97.
— — , dit Ibn el-H'âddj, 167.
— — ben Khaldoûn, 61, 69.
— — Waucherichi, 232, 233.
— Beydemoûri, 246, 250.
— Boh'ayri, 229, 232, 233, 243, 244.
— Boûni, 217.
— ben Çakhr, 218.
— Çak'alli (Aboû 'Abd Allàh), 52.
— ben ech-Chawwâch, 140, 141.
— , fils du cheykh des Dawâwida, 180.
— ben ed-Debbâgh, 84 ; *voir* Ibn ed-Debbâgh.
— ed-Dehhân, 205.
— ben ed-Dekdâk, 108, 156.
— ben Djâini', 34.
— el-Djebbâs ; *voir* El-Djebbâs.
— ben Faradj, 231.
— — 'Arabi, 251.
— — Koûmi, 13.
— ben Farah' Djebâ'i, 261.
— ben Farh'oûn, 107, 108.
— ben el-Fellâk', 98.
— ben Fetita, 173.
— ben Aboû 'l-Fotoûh' Çak'alli, 52, 75.
— Ghâfik'i, 236, 248.
— ben el-Ghammâz, 99, 100.
— ben el-H'akim, 104, 108, 112.
— ben H'asan Zobeydi, 113.
— H'asani, 265.
— ben Aboû Hilâl, 58, 62.
— — , 238, 246, 251, 257.
— Hintâti, mizwâr, 213, 217, 221.
— ben el-H'oseyn, vizir, 100.
— — (Aboû 'Abd Allâh), 53.
— el-H'oseyn ben Ah'med le sultan, 221.
— ben Aboû 'l-H'oseyn (Aboû 'Abd Allâh), 54, 56.
— — ben Seyyid en-Nâs, 100, 104.
— ben Ibrâhim Tidjâni, 92.
— ben Irzegin, 80, 85.
— ben 'Isa ben Dâwoûd Hintâti, 63, 70.
— ben Iserghin, 69, 80.
— ben K'alaoûn, 97.
— K'aldjâni, 210, 218, 248.
— ben Aboû 'l-K'âsim ben K'alil Elhem,

186 (?), 192, 195, 198, 213, 217, 225, 231.
Moh'ammed ben el-K'aloûn, 98.
— ben el-K'âsim Fâzâzi, 69.
— ben K'âsim ben K'alil Elhem, 186.
— — ben el-H'adjar, 174, 186, 199, 213, 215, 217, 245.
— ben Aboû 'l-K'âsim ben Aboû 'l-Oyoûn, 161.
— — er-Raççà', 218.
— ben el-Kemmâd, 256.
— ben Khalaf Allâh Nefti, 163, 167.
— Khozâmi K'aldjâni, 218.
— K'osant'ini, 264.
— ben Aboû 'l-Leyl, 81.
— Lih'yâni, 44, 45.
— ben Mah'moûd, 223.
— el-Mançoûr ben Aboû Fâris, 194, 201, 207.
— Mas'oûd ben 'Othmân, 235, 249, 255, 258.
— Mechdâli, 256.
— ben Aboû Mehdi Hintâti, 44, 45.
— Merrâkechi (Aboû 'Abd Allâh), 198.
— ben Merzoûk', 227.
— Meslâti, 256.
— Mesrâti, 207, 231.
— ben Moh'ammed, *voir* Ibn 'Abd es-Settâr.
— — Djawheri, 39.
— — ben el-Djelâ', 37, 38.
— — ben Hâroûn Kenâni, 135.
— — Mezdoûri, 89.
— — Montaçir, 212, 279.
— — ben Aboû Thâbit, de Tlemcen, 254, 256.
— — ben 'Ok'âb, 230.
— el-Montaçir ben Moh'ammed Mas'oûd, 252.
— el-Montaçir, 214-217, 219, 222.
— ben Nâçir, k'â'id, 240.
— ben Nakhil, *voir* Ibn Nakhil.
— ben Na'moûn, 2?.
— en-Neddâs, 217.
— ben Nizâr, 145.
— Obbi, 194.
— ben 'Ok'âb', 218, 220, 228, 229, 231, 232.
— ben el-'Ok'bâni, 253.
— 'Oloûsi, 261.
— ben 'Omar K'aldjâni, 244.
— ben 'Omar Mesrâti K'arawi, 230-231.
— — ben Seyyid en-Nâs, 148.
— — Teyfâchi, 14.
— ben Aboû 'Omar [ou Amr ?], 139.
— ben 'Othmân (Mahomet II), 244.
— — Mas'oûd, hafçide, 235.
— Ouchtâti, 218.
— er-Raççà', 218, 250.
— ben Râfi', 165-167.

Moh'ammed ben er-Râ'is Rab'i, 53, 54.
— Ramli, 242.
— ben Sa'id Silini, 237.
— ·· , cheykh des Meskin, 255, 257, 260, 261.
— es-Sa'id ben Aboû 'Inân, 156, 158.
— — ben 'Abd el-'Aziz, 173.
— ben Sa'id ben Çakhr, 249, 253.
— — ben Ah'med Nefzâwi, 242, 249 (?).
— — , des Benoû Ya'k'oûb, 253, 255.
— ben Aboû Sa'id 'Othmân, 146.
— ben Sebâ' ben Aboû Younos, 260.
— ben Selâma, 106.
— ben Soleymân, le *Compagnon*, 6.
— — Sat'i, 116, 136.
— ben Aboû Tâchefin, 203, 206, 208.
— ben Tâferâdjin, 144 ; *coir* Ibn Tâfe-râdjin.
— ben Tâhir, 107.
— et-Tâ'ib ben Aboû Bekr, 74.
— ben Tâlib, 129.
— Terâsi, 195.
— ben Aboû Thâbit, de Tlemcen, 251, 256.
— Touwâsi, 195, 226, 236.
— ben el-Wâthik', 70, 84.
— ben Yaghmor, 22.
— ben Yah'ya ben 'Omar Mo'âfiri, 134.
— — Silini, 229.
— ben Yah'ya Aboû Bekr (Aboû 'Abd Allâh\ 112, 113.
— ben Aboû Yah'ya Zakariyyâ, de Bône, 190, 191, 199-201.
— — , *coir* Mostançir.
— — (Aboû D'arba , 94, 95.
— ben Ya'k'oûb el-Mançoûr, 21.
— ben Aboû Zakariyyâ ben Aboû Yah'ya Aboû Bekr, 117, 118, 124, 132, 145, 146, 157, 159, 164.
— — Mostançir, 44.
— Zawâghi, 217.
— Zendiwi, 218, 220, 221, 236, 237, 241, 249, 250, 264.
— ez-Z'erif, 181.
— ben Aboû Zeyd ben Youwoddjân, 30.
Aboû Moh'ammed ben Ish'âk' ben Djâmi', 46.
Ibn Moh'ammed Lih'yâni, 112.
Moh'ammediyya, 64, 91, 273, 274.
Ibn Mohenna, 54.
Moh'rim, 91.
El-mok'addima fi tefsir el-K'or'ân, 227.
El-Mokhtaçer, d'Ibn 'Arafa, 111, 197.
— d'Ibn Zâgh, 227.
Moloûya, 101.
Monastir, 126, 258.
Monnaies, 45, 52.
El-Montaçir (Aboû 'l-H'asan , 196.
— (Moh'ammed ben Moh'ammed Mançoûr), 205, 207, 211, 212, 235.
— (— ben Zakariyyâ Lih'yâni , 275.

El-Montaçir billâh (Yoûsof ben Moh'amm Nâçir ,24, 26 ; cf. Mostançir.
Morâdi, 49.
Morghem ben Çâbir ben 'Asker, 63.
Mornâk', 3.
El-Mortad'a (Aboû H'afç 'Omar), 42, 43, 270.
Moslim, auteur du *Çah'ih'*, 133.
Mosquée des Almohades, 45.
Mosquée de la K'açba à Tunis, 35, 36, 111.
El-Mosta'cim, abbasside, 47.
El-Mostançir (Aboû H'afç 'Omar), 72.
El-Mostançir billâh Ibrâhim ben Ab Yah'ya Aboû Bekr), 143.
— (Moh'ammed ben Aboû Zakariy Yah'ya), 44, 45, 48, 54, 272.
— (Moh'ammed ben el-Wâthik', Ab 'Açida , 77, 274.
— (Moh'ammed Aboû D'arba), 95 ; c Montaçir.
El-Mo'taçim, *coir* Aboû Zakariyyâ Yah'ya.
El-Mo'tad id, mérinide ('Ali Sa'id ben Idris 41, 42.
El-Mo'tamid ben Aboû Fâris, 203, 207, 21
— 'ala llâh, 122 ; *coir* Aboû Fâris el-'Aziz *et* Ah'med ben Aboû Yah'y Aboû Bekr.
Mot'arref ben 'Omeyra, 52.
El-Mo'tazz ben er-Rend, 13.
El-Motewakkel (Aboû Bekr ben Aboû Zak riyyâ Yah'ya , 60 ; cf. Aboû Bekr
— (Aboû 'l-'Abbâs el-Fad'l ben Ab Yah'ya Aboû Bekr), 140, 277.
Mouf id el-h'okkâm, 105.
Moûsa ben 'Ali, vizir, 108.
— ben Ibrâhim, 151.
— ben Yâsin, 64, 66.
Aboû Moûsa ben 'Abd el-Mou'min, 10.
— (frère d'El-Ma'moûu, mérinide , 35.
— ben el-Mançoûr, 30.
Ibn Moûsa 'Abdoûsi, 210.
Ibn Mozeyyina, 20.
Ibn Mozni, 124.
— (Ah'med ben Yoûsof , 179, 197.
Murcie, 27, 28, 268.
Mzâb, 260.

N

Nâçir ed-D n ben el-Mountr Abyâri, 109.
En-Nâçir li din Allâh (Moh'ammed be Ya'k'oûb , 21-24.
— ben Aboû 'l-H'asan, mérinide, 138.
— (Aboû 'l-Bak'â Khâlid), 87 ; cf. Khâ lid.
— Aboû H'afç 'Omar, hafçide, 121.
Nâçir Noûbi, 62.
Naçr ben Çoûla, des Dawâwida, 255, 258 266.
Naçr Allâh, k'â'id, 235.

Aboû Naçr ben Djâ'a 'l-Kheyr, 217.
Aboû 'n-Naçr ben Nebîl, 210.
Kahr Wâçel, 208.
ben Nakhîl (Aboû 'Abd Allâh Moh'ammed ben Ah'med), 1, 7, 23, 33.
ben Na'moûn Hintâti, 50.
Nawawi, 133.
Las Navas de Tolosa, 75.
Aboû 'n-Naz'ar ben Mah'moûd, 223.
Nebîl, mizwâr, 113, 149, 174, 194.
— — (Aboû 'l-Fehm), 212, 213, 223, 228, 231, 233.
Nebîl ben Aboû K'atâya, 207-209, 214, 231, 240, 241.
Nekroma, 124.
Ibn Nefis, 54, 197.
— (Aboû Zeyd, k'âd'i), 70.
Neft'a, 28, 124, 143, 153, 163, 168, 175, 176, 228, 254.
Nefzâwa, 12, 21, 64, 199, 242.
Nil, 43.
Ibn Nizâr (Aboû 'Abd Allâh Moh'ammed), 115.
N'çeyr, voir Naçr.
Nokhbat er-rah'îl fi chark' el-h'âçil, 110.
Ibn en-No'mân (Aboû 'Ali), 33, 39.
Ibn-Noûr, 220.
Ibn Noweyra, 52.

O

'Aba, 144.
'Obbâd, 19, 42, 227, 251.
Ibn Obboû, voir Ibn Ottoû.
Ottoû ben Aboû H'afç, 27, 28, 30, 31, 271.
Ottoû (rue d'), 82.
Ouardite (dynastie), 126.
'Odeïli (Aboû 'Abd Allâh), 137.
B. Ok'âb, 75.
Ibn 'Ok'âb (Moh'ammed Khozâmi), 218.
'Okbâni (Aboû 'l-K'âsim), 236.
— (Aboû 'Abd Allâh Moh'ammed), 252, 263.
'Omar (Aboû H'afç), voir Aboû H'afç.
— (Aboû H'afç K'aldjâni), 218, 229.
— — ben Aboû 'l-'Abbâs Ah'med, hafçide, 192, 194, 206.
— ben 'Abd Allâh ben 'Ali, 160.
— ben 'Abd el-Mou'min, 15.
— ben Ah'med ben K'alil Elhem, 236.
— ben 'Ali ben Ibn Aboû Wat'tâs, 146.
— ben Aboû Bekr (Aboû 'Ali), 74.
— ben el-Berrâ, 192.
— Çanhâdji Açnâk (Aboû 'Ali), 6, 7.
— ben Fakhir 'Abderi, 15.
— Gharnât'i, 260.
— ben H'amza ben Aboû 'l-Leyl, 130, 277.
— ben Aboû 'l-H'asan Gharyâni, 13.
— Hintâti (Aboû H'afç), 6.

'Omar ben Aboû Ish'âk' Ibrâhim, 68.
— — ben Yoûsof, Mortad'a, 12.
— ben Kaddâh' Hawwâri, 105.
— ben K'alil Elhem, 217, 260.
— ben el-Khat'tâb, 79.
— ben Moh'ammed ben 'Abd es-Seyyid, 102.
— — K'aldjâni, 210.
— — ben 'Omar Hodhali, 88.
— Rekrâki (Aboû H'afç), 257.
— ben Tâferâdjin, 6.
— ben Yah'ya Hintâti (Aboû H'afç), 5, 6.
— — ben Moh'ammed ben Wânoûdin (Aboû H'afç), 32.
— ben Aboû Yah'ya Aboû Bekr, 120 et s., 275, 276; cf. Aboû H'afç.
Aboû 'Omar, secrétaire d' Olboû, 31.
Ibn Aboû 'Omar, 198.
Ibn 'Omeyra (Aboû 'l-K'âsim), 83.
'Onk' el-fid'd'a, 63.
'Onwân ed-dirâya 10.
Oran, 8, 9, 123.
'Othmân ben 'Abd er-Rah'mân ben Zeyyân, 131.
— ben 'Affân, 41.
— ben Aboû Debboûs, 80.
— Ghoronbâli, 183.
— ben Moh'ammed el-Mançoûr (Aboû 'Omar), 212, 214-216, 277, 279.
— — Hintâti, 46.
— ben Aboû Tâchefin, 108.
— ben Yaghmorâsen, 70.
— ben Yah'ya, abdelwadite, 131.
Ibn Ottoû (Aboû 'l-K'âsim), 107, 123, 125, 130, 136, 140, 143.
— (Ah'med ben Moh'ammed), 140.
Ouargla, 260.
Ouchtâta, 185.
Oudjda, 125.
Oumm Rebî', 35.
— el-wat'â, 219.

P

Palais supérieur (el-K'açr el-a'la), 104, 110.
Paraphe (grand et petit), 46.
Parcs des Sindjars, 95.
Peste, 230, 241, 264.
Phénomènes, 62, 82, 245.
Pigeons, 47.
Propriété (régime de la — à Gafça), 49.

R

Rabat, 17, 24, 264.
Er-Raççâ' (Moh'ammed), 250.
Ibn er-Raççâ' (Moh'ammed), 218.
Benoû Râchid, 252.
Ibn Râchid Bekri Gafçi, 109, 110.

Râdis, 76.
Rafèd'ite, 47.
Rafrâf, 187.
Awlâd Rah'ma, 239.
Er-Ramli, 196.
Râs Addar, 187.
Râs et-l'abiya, 47, 61, 106, 121, 122, 126, 199, 276.
Ra:ed'at el-djeyyâch, 10.
Aboû 'r-Rebî' ben Sâlem, 36.
Er-Rechîd ('Abd el-Wâh'id ben Idris), 35, 40, 260.
Er-redd 'ala'l-motanaççer, 105.
Er-Refî' (jardin d'), 65.
Rekoûna, 11.
Reym, 211, 216.
Ribât el-fath', 13, 21.
Ibn Rid'wân, 137.
Rid'wân (Aboû 'n-Na'îm, k'â'id), 205, 207, 216.
— Chârib, 251.
Rîgh, 260.
Risâla d'Ibn Aboû Zeyd, 199.
Benoû Riyâh', 16.
Er-Riyâh'i, 250.
Er-Riyâs, 100.
Ibn Rochd (Aboû 'l-Welîd', 16.
Rousseau (Alphonse), 2, 59, 92.
Roweydâ, 50.

S

Sâbât el-Omawi, 70.
Sa'd es-So'oûd, 122.
Sa'îd (Aboû 'Othmân, l'eunuque), 74.
Sa'îd ben 'Abd er-Rah'mân ben 'Omar, 237, 238.
— ben Ah'med Nefzâwi, 212.
— , des H'akîm, 224.
— ben 'Ali, des Dawâwida, 156.
Es-Sa'îd ben Idris el-Ma'moûn, 35, 40 ; voir Mo'tad'id.
Sa'îd ben Aboû Yoûsof ben Aboû 'l-H'oseyn, 56, 57.
— ez-Zertzer, 218, 224, 244, 245.
Aboû Sa'îd, 20.
Sidi Aboû Sa'îd, 264.
Aboû Sa'îd, mérinide, 100, 101.
— Bâdji, 202, 232.
— ben Wânoûdin, 35.
Ibn Sa'îd, 1, 2, 10, 11.
Ibn Sâkin, 161.
Salé, 9, 11, 15, 21, 42, 139, 260.
Aboû Sâlim Ibrâhim ben Aboû 'l-H'asan, mérinide, 83, 157-161.
Ibn Sâlim Ouchtâti K'osant'îni, 207, 218, 221, 226, 229.
Sam'âni, 111.
Ibn Sam'oûn, 245.
Santarem, 16.
Sarrât, 221.

Sat'ji, (Moh'ammed ben Soleymân), 116, 1
Savon, 189.
Sebâ' ben Moh'ammed, 223.
Sedjelmesse, 32, 102, 138.
Ibn Selâma, 196.
Es-Selâwi, 103.
Ibn Selmoûn, 164.
Séville, 9, 16, 17, 29, 34, 35, 137, 260.
Sévillans, 9, 201.
Seybous, 191.
Ibn Seyyid en-Nâs (Ah'med ben Aboû Bek 61.
— (Aboû 'l-H'asan ben Aboû Bekr),
— (Moh'ammed ben Aboû 'l-H'asan 100, 101.
— (Aboû Bekr), 52.
Sfax, 13, 64, 130, 193, 204.
Sicile, 50.
Sidjilmâsa, 32, 102, 138.
Stdjoûm (sebkha de), 71, 250.
Benoû Silin, 225.
Soh'aym K'oûsi, 117.
Es-Sokoûti, 134.
Benoû Soleym, 177.
Soleymân ben 'Ali (Aboû Dinâr), 139.
— ben Djâmi', 80.
Ibn Soleymân (Aboû 'Abd Allâh, almohade 118.
— K'orachi Zobeydi (Aboû 'Abd Allâl 75.
— (H'asan), 75.
Awlâd Solt'ân, 253.
Someyr el-Ba'boû, 253.
— ben 'Abd en-Nebi, 255.
Sort, 22.
Sousse, 64, 78, 107, 108, 121, 126, 129, 1 163, 213, 276, 277.
Soût' en-Nisâ', 39.
Benoû Souweyd, 252, 261.
Soweyk'at Ibn Methkoûd, 22.
Syrie, 20, 41.

T

Tabari, 111.
Tâchefîn ben 'Ali ben Yoûsof, almoravide.
— el-Mawsoûs ben Aboû 'l-H'asan, 1 161.
Aboû Tâchefîn, 108.
Tâdjoûra, 21.
Ibn Tâferâdjîn (Aboû 'l-'Abbâs), 116.
— (Aboû Moh'ammed 'Abd el-H'ak'k', 6
— (— 'Abd Allâh', 101, 115, 120, 12 123, 126, 128, 129, 141, 14 145, 149, 152-157, 160-1 165, 277.
— (Aboû 'Abd Allâh Moh'ammed), 16 162, 170, 172.
— (Aboû 'l-K'âsim), 194.
— (Moh'ammed ben 'Abd Allâh', 111.

Tâhert, 216.
Tâhir ben Rah'îm, 253.
Et-Tâhir ben el-Wâthik', 60, 273.
Tak'i ed-Din ben Dak'ik' el-'Id, 109.
Tâkoûra, 243.
T'alh'a ben Moh'ammed ben Mançoûr, 225.
— ben Soleymân, 158.
Talkhîç el-mah'çoûl, 110.
Tâmaghza, 201.
Tâmesnâ, 43.
Tanger, 259, 265.
Tâourgha, 247.
Tarifa (bataille de), 113, 116.
Et-Târima, 96.
Ibn Tâsekirt, 135.
Et-taoudîh' fi 'ilm el-ferâ'id, 227.
Et-T'awil ben er-Rend, 16.
Tawzer, 19, 28, 64, 81, 115, 123, 128, 136, 143, 168, 175, 176, 195, 220, 240, 241, 254.
Tawzeri (le k'âdi Aboû Zeyd), 52 ; cf. 'Abd er-Rah'mân.
Et-Tayyib ben el-Wâthik', 60, 273.
Tâza, 259.
Et-Tebbânîn, 235.
Tebessa, 24, 151.
Tebourba, 13.
Teboursouk, 104, 191.
Tedellis, 165.
Ténès, 20, 262.
Tenoûkhi (Ibn 'Abd el-Berr), 110.
Terdjomân el-'iber, 26, 33, 119, 159.
Teyfâch, 212, 224.
Ibn Thâbit, 124, 147.
— (Aboû Bekr), 178, 179.
Aboû Thâbit ez-Za'im, abdelwadite, 146.
Tidjâni, 10, 92.
Tlimelel, 6-9, 15, 20, 29, 267, 268.
Tlemcen, 4, 8, 9, 19, 30, 38, 39, 42, 58, 59, 69, 101, 102, 108, 109, 123, 130, 131, 145, 146, 150, 183, 200, 206, 210, 227, 236, 246, 247, 251, 252, 257, 263.
Toh'fat el-arib, 186, 188, 189.
Toh'fat el-lebîb fî khtiçâr Ibn el-Khatîb, 110.
Toreyki ben Aboû 'l-'Abbâs Ah'med, 198.
— ('Abd Allâh), 176.
Torra, 21.
Teitouchi (Aboû Bekr), 2, 105.
Benoû Toûdjin, 37.
Toûdjoubba, 166.
Ibn Toûmert, 2.
Et-Toûmi, 220.
Et-Touwâsi, 236.
Tremblement de terre, 232.
Tripoli, 13, 27, 48, 63, 80, 81, 89, 96, 97, 124, 130, 147, 148, 178, 179, 184, 195, 207, 236, 246, 247.
Touggurt, 233, 243, 260.
Tunis, 3, 11, 16, 18, 21-26, 28, 31-37, 44, 45, 48, 50, 54, 57-59, 64, 66-68, 70, 71, 73, 75, 77, 79-81, 84, 88-90, 93, 96-98, 101, 104, 105, 107, 109, 119, 121, 123, 125-128, 130, 131, 136-138, 140, 142-145, 148, 149, 152, 153, 155-157, 159, 161, 162, 165, 168-173, 177-179, 183-187, 191, 193, 194, 198, 201, 204, 206, 207, 211-216, 219-221, 223, 227, 234, 242-247, 249, 251, 253-258, 271-272.
Turcs Bahrites, 43, 81.

V

Valence, 29, 30.
Vin, 67, 190, 191.

W

Wâdi 'l-K'ot'n, 150.
Wâdi Niffis, 6.
— Omm Rebi', 35.
— er-Raml, 213.
— Sarrât', 224.
Ibn el-Wâdi, 74.
Waladjat es-sedra, 210, 278.
Wâncherîs, 4, 210.
Ibn Wânoûdin, 70, 74.
— (Aboû 'l-H'asan), 94.
— (Aboû Sa'id), 35.
Benoû Wat'âs, 259.
El-Wâthik' ben el-Mostançir, 48, 76, 272.
— , hafçide, 56-59, 63, 76.

Y

Yaghmorâsen ben Zeyyân, 38, 39, 41, 58, 100.
Ibn Yaghmoûr Hintâti, 6, 50 (?).
Benoû Yah'ya, 253.
Yah'ya ben 'Abd el-H'ak'k', mérinide, 42.
— ben 'Abd el-Melik Ghâfik'i, 56.
— ben 'Abd el-Melik ben Mekki, 178.
— ben ed-Demmân, 226.
— ben Ghâniya, 24.
— ben Mançoûr ben eç-Çamoûd, 157.
— ben Meymoûn ben Maçmoûd, 157.
— ben Moh'ammed en-Nâçir (Aboû Zakariyyâ Mo'taçim), 24, 28-30, 32, 35 et s.
— — Cheridi, 106.
— ben Rah'h'oû, 152, 153.
— ben Soleymân 'Askeri, 125, 126.
— ben T'âlib, 253.
— ben Temim ben er-Rend, 13.
— ben Aboû Yah'ya ech-Chehid, 27.
— ben Yemloûl, 153, 168, 172, 175, 176.
Aboû Yah'ya ben Aboû 'l-'Alâ ben Djâmi', 34.
— Aboû Bekr ben Aboû 'l-'Abbâs Ah'med, 185, 190, 192-194.
— — Chehid, 84, 274.
— — ben Aboû Zakariyyâ Yah'ya, 88, 89, 91, 93-96, 106, 108, 112, 115, 116, 119, 123, 155, 275.

— 298 —

Aboû Yah'ya ben Aboû Bekr Ghoûri, 77.
— ben Aboû 'l-H'asan ben Djâmi', 40.
— ben Mekîth, 6.
— ben Yoûsof ben 'Abd el-Mou'min, 17.
— Zakariyyâ (le cheykh), 245.
—— ben Ah'med Lih'yâni, 81, 89, 91, 93, 95-97, 274.
—— ben Moh'ammed ben Aboû Yah'ya Aboû Bekr, 172, 175, 179, 181, 184, 185.
—— ben Aboû Yah'ya Aboû Bekr, 145, 154, 155, 156, 159, 172.
—— — Zakariyyâ, 214, 216.
—— ben Aboû Zakariyyâ Yah'ya, 37, 41.
Benoû Ya'k'oûb, 252, 253.
Ya'k'oûb ben 'Abd el-H'ak'k', mérinide, 25, 53, 270.
— ben 'Ali, des Dawâwida, 124, 156, 176, 179.
— , des Riyâh', 153.
— ben Ghamr, 87-89, 93.
— ben Aboû H'afç ben 'Abd el-Mou'min, 18.
— el-Mançoûr ben Yoûsof, 17-20, 267.
— ben Meri, des Riyâh', 153.
— Zoghbî, 195, 202, 207.
Aboû Ya'k'oûb, général, 85.
Ibn Yâsîn Hintâti, 6.
— , 56, 96.
— (Aboû 'Amrân), 70, 71.
— (Aboû 'l-H'asan), 70.
— (Moûsa), 64, 66.
— (Yoûsof), 52.
Ibn Yemloûl (Aboû Bekr), 115.
— , 123, 143, 153, 168, 172, 175, 176, 195.
Younos ben Moh'ammed Elhem, 226.
Benoû Yoûsof, 154.
Yoûsof ben 'Abd el-Mou'min, 15, 267.
— (Aboû Ya'k'oûb) ben Aboû H'ammoû, 183.
— ben H'asan, de Tuggurt, 233, 234.
— ben Aboû 'l-Hasan 'Ali, 28.
— ben el-Maghribi, 101.
— ben Makhloûf Hintâti, 9.
— ben Mançoûr ben Mozni, 124.
— ben Moh'ammed en-Nâçir, almohade, 23, 24, 268.
— ben Tâchefîn, 8.
— ben Wânoûdîn, 6.
— ben Ya'k'oûb, mérinide, 81.
— ben Yâsîn, 52.
Ibn Youwoddjân, voir Aboû Zeyd.

Z

Zâb, 16, 65, 124, 175, 179.
Zâbiya, 72.

Z'âfer le k'â'id, 45, 125, 246, 254, 253, 276.
— (Aboû 'n-Naçr), 200, 201.
— ben Djâ 'al-Kheyr, 250, 257.
— el-Kebîr, 89-91.
Zaghwân, 53, 220.
Aboû Zakariyyâ H'afçide, vizir, 90.
— ben Ibrahim Koûmi K'osant'ini, 171.
— Ifreni, 80.
— ben Aboû Bekr, 101.
— ben Aboû Ish'âk', 69, 73.
— ben Khalaf, 228.
— ben Moh'ammed ben Aboû Yah'ya Aboû Bekr, 170.
— ben Aboû Yah'ya Aboû Bekr, 117.
— Yah'ya ben Aboû Yah'ya Chehid, 27-30.
— — ben 'Abd el-Wâh'id, 30-32, 34, 36-38, 41, 271.
— — ben Aboû 'l-A'lâm, 88.
— — , mizwâr el-gheràba, 87.
— — ben Aboû Ish'âk' Ibrahim, 60, 61, 273.
— — ben el-Mas'oûd, 263.
— — ben el-Mostançir (el-Wâthik'), 55, 272.
— — ben Aboû H'afç, 27, 28.
— — el-Mô'taçim, 28, 31, 268.
— — ben Ya'k'oûb, chambellan, 96, 97.
Ez-Za'teriyya, 85, 222, 233, 248.
Zawîla, 3, 12.
Zâwiyat Aboû Sa'doûn, 187.
— ed-Dâmoûs, 187.
— des Zobeydites, 88.
Zemâm er-râ'id' fî ilm el-ferâ'id', 180.
Zenâta, 37, 67, 101.
Zendiwi, voir Moh'ammed.
— (Aboû 'Ali H'asan), 74.
Zenzoûr, 178.
Zer'a, 13, 14.
Aboû Zeyd, gouverneur de Valence, 29.
— , officier du sultan Aboû Ish'âk' Ibrahim, 155.
— , almohade, 24, 25.
— ben Djâmi', 58.
— Mochammer, 26, 28.
— ben Moh'ammed, 34.
— — ben Aboû Zakariyyâ, 124.
— ben Aboû H'afç ben 'Abd el-Mou'min, 19.
— ben Aboû H'ayyân, 24.
— ben Na'moûn Hintâti, 50.
— ben Youwoddjân, 24, 29.
Ibn Aboû Zeyd K'ayrawâni, 190.
Ibn Zeytoûn (Aboû 'l-K'âsim), 62, 75.
Zeyyân ben 'Abd el-Wâh'id, 264.
— ben Merdenîch, 36.
Aboû Zeyyân ben Aboû H'ammoû, 183.
— ben Aboû 'l-'Abbâs Ah'med, 198.
Zîri ben Atiya, 83.
Zobeydites (zâwiya des), 88.

Constantine. — Imp. Ad. Braham.

www.ingramcontent.com/pod-product-compliance
Lightning Source LLC
Chambersburg PA
CBHW071524160426
43196CB00010B/1650